Stephanie Dilba

TSV 1860 München

Fußballfibel

Bibliothek des Deutschen Fußballs

Herausgegeben von Frank Willmann

Autorin:

Stephanie Dilba, geboren 1976 in München, ist seit 30 Jahren Löwenfan. Seit 2007 ist sie Mitglied bei den Freunden des Sechz'ger-Stadions, mit denen sie seit 2010 Spaziergänge „Auf den Spuren der Löwen durch Giesing" durchführt. 2008 – 2011 war sie Mitglied einer Ultrà-orientierten Gruppe, 2008 – 2010 Vorstandsmitglied beim PRO1860 e.V.; seit 2012 bei den Löwenfans gegen Rechts engagiert. 2010/2011 arbeitete sie als Pädagogin im Nachwuchsleistungszentrum des TSV 1860 München, 2012/2013 im Fanprojekt München. 2013 – 2018 Vorsitzende des Wahlausschusses, seit Juli 2018 ist sie Ehrenrätin im TSV München von 1860 e.V.

Bildnachweis:

Archiv des TSV München von 1860 e.V.: S. 11, 14, 16, 18, 19, 21, 22, 23, 35, 39, 43, 50, 56 (1), 123, 125, 132, 150; Löwenbomber-Archiv: S. 28, 30, 49, 56 (2), 79, 147, 155, 161, 164 (www.facebook.com/Loewenbomberarchiv/); Stadtarchiv München: S. 25, 33; Andreas Lechner: S. 17 (www.andreaslechner.eu/text); Löwenexpress vom 21.11.1992: S. 77; Anne Wild: S. 108, 109 (www.annewild.de); Gerhard Emmer: S. 165 (gerhardemmerkunst.wordpress.com).
Alle anderen Abbildungen stammen von der Autorin, von den Co-Autoren bzw. von privat.

ISBN: 978-3-944068-87-9
Die Deutsche Nationalbibliothek verzeichnet diese Publikation in der Deutschen Nationalbibliografie; detaillierte bibliografische Daten sind im Internet über http://dnb.d-nb.de abrufbar.

Verlag:

CULTURCON medien
Inh. Bernd Oeljeschläger
Melanchthonstraße 13 · 10557 Berlin
Telefon 030 / 3439 8440
www.culturcon.de
Redaktion und Lektorat: Nelly Möller
Gestaltung und Satz: Burkhard Kehl, Berlin
Coverentwicklung: Marcus Gruber, Berlin
Druck: Florian Isensee Gmbh, Oldenburg

Herzlichen Dank an alle, die zum Entstehen dieses Buches beigetragen haben: allen voran Anton, Markus, Herbert, Axel, Stefan und Tommy für ihre wunderbaren Beiträge in diesem Buch; Markus und Lothar für die schönen Interviews; Anne, Axel und Lothar für die zur Verfügung gestellten Fotos sowie dem Präsidium des TSV 1860 München für die Genehmigung des Abdrucks der Archivbilder; Frank Willmann für die Möglichkeit, mir einen Traum zu erfüllen und natürlich Nelly für die Beratung, Überarbeitung sowie ihre Geduld.

Stephanie Dilba, Juni 2019

Sechzig ist der geilste Club der Welt. Darüber brauchen wir ja nicht zu diskutieren. Bestätigungen dafür gibt es immer wieder. Im Juli 2017, als 1860 gerade in die Regionalliga abgestiegen war, war ich auf dem *European Football Fans' Congress* in Gent und wollte gerade mein Frühstück einnehmen, als ich unterbrochen wurde: Roman Neustädter (Fußballprofi, spielte für Gladbach und Schalke in der Bundesliga, seit 2016 bei Fenerbahçe) war zu einem zweistündigen Kurzbesuch vorbeigekommen und hatte sich erkundigt, ob zufällig ein Fan von 1860 München da wäre. Daraufhin unterbrach ich mein Frühstück und unterhielt mich mit ihm ausführlich über die Situation in meinem Verein. Tags zuvor hatte ich einem Fan aus der Ukraine erzählt, dass ich 1860-Fan sei, woraufhin er antwortete: „I heard strange things about your club." Sagt ein Fan aus der Ukraine, wo meines Erachtens sehr viel merkwürdigere Dinge passieren …

Am 26. August 1989 erlebte ich „mein erstes Mal". Ich würde behaupten, es war Liebe auf den ersten Blick. Vom ersten Moment in Block J des Sechzger-Stadions fühlte ich mich wie zu Hause und wusste, dass ich da nicht mehr wegwollte. Was genau mich so begeistert und gefesselt hat, kann ich nicht sagen; es war einfach alles zusammen: der Anstieg den Candidberg hinauf, die kleinen Kassenhäuserln, der Geruch des Rasens, die Häuser hinter der Ost-

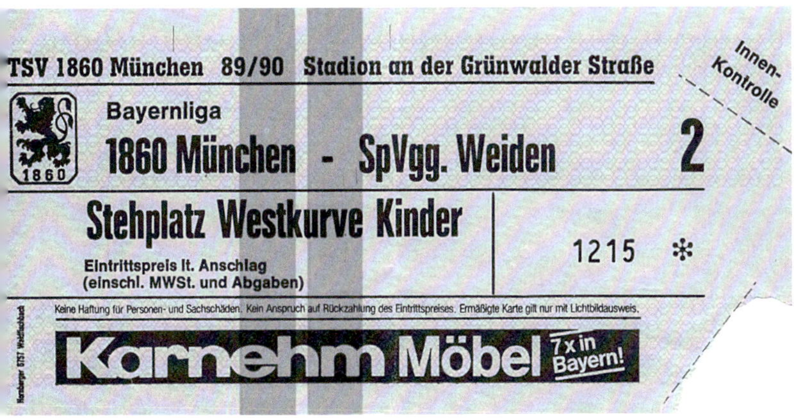

Die Eintrittskarte meines ersten Spiels.

kurve, die falsch zusammengebaut wirkten, der Gesang (bzw. das Gegröle) der „Wuiden" unter der Anzeigetafel, der Stadionsprecher, Walter Hainers heruntergerollte Stutzen – und natürlich auch Bernhard Meisls Tor zum 1:0-Endstand gegen die SpVgg Weiden.

Bis dahin kannte ich Fußball nur aus dem Fernsehen bzw. vom Sportplatz des TSV Forstenried. Die Sportschau am Samstag gehörte bei uns zu Hause zum Pflichtprogramm, mein erstes Panini-Album hatte ich zur WM 1986. Als Neunjährige handelte ich mir beim Endspiel dieser Weltmeisterschaft Ärger ein, da ich zu dieser Zeit im Krankenhaus war und den Fernseher einer Zimmergenossin angeschaltet hatte, ohne sie um Erlaubnis zu fragen. Aber der Rüffel war zu verschmerzen, schließlich handelte es sich um das Finale Deutschland-Argentinien! Ich konnte gar nicht verstehen, dass das sonst niemand in meinem Zimmer sehen wollte.

Vom TSV 1860 München hatte ich indes bis zum Sommer 1989 noch nichts gehört. Mein Vater hatte zwar im Hirschgarten mal einen Aufkleber mit dem Vereinswappen geschossen, den ich geschenkt bekam, aber da von den Sechzgern damals nichts in der Sportschau berichtet wurde, hatte ich keine Ahnung, dass es sie überhaupt gab. Erst als ich in den Sommerferien 1989 öfter mit, besser gesagt bei ein paar Jungs am Sportplatz rumhing, hörte ich die Geschichten vom TSV, lernte die ersten Lieder und die Namen der bedeutenden Spieler. Die Löwenfans waren in der Mehrheit und sowieso die cooleren Typen. Zwei von ihnen spielten damals sogar in der Jugend des TSV 1860 München. Die Erzählungen der Jungs haben mich neugierig gemacht und am 26. August 1989 haben sie mich (und meinen damals achtjährigen Bruder) ins Sechzger-Stadion mitgenommen. Getroffen haben wir uns am Sportplatz, dann sind wir mit der 16er-Tram und dem 45er-Bus zum Candidplatz gefahren. Schon in der Straßenbahn und im Bus wurde gesungen, immer wieder stiegen Löwenfans zu. Die letzten Meter gingen wir zu Fuß. Das Ritual, den Berg hinaufzusteigen, habe ich lange beibehalten, auch wenn der Bus ebenfalls den Berg hochfuhr. Über den kleinen Oxnerweg kamen wir zu den Kassenhäuschen in der Westkurve, an denen die Kartenpreise angeschrieben waren. Mit dreizehn Jahren ging ich noch als Kind durch und zahlte zwei Mark (als Jugendliche später fünf Mark). Mein Vater hat mir (und meinem Bruder) öfter Geld für den Eintritt und manchmal auch für die Stadionwurst und eine Cola mitgegeben. Die Stadionwurst war immer ein besonderes Schmankerl: An den Verkaufsständen unter der Westkurve standen große Töpfe, aus denen die mehrere Zentimeter dicken Bockwürste genommen und in eine Semmel gelegt wurden. Wenn du da hineingebissen hast, ist erst einmal ein Schwall Wasser rausgespritzt. Ich schwöre: Das waren die besten Würste der Welt!

Wir – also mein Bruder und ich – standen in den ersten Jahren in Block J, am Rand der Westkurve zur Gegengerade, direkt unter dem Aufgang. 1860 spielte damals die achte Saison in der Bayernliga, zu den Spielen kamen ein paar Tausend Zuschauer*innen, so dass wir viel Platz hatten – und auch genug Abstand zu den „Wuiden", die unter der Anzeigetafel standen. Wir konnten diese aber von unserem Platz aus gut sehen, noch besser hören – und waren ganz fasziniert von dem Gegröle. Gerne wäre ich auch Vorgrölerin geworden, aber als Mädchen mit einer mittelmäßig lauten Stimme war dieser Traum von Vornherein zum Scheitern verurteilt. Vor den „Wuiden", also den „wilden" Löwenfans, von denen damals viele eine Kutte trugen, hatten wir seinerzeit noch einigen Respekt. Als Kind hatte ich mich vor den „Rockern" gefürchtet, die in den 1980er Jahren mit ihren Lederhosen und -jacken sowie ihren Jeanswesten nach Ladenschluss vor dem Supermarkt rumhingen und uns immer mal wieder blöd anredeten. Auf den Fahrten zum Stadion trafen wir auch gelegentlich einen Fan mit einer Kutte der Blue Lions Forstenried, der ein bisschen an diese Rocker erinnerte. Angst hatten wir da allerdings nie – im Gegensatz zu meiner Mutter, die mich und meinen Bruder nur ungern alleine zu den Löwen gehen ließ. Wir konnten das damals überhaupt nicht verstehen, denn wir haben nie eine unangenehme Situation oder gar Gewalt miterlebt. Ich wusste damals nicht, dass das Image von Fußballfans im Allgemeinen und von Löwenfans im Besonderen nicht das beste war und dass die Zeitungen Anfang/Mitte der Achtziger immer wieder von Randale berichteten.

Für mich war das Stadion einfach ein ganz besonderer Ort. Mich interessierte das Fußballspiel, ich habe jedes Spiel aufmerksam verfolgt, mich über Siege und gute Spiele gefreut und war nach Niederlagen so niedergeschlagen, dass ich zum Teil tagelang kaum geredet habe. Was mir aber am besten in Erinnerung ist, sind die Kleinigkeiten, das Drumherum: der „Zigaretten, Süßigkeiten!"-Verkäufer, der mit seinem Bauchladen durch die Ränge ging und bei mangelndem Interesse auch mal „Haschisch! Kokain!" rief, um

Aufmerksamkeit zu erwecken; der „Sechzig! Sechzig!"-Wechselgesang zwischen den „Jungen" in der Westkurve und den „Oiden" auf der Gegengerade; die Spieleraufstellung, bei der die Fans die Nachnamen brüllten – und das Lachen, wenn Armin Störzenhofecker dran kam; Walter Hainer, der generell sein Trikot aus der Hose hängen ließ und seine Stutzen nach unten geschoppt hatte; die Anzeigetafel, bei der der Spielstand zwischen 1860 und den „Gästen" manuell aktualisiert wurde (und bis heute wird); der Bierverkäufer mit dem Kanister auf dem Rücken, dessen lautes Rufen sogar aus der Ostkurve bei uns zu hören war; der Sechzgermarsch aus den scheppernden Lautsprechern; die ältere Dame, die zu jedem Spiel kam und regelmäßig in Marktfrauenmanier Sprüche wie „Schiedsrichter ans Telefon!" schrie; die Vorfreude beim Weg den Berg hinauf; die Verkäufer der „Blauen, der genauen, mit der Mannschaftsaufstellung". Es war einfach nur schön.

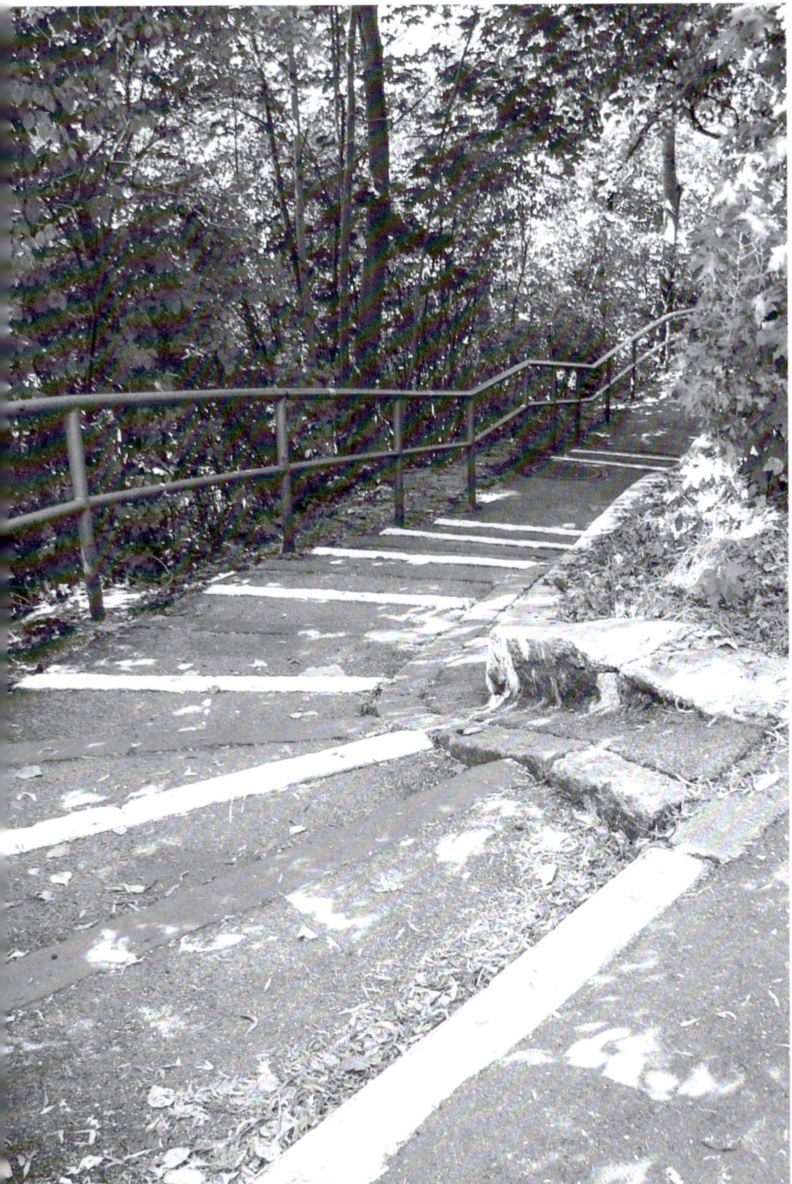

Über den Oxnerweg hinter der Westkurve zum Stadion hochzusteigen, war für mich lange Zeit ein Spieltagsritual.

Sechzig und das Sechzger

Der Verein und sein Stadion

„Möge das, was wir aufgerichtet haben, fortblühen und gedeihen, möge Eintracht, Friede, möge echt turnerische Brüderlichkeit unter uns herrschen, dann ist das Bestehen des Vereines gesichert; mögen auch die politischen Stürme, und diese werden nicht ausbleiben, die Länder erschüttern, sie werden dem Vereine auch manche Wunden schlagen, aber keine, welche dessen Leben gefährden wird."
(Ludwig Schittler, erster Vereinsvorstand, bei seinem Rücktritt 1862)

Münchens ältester Sportverein wurde erstmals im Jahr 1848 als „Münchner Turnverein" gegründet, allerdings zwei Jahre später von der Regierung wieder verboten und aufgelöst; von einer „Anstalt moralischer Verpestung" war die Rede. Der Münchner Turnverein teilte damit das Schicksal zahlreicher Turnvereine, denen nach dem Scheitern der bürgerlichen Revolution 1848/49 eine weitere Betätigung untersagt wurde, da sie häufig demokratische Ziele verfolgten und die nationale Einigung befürworteten.

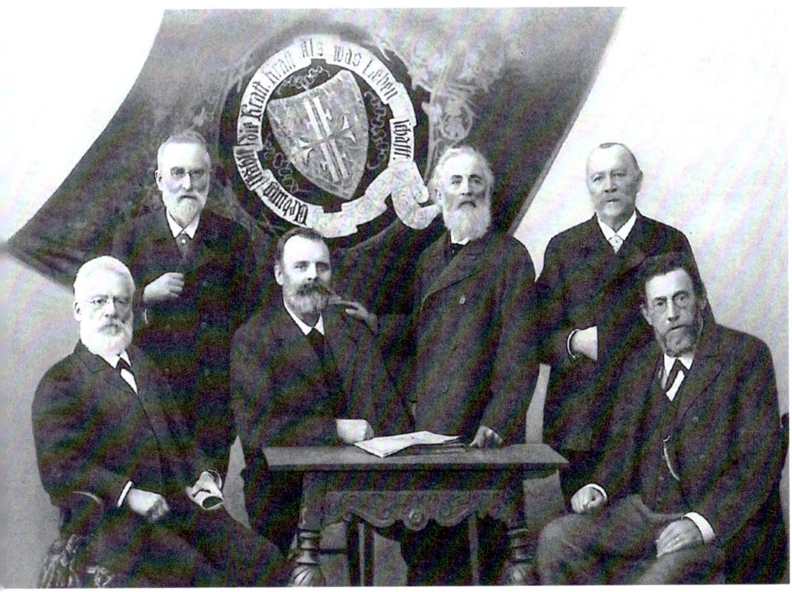

Gründungsmitglieder beim 40. Stiftungsfest (1900), v.l.n.r.: Prof. Dr. Lautenhammer, Ferdinand Harraßer, Franz Schlegel, Lorenz Fendl, Franz X. Schmidt, Karl Rebhan (zumindest Fendl und Rebhan waren wohl 1848 schon dabei).

Am 17. Mai 1860 kam es zur Neugründung als „Verein zur körperlichen Ausbildung“ (ab 1862 wieder „Münchner Turnverein“). Entgegen seinem heute weitverbreiteten Image als Münchner Arbeiterverein rühmte sich der Verein lange Zeit damit, ein „Hort besten Münchner Bürgertums“ zu sein. In der national-konservativen Deutschen Turnerschaft zählte man sich „zu den bedeutendsten Gliedern“ (Anton Löffelmeier: *Die Löwen unterm Hakenkreuz*). Ab 1905 stand der Verein sogar unter dem Protektorat von Kronprinz Rupprecht, der über zehn Jahre lang auch aktiv in der Nachmittagsriege turnte. An der Auenstraße besaß der für lange Zeit größte Verein Münchens ein großes Gelände mit Vereinsheim, Turnhallen und -plätzen, Tennisplätzen und kurzzeitig sogar vier Wohnhäusern.

Um die Jahrhundertwende entstanden neben den Turnriegen weitere Abteilungen, darunter 1899 die Spielriege, in der vermutlich 1901 mit dem Fußballspiel begonnen wurde. Bis in die 1920er Jahre hinein waren die 1860-Kicker, was Beliebtheit und Erfolg betrifft, keineswegs die Nummer eins in der Stadt. Dafür besaßen sie ab 1927 das größte und schönste Stadion Münchens. Den Platz an der Grünwalder Straße, auf dem sie seit 1911 spielten, hatten sie 1922 gekauft und in den Folgejahren ein Fußball- und Leichtathletik-Stadion für 40.000 Zuschauer*innen gebaut. Damit verbunden war auch ein sportlicher Aufschwung. Allerdings hatte sich der Verein mit dem Bau des Stadions übernommen und musste dieses bereits 1937 an die Stadt verkaufen. Aufgrund der guten Beziehungen der Vereinsführung zur Stadtspitze in der Zeit des Nationalsozialismus erzielte man immerhin einen guten Preis.

Als erster Münchner Mannschaft gelang den Sechzgern 1931 der Einzug ins Finale um die Deutsche Meisterschaft. 1942 feierten die Löwen den ersten nationalen Titelgewinn: Nach einem 2:0 gegen den FC Schalke 04 in Berlin war der TSV 1860 München Sieger im Tschammerpokal. (Der Pokalwettbewerb im Deutschen Reich war seinerzeit nach dem Reichssportführer Hans von Tschammer und Osten benannt. Der Tschammerpokal wurde 1935 bis 1943 ausgespielt.)

Als Meister der Oberliga Süd qualifizierte sich der TSV im Jahr 1963 für die neugegründete Bundesliga. Es folgte die goldene Zeit der Löwen: 1964 Deutscher Pokalsieger, 1965 Teilnahme am Finale des Europapokals der Pokalsieger und 1965/66 die Deutsche Meisterschaft. Bald darauf ging es jedoch bergab: Von 1970 bis 1977 spielten die Löwen in der 2. Liga. Nach einer atemberaubenden Aufstiegsrunde gegen Bielefeld ging es 1977 wieder nach oben, aber leider nur für ein Jahr. 1979 erfolgte dann der direkte Wiederaufstieg. Nach diesmal zwei Jahren Erstklassigkeit rutschten die Löwen 1981 allerdings weit herunter: Dem sportlichen Abstieg in die 2. Liga folgten 1982 die Insolvenz und die Talfahrt in die drittklassige Bayernliga. Nach neun Jahren gelang der langersehnte Aufstieg und nach einer Saison in der 2. Liga ging es direkt weiter nach oben in die 1. Bundesliga, in der die Löwen von 1994 bis 2004 spielten. Dabei war die Spielzeit 1999/2000 die erfolgreichste, denn die Löwen erreichten die Qualifikationsrunde zur Champions League. Im Jahr 2004, ein Jahr bevor die mit dem FC Bayern gemeinsam errichtete Allianz Arena eröffnet wurde, stieg 1860 in die 2. Liga ab. Dadurch bekam der Verein massive finanzielle Probleme und musste seine Anteile an der Allianz Arena bereits ein Jahr nach deren Eröffnung an den Miteigentümer verkaufen. Um einer Insolvenz zu entgehen, veräußerte der TSV München von 1860 e.V. im Mai 2011 darüber hinaus 60 Prozent seiner Anteile (49 Prozent stimmberechtigt) an der 2002 gegründeten TSV München von 1860 GmbH & Co. KGaA, der neben der Profimannschaft auch die U21 und die U19 angehören, an den jordanischen Investor Hasan Ismaik bzw. dessen Firma HAM International Limited.

In der 2. Bundesliga sollte der Verein dreizehn Jahre lang bleiben. 2017, nachdem schon in den beiden Jahren zuvor der Klassenerhalt nur knapp geschafft worden war, unterlag der TSV 1860 München im Mai 2017 in der Relegation Jahn Regensburg und stieg aus der 2. Liga ab. Da der TSV die erforderliche finanzielle Liquidität für die 3. Liga nicht rechtzeitig nachweisen konnte, rutschte der Verein noch eine Liga tiefer in die Regionalliga. Aber nach nur einer Spielzeit gelang der triumphale Wiederaufstieg, so dass die Löwen aktuell in der 3. Liga kicken. Mit dem Abstieg 2017 waren auch ein Auszug aus der bei vielen Fans ungeliebten Allianz Arena und eine Heimkehr nach Giesing ins Sechzger Stadion verbunden.

Der Fußballsport war in Deutschland erst ab den 1920er Jahren so richtig populär geworden. Mit Einführung der Bundesliga und des Profi-Status' ab den 1960er-Jahren wurde er schließlich zum belieb-

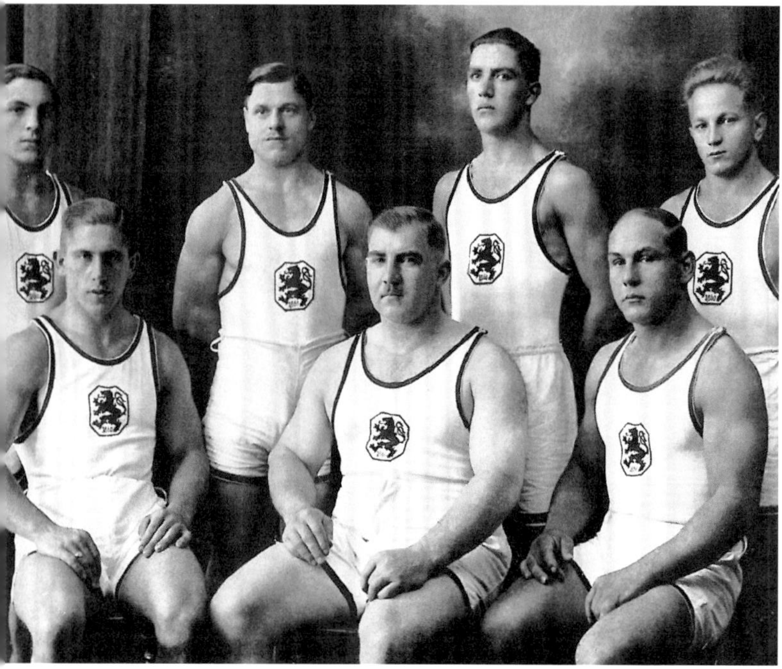

Gewichtheber im Löwendress: Deutscher Mannschaftsmeister 1926, von links: Schweiger, Wölpert, Endres, Bauer; sitzend: Depuhl, Straßberger, Mähler.

testen Zuschauersport. Während der ersten Jahrzehnte hingegen waren die Turner das Herz des Vereins; erst nach und nach wurden Leichtathletik, Schwerathletik, Boxen und die verschiedenen Ballsportarten beliebter. Wie sich die Prioritäten verschoben, ist an der Anzahl der Seiten erkennbar, die in den Vereinszeitungen und den Jubiläums-Festschriften den jeweiligen sportlichen Abteilungen gewidmet sind. Die Existenz und Entwicklung dieser Abteilungen spiegelt aber nicht nur die Vereinsgeschichte im Speziellen wider, sondern lässt Rückschlüsse auf die Entwicklung im Turn- und Sportbereich in Deutschland generell und damit auf gesamtgesellschaftliche Strömungen zu.

So wurde 1861 als erste Unterabteilung ein Gesangskreis gebildet. Das Singen insbesondere vaterländischer Lieder war ebenso wie die regelmäßig durchgeführten Turnfahrten ein wesentliches Element der Turnbewegung des 19. Jahrhunderts. Entsprechend gehörten dem

Sängerkreis auch ausschließlich Männer an. Ab 1930 berichten die Vereinszeitungen von fehlendem Nachwuchs, und nach dem Zweiten Weltkrieg wurde die Abteilung nicht wieder ins Leben gerufen.

Von Beginn an wurde im Verein, den mit der Burschenschaft Arminia von 1848 bis in die 1960er Jahre hinein „zahlreiche Freundschaftsbande" verbanden, auch gefochten. 1905 wurde dazu im Vereinsheim an der Auenstraße ein eigener Fechtsaal eingerichtet. Die „enge Verbundenheit der Turner mit dem Wohl und Wehe ihrer Stadt" *(100 Jahre TSV 1860 München)* wird durch die Gründung einer freiwilligen Feuerwehr (1863) und eines Turner-Sanitätszugs (1887) sichtbar.

Zu den ersten Abteilungen gehörte aber auch die 1887 gegründete Artisten-Riege, die sich im Laufe der Jahre einen guten Ruf erwarb und nicht nur bei vereinseigenen Feierlichkeiten wie den Stiftungsfesten, Faschingsbällen und Varieté-Abenden, sondern auch auf Wohltätigkeitsveranstaltungen der Stadt München auftrat. Einzelne Mitglieder wurden später sogar zu Berufsartisten und traten international auf. Noch 1937 wurde der 50. Geburtstag gefeiert, nach dem Krieg war die Zeit der Artisten dann aber vorbei.

Ebenso wie die Artisten waren auch die „Kraftmenschen" auf den Jahrmärkten und in den Zirkussen des 19. Jahrhunderts populär. Um die Jahrhundertwende begann sich das Gewichtheben dann als Sportart durchzusetzen, und so wurde 1912 bei 1860 eine Kraftsportriege gebildet, die über achtzig Jahre lang bestand. In den 1920er und 1930er Jahren sammelten die Gewichtheber reihenweise Deutsche Mannschafts-Meistertitel ein. Der herausragendste Athlet

Zwei Mal 1860

1923 beschloss die Deutsche Turnerschaft die sogenannte „reinliche Scheidung" zwischen Turnen und Sport: Vereine mussten sich zwischen der Mitgliedschaft in der Deutschen Turnerschaft oder in einem Sportfachverband (wie beispielsweise dem DFB) entscheiden. Der TSV 1860 München wurde daraufhin im Jahr 1924 zweigeteilt: Die Fußballer und die Leichtathleten bildeten den Sportverein München von 1860, die übrigen Abteilungen den Turnverein München von 1860. Beide Vereine hatten einen gemeinsamen Verwaltungsrat und wurden zeitweise auch von demselben Präsidenten geführt. Im Zuge der Gleichschaltung durch die Nationalsozialisten wurde die reinliche Scheidung hinfällig und am 6. März 1934 erfolgte die Wiedervereinigung zum Turn- und Sportverein von 1860 München e.V.

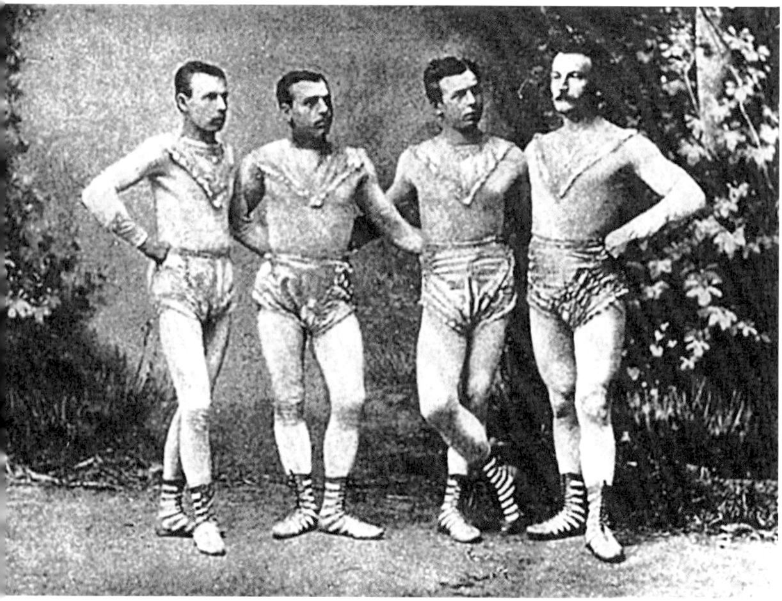

Mitglieder der Artistenriege um 1890.

unter ihnen war Josef Straßberger, der 1928 in Amsterdam Olympiasieger im Schwergewicht wurde und 1932 in Los Angeles die olympische Bronzemedaille gewann. Dass er es auf dem Treppchen nicht ganz nach oben schaffte, lag womöglich daran, dass das Fass Bier, das er – aufgrund der Prohibition als „Massage-Öl" gekennzeichnet – in die USA geschmuggelt hatte, auf der Zugfahrt nach Los Angeles verloren gegangen war … Auch nach dem Zweiten Weltkrieg konnten die Sechzger noch drei Mal die Deutsche Mannschaftsmeisterschaft gewinnen. Im Dezember 1953 erhielt die Gewichthebermannschaft dafür das Silberne Lorbeerblatt, die höchste sportliche Auszeichnung in der BRD. (Diese Auszeichnung erhielten die 1860-Turner und die 1860-Leichtathleten jeweils zwei Mal.)

Neben dem Fußball war der Verein auch in anderen Ballsportarten erfolgreich bzw. sogar weitaus erfolgreicher: Die Feldhandball-Männer wurden ab 1929 mehrfach Südbayerischer Meister, die Handballfrauen 1937 sogar Bayerischer Meister. Von 1923 bis 1929 holten sich die Schlagballer (Männer) sieben Deutsche Meistertitel in Folge. 1947 bis 1950 wurden die Faustball-Frauen Deutscher Meister und die Volleyballer des TSV 1860 München wurden

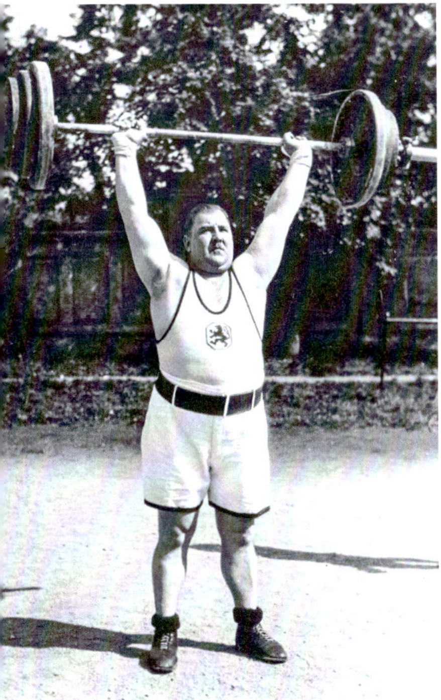

Der starke Mann bei 1860: Josef Straßberger (1894 – 1950), Olympiasieger 1928 im Schwergewicht.

fünf Mal Deutscher Herrenmeister (1973, 1975, 1978 – 1980). Letztere schlossen sich 1989 dem TSV Milbertshofen an, während die Abteilungen Handball und Faustball in den 1990er Jahren aufgelöst wurden.

Eine ganz besondere Abteilung waren die „Motorisierten Löwen". Als Ziel dieser 1925 aus der Taufe gehobenen Abteilung wurde interessanterweise die „Pflege des Wandersports" ausgerufen. In den ersten Jahren nach der Gründung unternahmen die Motorradfahrer zahlreiche Touren in Süddeutschland, sowie nach Österreich und Südtirol. Jährlich fanden Herbstprüfungsfahrten statt. Auch an Straßenrennen beteiligten sich die Motorisierten Löwen: „Am Salzbergrennen war wieder unser lieber ‚Pappe' beteiligt, der in der 350 ccm-Klasse einen schönen zweiten Preis herausfahren konnte. Beim vorausgegangenen Oberjoch-Rennen bei Hindelang reichte es allerdings nur zum 6. Preis; dies ist aber angesichts des Umstandes, daß er nachweislich zweimal in den Kurven auf den Schlips fiel, entschuldbar" (aus der Vereinszeitung September-Oktober 1927). 1930 wurde 1860-Mitglied Alois Drax Deutscher Meister in der Klasse „Motorrad mit Beiwagen bis zu 500 ccm". Alois Drax brachte übrigens um 1935 einen Schutzhelm in Form einer Hartschale auf den Markt, der über zwanzig Jahre lang als Nonplusultra galt. Zu dieser Zeit mussten sich die Motorisierten Löwen leider schon auf Gesellschafts- und Badefahrten beschränken, denn für die Teilnahme an Straßenrennen und für Zuverlässigkeitsfahrten fehlte aufgrund der Weltwirtschaftskrise das nötige Geld. In den 1950er Jahren trafen sich die Motorisierten Löwen nur noch zum gemütlichen Beisammensein.

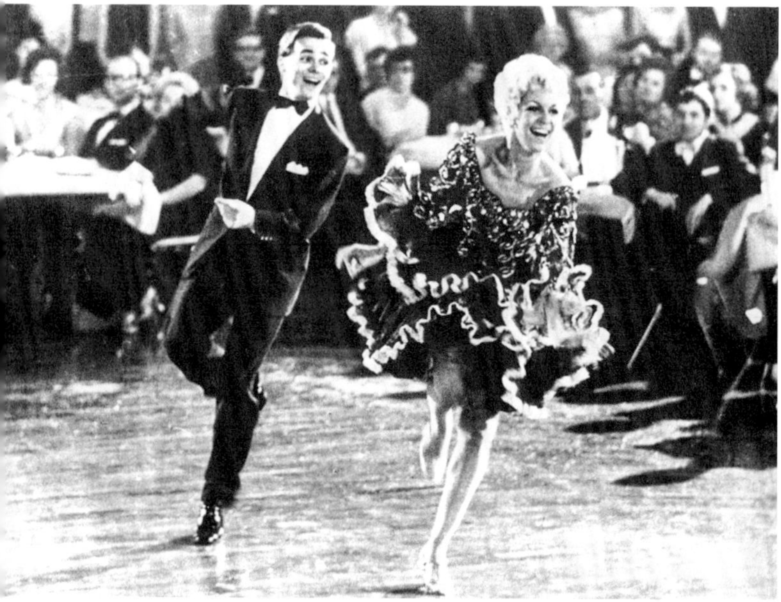

Peter und Hanni Neubeck wurden für den TSV 1860 München zwei Mal Tanz-Weltmeister.

1860 war auch der erste Verein in der BRD, der – ab 1963 – eine aktive Tanzsportabteilung besaß. 1970 und 1971 gewannen Peter und Hanni Neubeck den Weltmeistertitel in den Lateinamerikanischen Tänzen. Das Ehepaar gründete 1978 eine Tanzschule, die bis heute besteht und in der ich selbst auch einmal einen Kurs besucht habe (allerdings wenig erfolgreich und ohne mir der Verbindung zu 1860 bewusst zu sein).

Außerdem existierten von 1903 bis 1920 eine Schwimmriege, ab 1911 eine Hockeyabteilung (wurde nach dem Zweiten Weltkrieg nicht wieder ins Leben gerufen), von 1932 bis 1935 eine Bowlingabteilung und ab 1973 Selbstverteidigung/Karate (bis in die 1990er Jahre). Nicht durchsetzen konnten sich die Turnerpfadfinder (1931), die Schachrunde (1932) und Jiu-Jitsu (1935). Zusätzlich zum Sängerkreis gab es zeitweise auch ein Vereinsorchester (1865 bzw. 1906 aufgelöst). Im Januar 1932 wurde eine Abteilung für Harmonika ins Leben gerufen, die aber auch schon bald wieder verschwand. Wie lange sich die Tambourin-Riege hielt, von der ein Foto von 1890 erhalten ist, ist mir nicht bekannt.

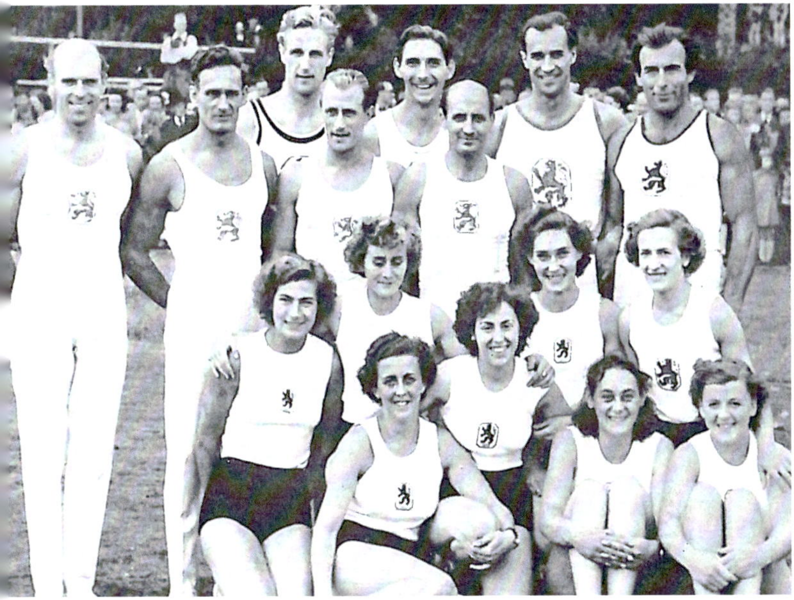

Die erfolgreichen Turner des Jahres 1950.

Auch wenn der TSV 1860 München heute in erster Linie durch den Fußball bekannt ist, dürfen die herausragenden Erfolge von Mitgliedern anderer Abteilungen nicht vergessen werden. Zum Beispiel: olympisches Gold 1936 von Innozenz Stangl im Mannschafts-Turnen; 18 Deutsche Vereinsmeistertitel der Turner; Weltrekord der 4×100 m-Staffel der Damen 1929 und Bronzemedaille bei Olympia 1928; zahlreiche deutsche Meistertitel der Leichtathletikabteilung in den 1950er Jahren; mehrere Mannschaftsmeistertitel der Leichtathleten in den 1990er Jahren (als Startgemeinschaft LAC Quelle mit der Leichtathletikabteilung des TV Fürth 1860); insgesamt vier olympische Medaillen im Gewichtheben bei den Spielen 1928 und 1932; die Deutsche Meisterschaft im Faltboot-Zweier 1925 durch Lampl und Schweiger; olympisches Gold von Marina Kiehl 1988 in der Ski-Abfahrt.

Als ich im Rahmen meiner Tätigkeit im Wahlausschuss ab 2013 bei verschiedenen Abteilungen erstmals zu Gast war, haben mich der fehlende Zusammenhalt zwischen den Abteilungen sowie die zum Teil ungute Einstellung dem Gesamtverein und den Fußballern gegenüber betroffen gemacht. Spätestens seit den 1970er Jahren hatten sich einzelne Abteilungen über mangelnde Mitsprache- und Einflussmöglichkeiten sowie die Priorisierung des Fußballs beklagt, es kam sogar zu gerichtlichen Auseinandersetzungen zwischen einzelnen Abteilungen und dem Gesamtverein.

Seit kurzer Zeit ist jedoch eine Klimaverbesserung zu bemerken. In den letzten Jahren wird sowohl von Vereins- als auch von Fanseite Initiative und Interesse gezeigt, die „Amateurabteilungen" zu stärken und in den Vordergrund zu rücken.

So wurde beispielsweise die 1913 gegründete Ringer-Abteilung, die mit nur mehr einer Handvoll inaktiver Mitglieder kurz vor dem Aus stand, 2012 wiederbelebt. Heute trainieren rund 70 Sportler*innen aller Altersklassen bei den Ringern, die auch auf nationalen und internationalen Wettkämpfen vertreten sind.

2011 wurden durch Kooperation mit dem TSV Weiß-Blau Sechzgerstadion zwei Amateur-Herrenmannschaften in die Fußballabteilung aufgenommen, die aktuell in der Kreisliga bzw. in der Kreisklasse A spielen. Mit den beiden Mannschaften wollte man zum einen den Breitensport fördern, aber auch eine Notlösung im e.V. schaffen für den Fall einer Insolvenz der KGaA. Seit 2015 gibt es zudem eine Blinden-Fußballmannschaft und seit 2016 ein Futsal-Team. Leider ist es bislang nicht gelungen, Fußball auch für Mädchen und Frauen anzubieten.

In den 1990er Jahren erlebte auch die Boxabteilung neuen Aufschwung und konnte seitdem zahlreiche bayerische Titelgewinne feiern. Mit Magomed Schachidov konnten wir 2017 sogar den aktuellen Deutschen Meister im Weltergewicht stellen (Schachidov ist mittlerweile nach Hannover gewechselt). Den größten Erfolg für die knapp 100-jährige Boxabteilung stellt bis heute aber die Silbermedaille von Hans Ziglarski im Bantamgewicht bei den Olympischen Spielen 1932 dar.

Aber nicht nur die traditionellen Sportarten leben bei 1860 (teilweise) wieder auf, auch neue Disziplinen finden ein Zuhause. Dazu gehört Roller Derby: Im Frühjahr 2011 starteten die Munich Rolling Rebels als erstes bayerisches Roller Derby-Team. Heute spielen rund sechzig Sportlerinnen in zwei Mannschaften, das Team Munich Dynamite tritt seit 2017 in der Bundesliga an. Auch wenn leider kein Gin Tonic mehr verkauft wird, kann ich den Besuch eines Homebouts nur empfehlen!

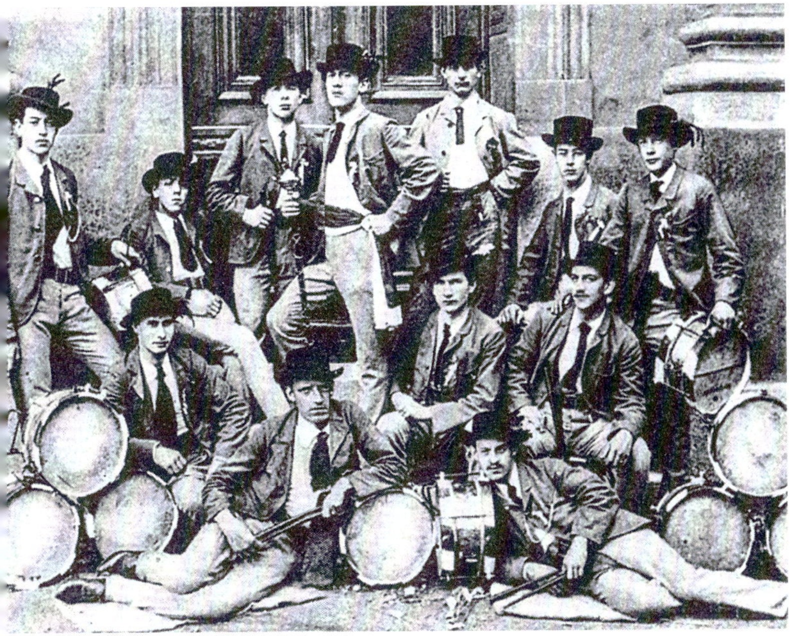

Eine Aufnahme der Tambourin-Riege von 1890. Was aus ihr wurde, ist unbekannt.

Im Mai 2019 zählte der Verein 23.653 Mitglieder, so viele wie nie zuvor in seiner 159-jährigen Geschichte. Aktiv Sport betrieben wird in mittlerweile 16 Abteilungen: Turnen, Fußball, Bergsport, Ski, Leichtathletik, Ringen, Boxen, Wassersport, Kegeln, Basketball, Tennis, Rollsport, Behindertensportsowie seit 2019 Golf, eSports und Präzisionssport/Darts.

Am liebsten würde ich über alle Abteilungen noch ein paar Zeilen schreiben, in denen tolle Arbeit geleistet wird und das Vereinsleben spürbar ist. Leider fehlt hier der Platz, aber ich hoffe, dass in absehbarer Zeit (vielleicht zum 160. Vereinsjubiläum?) wieder eine Chronik des Gesamtvereins erscheint.

Noch ein letztes Wort zu den Löwinnen:

1888 wurde die erste „Damenriege für Damen im Alter von über 16 Jahren“ gegründet. Damit war 1860 der erste Verein in München, der Damenturnen anbot. Frauen waren bis dahin deutschlandweit vom Turnen ausgeschlossen, da für sie – gemäß Turnvater

Der Löwe
Das erste Vereinsabzeichen des Turnvereins München (das Gründungsjahr wurde erst 1900 in den Vereinsnamen aufgenommen), eingeführt 1880, war ein Münchner Kindl, welches ein Schild mit dem Turnzeichen hält. Da ab der Jahrhundertwende neben dem Turnen zunehmend auch Leichtathletik betrieben wurde, wurde über ein neues Emblem nachgedacht. Der Löwe als Symbol für Mut und Ausdauer sowie als bayerisches Wappentier erschien dafür geeignet und wurde offiziell 1911 eingeführt. Zunächst hatte der Löwe nur einen Schwanz, den zweiten bekam er 1914 nach der Beschwerde einer Münchner Brauerei, die eine zu große Ähnlichkeit mit ihrem eigenen Logo beanstandet hatte.

Jahn – die männlichen Werte der Wehrhaftigkeit, Stärke und Überlegenheit nicht galten. Die Übungsauswahl im Mädchen- und Frauenturnen war dementsprechend lange Zeit noch beschränkt, es galt: „Kopf oben, Beine unten und geschlossen." Erst 1928 wurde Frauenturnen olympisch.

Zum Sängerkreis sowie zu den „Kneipabenden" wurden Frauen generell nicht eingeladen, auch im 1902 gegründeten Verband älterer Mitglieder des Turnvereins München von 1860 hieß es: „No ma'am". Für die weiblichen Mitglieder wurden dafür später „Teeabende" angeboten.

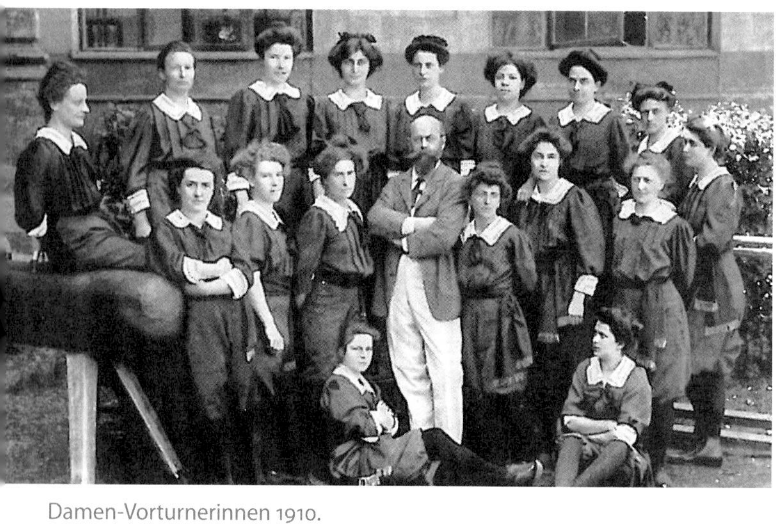

Damen-Vorturnerinnen 1910.

„Des Sechzger is Jesus! Des hab i nachbaut!"
(Löwen-Fanlegende Peter S. in *XX-Tausend – Der Film*)

Für die meisten Giesinger ist es das Sechzger-Stadion, im Volksmund heißt es Grünwalder Stadion (bzw. auf Münchnerisch: „Greawoida"); der offizielle Name von Münchens ältestem Stadion lautet allerdings Städtisches Stadion an der Grünwalder Straße.

Der erste Sportplatz an diesem Ort wurde 1911 errichtet: Der TV 1860 München pachtete das am südlichen Rand von Giesing gelegene Grundstück an der Grünwalder Straße von der Familie Peter und richtete einen Wettspielplatz mit Fußballfeld und Leichtathletikanlagen ein. Der Platz wurde mit einer 2,20 Meter hohen Bretterwand eingefriedet, eine Sitztribüne für 160 Zuschauer (das „Zündholzschachterl") mit Garderoben und Waschräumen wurde errichtet.

Am 23. April 1911 fand im „TV 1860-Stadion" das erste Fußballspiel statt: 1860 gewann gegen den MTV 1879 mit 4:0. Die offizielle Stadioneröffnung folgte dann vier Wochen später mit einem Leichtathletik-Städtekampf zwischen München und Berlin (Ergebnis: 55:45). Durch den Kauf des Grundstücks 1922 wurde der Bau eines großen Stadions möglich, das dem stark angestiege-

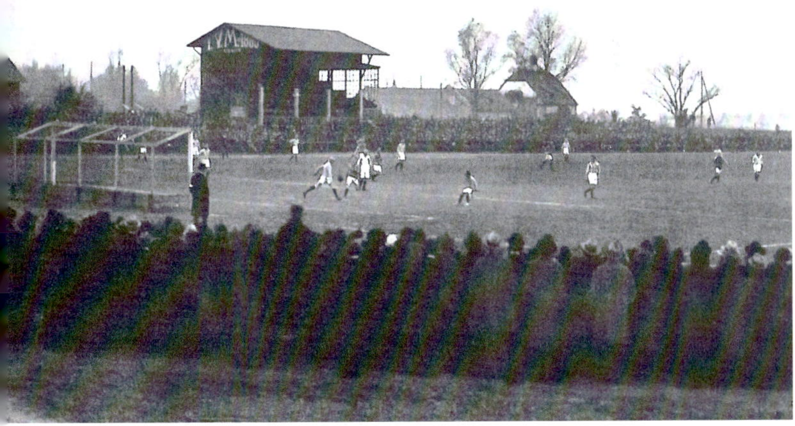

Das „Zündholzschachterl" war die Tribüne des ersten Stadionbaus auf dem Platz an der Grünwalder Straße und trug seinen Spitznamen zu Recht.

nen Zuschauerinteresse am Fußball Rechnung trug: Anstelle des Zündholzschachterls entstand eine neue, überdachte Sitztribüne für 1.600 Besucher, deren Form im Wesentlichen heute noch erhalten ist. Gegenüber wurde eine Stehhalle mit 25.000 Plätzen in Stahlbetonbauweise gebaut. Nach der Eröffnung im Jahr 1927 fanden bis zu 40.000 Zuschauer*innen im Sechzger-Stadion Platz. Damit war das Sechzger-Stadion das größte Stadion Süddeutschlands und wurde als „schönste Vereinssportanlage" sowie als „Sehenswürdigkeit" gelobt. Insgesamt beliefen sich die Kosten für den Bau auf 260.000 Reichsmark, von denen ein Großteil aus Darlehen stammte. Zu Ehren des damaligen Präsidenten, der maßgeblich für den Umbau verantwortlich war, erfolgte 1929 die Umbenennung in „Heinrich Zisch-Stadion v. 1860". Neben den Hausherren trugen auch der FC Wacker München und der FC Bayern München ihre Heimspiele damals an der Grünwalder Straße aus.

Hieß es im Juni 1927 noch: „Durch unseren großen Bau, unser 1860-Stadion, soll sich die finanzielle Lage bessern, allen zum Vorteil", musste der TSV 1860 München zehn Jahre später das Stadion verkaufen. Gründe hierfür waren „der fehlende Nachwuchs, die finanzielle Überlastung der Vereine, bedingt durch große Zinsen- und Abgabenlasten, denen zu geringe Einnahme aus den geschwundenen Mitgliederbeiträgen und Sportfesterträgnissen gegenübersteht". Es sollte nicht das letzte Mal bleiben, dass sich der Verein mit einem Stadionbau übernimmt … Die Stadt München machte den Löwen einen guten Preis, gab es doch enge Verbindungen zwischen der nationalsozialistischen Stadtführung und der Vereinsspitze. Das Stadion wurde generalsaniert und in „Städtischer Sportplatz an der Grünwalder Straße" umbenannt. Seitdem ist es im Besitz der Stadt München.

Von 1941 bis 1945 hieß das Stadion „Städtische Hanns-Braun-Kampfbahn". Dem Zeitgeist entsprechend wurde das griechische Wort Stadion eliminiert, dafür wurde mit Hanns Braun an einen Fliegerpionier des Ersten Weltkriegs erinnert.

Nachdem durch zwei Fliegerangriffe 1943 erhebliche Schäden an den Tribünen entstanden waren und das Spielfeld unbenutzbar geworden war (1860 spielte in dieser Zeit im Dantestadion bzw. im Poststadion an der Arnulfstraße), erfolgte bis 1951 der Wiederaufbau; Stehhalle und Haupttribüne wurden größtenteils nach den Plä-

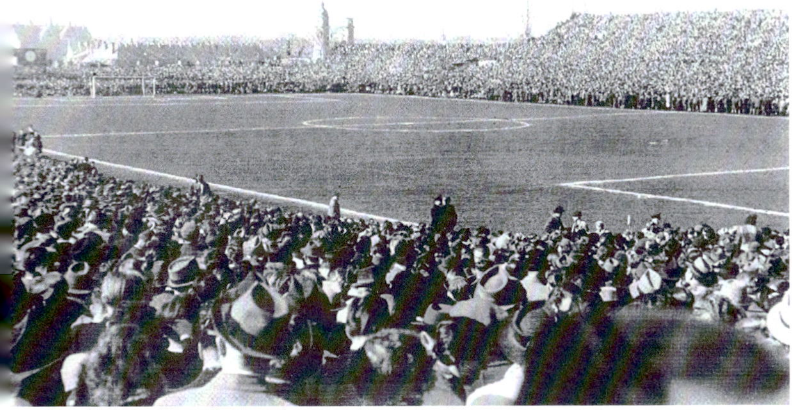

Besucherrekord im Grünwalder Stadion beim Spiel 1860 München – 1. FC Nürnberg 14. März 1948 (2:1).

nen von 1925 instandgesetzt. Schon während der Umbauzeit fanden Spiele statt, so das erste Lokalderby nach dem Krieg am 23. Dezember 1945 (der FC Bayern gewann mit 1:0) und am 14. März 1948 das Spiel 1860 gegen den 1. FC Nürnberg, bei dem mit ca. 60.000 Zuschauer*innen ein Rekord aufgestellt wurde (1860 gewann 2:1).

1959 wurde die Flutlichtanlage auf vier Masten errichtet und die Kurven (bisher nur Stehwälle) mit aufgeständerten Tribünen in Stahlbetonbauweise ausgebaut. Am ersten Bundesliga-Spieltag empfing der TSV 1860 München am 24. August 1963 Eintracht Braunschweig (1:1). Das erste Lokalderby in der Bundesliga gewannen die Löwen am 14. August 1965 mit 1:0. Mit einem 1:1 gegen den HSV holte sich der TSV 1860 München am 28. Mai 1966 seine bislang einzige Deutsche Meisterschaft. Bis 1972 fanden im Sechzger-Stadion Bundesliga-Spiele statt: Neben dem TSV 1860 München trug auch der Lokalrivale hier bis zur Saison 1971/72 seine Heimspiele aus. Zusätzlich gastierte der FC Wacker München mehrere Mal auf Giesings Höhen, als er in den Spielzeiten 1970/71 und 1972/73 in der Regionalliga Süd spielte.

Zur Saison 1972/73 zog der FC Bayern München ins neue Olympiastadion auf dem ehemaligen Oberwiesenfeld um. Die Sechzger, die 1970 in die Regionalliga abgestiegen waren, zögerten noch, ihre Heimat zu verlassen. Im November 1973 wurde ihnen dann die Entscheidung abgenommen: Ein Sturm riss Teile des Stehhallendaches herunter, die Löwen zogen – zunächst vorübergehend – ins „Oly". Erstmals wurde über einen Abriss des Stadions nachgedacht und diskutiert. Aber auch ein Stadionausbau stand im Raum. Schließlich einigte sich der Stadtrat auf eine Kompromisslösung: Die alte Stehhalle wurde abgerissen, übrig blieben nur die Treppenhäuser aus dem Jahr 1960. Auf den abgetragenen Erdwällen wurden 2.480 Sitzplätze (ohne Dach) eingerichtet. Das Stadion wurde in „Städtische Bezirkssportanlage an der Grünwalder Straße 4" umbenannt.

Fast gleichzeitig mit der Rückkehr der Löwen in die Bundesliga beschloss die Stadt München Ende 1976 einen Neubau der Nordtribüne/Gegengerade, die im März 1979 bei einem Freundschaftsderby vor 26.000 Zuschauern eingeweiht wurde (Ergebnis: 1:1).

Die Löwen wechselten aber bis 1982 nicht nur mehrfach die Liga, sondern auch das Stadion: Im Olympiastadion erhoffte sich der Verein höhere Einnahmen, musste aber feststellen, dass sich das Zuschauerinteresse in Grenzen hielt. (In der Saison 1972/73 wollten durchschnittlich nur 13.176 Zuschauer*innen die Heimspiele der Löwen sehen.) Eine Ausnahme bildete das Zweitliga-Spiel des TSV 1860 München gegen den FC Augsburg am 15. August 1973, als der (inoffizielle) Zuschauerrekord für das Olympiastadion aufgestellt wurde: Zahlreiche Zuschauer*innen überstiegen Zäune und Kassenhäuschen, so dass schließlich bis zu 100.000 Menschen das 1:1 sahen.

Nach dem Zwangsabstieg 1982 kehrten die Löwen wieder zurück nach Giesing, wo sie bis 1995 auch blieben.

Trotz vehementer Fanproteste erfolgte 1995 der erneute Umzug ins Olympiastadion, wo sich der Verein – wie 20 Jahre zuvor – höhere Einnahmen erhoffte. Nach dem Bundesliga-Abstieg 2004 kehrte der TSV 1860 München für eine Saison in die Heimat zurück. Am 8. August 2004 (meinem 28. Geburtstag) empfingen die Löwen die SpVgg Unterhaching, das Spiel endete 2:2. „Doch für einen echten Löwenfan ist ein Unentschieden im Grünwalder Stadion schöner als ein Sieg im ‚Oly'", schrieb die Süddeutsche Zeitung dazu. Und weiter: „Das erste Spiel der Sechziger in ihrer alten Arena wollten so viele Münchner sehen, dass die Partie aufgrund des Andrangs zehn Minuten später angepfiffen werden

Im Grünwalder Stadion fanden drei Länderspiele statt:
Beim ersten (dem zweiten Länderspiel überhaupt in München) am 12. Dezember 1926 sahen ca. 35.000 Zuschauer im „Sechzger" eine 2:3-Niederlage von Deutschland gegen die Schweiz. Erfolgreicher war die DFB-Elf im Heinrich-Zisch-Stadion beim Länderspiel gegen Finnland am 18. August 1935: ein 6:0-Sieg vor mindestens 35.000 Zuschauern. Und am 20. Oktober 1940 besiegte Deutschland Bulgarien mit 7:3.

musste: genau 21.272 Leute passten rein ins Sechzger. ‚Wir hätten das Spiel dreimal verkaufen können', meinte 1860-Pressesprecher Dirk Grosse. Und so war die Stimmung wie in alten Tagen, als die Löwen in Giesing ihre größten Erfolge feierten und Deutscher Meister wurden."

Doch der Umzug in die Allianz-Arena zur Saison 2005/06 war da bereits beschlossene Sache.

Erst der Abstieg in die Regionalliga 2017 ermöglichte – wie bereits 1982 – eine Rückkehr ins Grünwalder Stadion, das zwischenzeitlich von der Stadt generalsaniert und für die 3. Liga tauglich gemacht worden war (ursprünglich für den Fall eines Aufstiegs der zweiten Mannschaft des FCB). Waren 2017/18 nur 12.500 Zuschauer*innen zugelassen, wurde zur Saison 2018/19 die Kapazität auf 15.000 erweitert. Ob oder wann mehr Personen zu den Löwen-Heimspielen dürfen, hängt von politischen Entscheidungen ab. Einige Anwohner*innen haben Probleme mit den lauten Trommeln, der teilweise überdrehten Lautsprecheranlage sowie den „Wildbieslern". Ich bin aber optimistisch, dass wir in zwei bis drei Jahren mit 20.000 Stimmen die Löwen anfeuern können – und unser geliebtes Sechzger nie wieder verlassen werden …

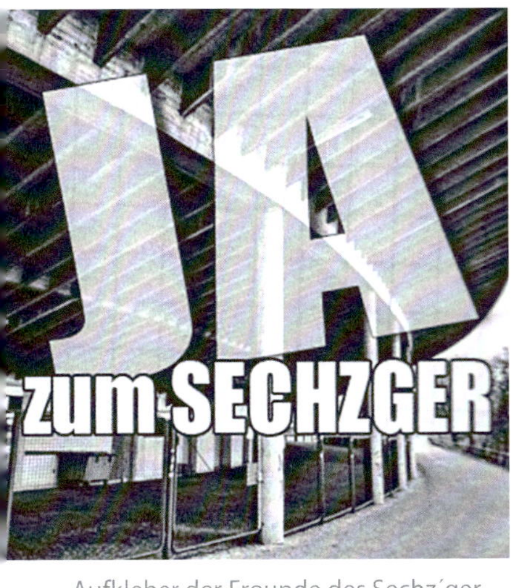

Aufkleber der Freunde des Sechz'ger Stadions um 2007.

Freunde des Sechz'ger-Stadions: Rückschau auf zwei Jahrzehnte des Bestehens

von Dr. Markus Drees

1996 wurde als Antwort auf KHWs (gemeint ist Karl-Heinz Wildmoser) Umzug ins Olympiastadion ein Verein gegründet, der zunächst ein Sammelbecken aller KHW-Gegner und Olyfeinde war.

Es wurde ein Konzept für ein erweitertes Grünwalder Stadion mit Räumen für vielfältige Nutzungen abseits des Sports entworfen und den Bezirksausschüssen vorgestellt. Unterschriften für den Erhalt des Stadions wurden gesammelt und im Rathaus bei Hep Monatzeder (damals 3. Bürgermeister in München) abgegeben. OB Ude hatte keine Lust, sich damit zu beschäftigen, und auch Monatzeder, der fünfzehn Jahre später kurz selbst Präsident des TSV 1860 sein sollte, war über den Besuch nicht unbedingt erfreut, nahm die Listen aber diplomatisch freundlich entgegen. Im Stadtrat fand sich mit den Freien Wählern um den Ex-SPDler Norbert Kreitl eine Allianz, die unserer Sache eine politische Stimme verlieh. Es wurde auch Kontakt hergestellt zu Manni Schwabl, der 1999/2000 zusammen mit dem Hamburger Architektenbüro Weisener einen Neubau-Plan fürs Giesinger Stadion entworfen hatte. Aus heutiger Sicht hätte dies zu dem Zeitpunkt auch umgesetzt werden können. Doch 1860 hatte unter Wildmoser andere Pläne, und so drohte ab 2000 das nächste Ungemach: der Bau einer WM-tauglichen Arena. KHW wollte als 1860-Präsident beim WM-Eröffnungsspiel bei den Großen und Schönen dieser Welt sitzen. Mit einem leeren, aber denkmalgeschützten Oly drohte in der Folge das Grünwalder Stadion zur Einsparung von Defiziten im Schul- und Sport-

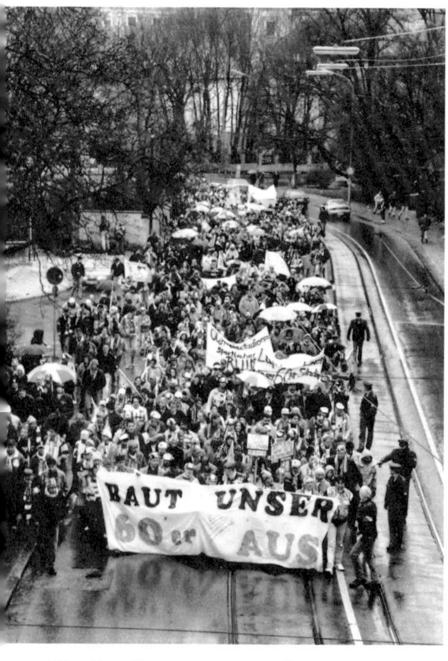

Stadiondemo am 1. April 1995.

referat verkauft und das Grundstück anderen Zwecken zugeführt zu werden.

Somit begann im Jahr 2000 der Kampf an zwei Fronten: Zum einen protegierten wir den Schwabl-Plan für ein eigenes Stadion auf Giesings Höhen, zum anderen kämpften wir gegen das mittlerweile durch die WM-Vergabe an Deutschland notwendig gewordene Stadionprojekt bzw. die Beteiligung von 1860 an diesem Projekt. Die ersten Pläne dafür befassten sich noch mit einem Umbau des Olympiastadions. Glücklicherweise zog der Architekt Behnisch seine eigene Planstudie – das sogenannte Konsensmodell – nach großer Kritik in einer Stadtratsanhörung zurück. Somit blieb nur ein Neubau. Vom FC Bayern wurde der Architekt Albert Speer jun. beauftragt, den idealen Standort für die WM-Arena zu bestimmen. Der einzige geeignete Standort lag in Fröttmaning, zwischen Müllberg, Recyclingbetrieben und Klärwerk. Das Problem an Fröttmaning war: Um die Erschließungskosten (neuer U-Bahnhof, Autobahnanschluss) nicht selbst tragen zu müssen, benötigte der FC Bayern die Beteiligung des TSV 1860. Denn damit konnte die Stadt EU-Mittel abrufen. Um sich eine Legitimation durch die Bevölkerung abzuholen, wollte die Stadt einen Bürgerentscheid. Als Zweifel an der Zustimmung der Bevölkerung aufkamen, legte man mit großem Werbeetat nach und benutzte die Medien für ein zwielichtiges Spiel. Letztendlich gab es eine überwältigende Mehrheit für das neue WM-Stadion, und damit war auch die Rolle von 1860 als Miteigentümer festgelegt.

In der Folge kam es zum ersten Einschnitt in der Vereinsgeschichte der Freunde des Sechz'ger-Stadions (FdS). Bis dahin hatte es noch Höhepunkte für die Löwen-Seele gegeben, z. B. den berühmten Abend im Hofbräukeller mit der Präsentation der Schwabl-Pläne und der peinlichen Verteidigung der WM-Stadionpläne durch KHW jun. oder das Konzert der Biermösl Blosn mit Gerhard Polt kurz vor dem Bürgerentscheid. Nach dem Bürgerentscheid für ein WM-Stadion trat Ernüchterung ein. Einige Recken der ersten Stunde schmissen desillusioniert das Handtuch, die Vorstandschaft der Stadionfreunde wurde erstmals deutlich umgebaut.

Neu aufgestellt ging es nun um den Erhalt des Stadions, da das Schul- und Sportreferat von der Stadt die Erlaubnis erhielt, das Grünwalder Stadion zum Ausgleich des kommunalen Defizits zu verkaufen. Da sagte auf einmal der TSV 1860 in Person der beiden

 Wildmosers Unterstützung im Kampf um den Erhalt des Stadions zu; das Ziel, mit der ersten Mannschaft in die WM-Arena einzuziehen, war zu dem Zeitpunkt ja schon in trockenen Tüchern.

Nach dem Abstieg aus der Bundesliga 2004 beantragten die Verantwortlichen eine Spielerlaubnis für das Grünwalder Stadion bis zum Einzug in die Allianz Arena, da sie die Befürchtung hatten, im Oly vor leeren Rängen zu spielen. Durch den Verkauf teurer Dauerkarten könnten so wichtige Einnahmen für den Neuanfang in der 2. Liga generiert werden. Mit ausverkauftem Haus und 21.272 Zuschauern begann man ausgerechnet mit einem Derby gegen die Vorstädtler aus Unterhaching. Das 2:2 zeigte, dass der Wiederaufstieg kein Selbstläufer werden würde. Am Ende wurden die Aufstiegsränge knapp verfehlt, 1860 landete auf dem 4. Platz. Beim letzten Saisonspiel gegen Rot Weiss Ahlen, welches ganz kurios mit 3:4 verloren ging, hieß es – mal wieder – Abschied vom Stadion zu nehmen. War die Drohung „Allianz Arena ab 2005" während des Spiels noch als Werbebande zu sehen, gab es nach dem Spiel Gewissheit. Die euphorisierten Ansagen von Paule Agostino und Michael Hofmann zum Umzug in die Arena wurden im Moment der Trauer mehrheitlich mit Pfiffen quittiert.

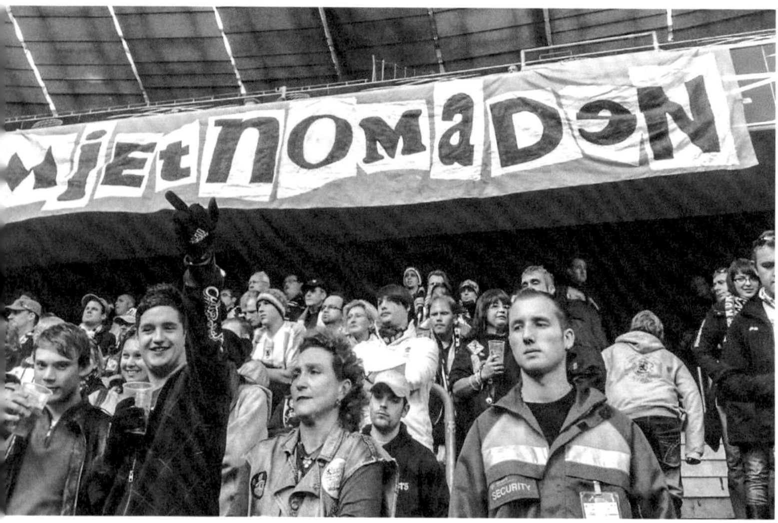

Nach 13 langen Jahren am Fröttmaninger Müllberg zahlen wir in Giesing unsere Miete sehr gern.

Für die FdS eröffneten sich in dieser Saison zwei neue Betätigungsfelder: die Herausgabe einer „alternativen" Stadionzeitung und der Verkauf von Merchandise-Artikeln rund ums Stadion.

Aufgeschreckt durch eine Fast-Insolvenz in der ersten AA-Saison 2005/06 wurden Stimmen laut, dass das Grünwalder Stadion als Rückzugsort im Falle eines (Zwangs-)Abstiegs weiter benötigt würde. Viele Fans sahen in Besuchen der Spiele der zweiten Mannschaft eine Möglichkeit, trotz Arena-Boykotts die „Droge 1860" genießen zu können. 2007 wurde die X-Tausend-Aktion geboren, die 2008 ihren Höhepunkt fand.

Die FdS übernahmen in diesen Jahren durch einen Deal mit dem Wirt der Stadiongaststätte die Getränkeversorgung der Stehhalle inkl. Kiosk. So hatte man einen festen Ort für das Sechzgerstadion-Merchandise und verdiente an den Getränken und belegten Semmeln mit.

2008 machten die FdS mit einer Wahlempfehlung bei der Stadtratswahl auf sich aufmerksam: Alle demokratischen Parteien und deren Kandidaten wurden angeschrieben, um deren Einstellung zum Erhalt des Giesinger Stadions in Erfahrung zu bringen. Man gab daraufhin eine Wahlempfehlung für ganze Listen und insbesondere für einzelne Kandidaten ab. Mittlerweile hatte sich in den herrschenden Parteien, vor allem in der SPD, die Ansicht durchgesetzt, dass der Erhalt des Stadions mit Umbaumaßnahmen ab 2012 gar nicht so schlecht wäre. So wurde im Stadtrat 2009 eine Beschlussvorlage erarbeitet, die den Umbau der Ostkurve und eine Generalsanierung der Haupttribüne vorsah. Außerdem wurden alle Sitzplätze mit neuen Sitzschalen und der Rasen mit Bewässerungssystem und Rasenheizung ausgestattet. Damit kein Spielbetrieb höher als Liga 3 erlaubt sein könne, wurde die Kapazität auf 12.500 Plätze begrenzt. Den Umbaumaßnahmen zum Opfer fiel auch die geliebte Stadionwirtschaft. Lediglich ein sogenannter „VIP-Raum" übernahm die Funktion der Stadionwirtschaft.

Im Jahr 2013 waren die Umbauten abgeschlossen. Die Stadt blockierte leider, dass die FdS die Stadiongastronomie übernehmen durften. Stattdessen wurde in letzter Minute ein „neutraler Caterer" angeworben, der sich im Nachhinein als, gelinde gesagt, schwierig herausstellte. Die FdS waren danach nur noch mit Shops in der Stehhalle im Stadion aktiv.

Bei den Duellen der zweiten Mannschaften von Blau und Rot gab es einen neuen Hype: Die ersten vier Stadtvergleiche waren restlos ausverkauft und auch das Fernsehen interessierte sich für Live-Übertragungen. Es zeigte sich bei diesen Spielen, dass die Einlassbereiche nicht ganz so gut konzipiert waren. Daher wurde im Jahr 2016 nochmal nachgebessert: Vereinzelungsanlagen wurden errichtet, die Toiletten wurden saniert und Polizei und Feuerwehr bekamen einen neuen Kommandostand.

Der Absturz in die Regionalliga 2017 wurde überraschend zu einem Erfolg: 1860 nahm demütig die Regionalliga an, vereinbarte mit den Roten den Auszug aus der überteuerten Arena und marschierte recht bald an der Spitze der Regionalliga Bayern vorneweg. Sämtliche Spiele „in der alten neuen Heimstatt" Grünwalder Stadion waren mit 12.500 Zuschauern ausverkauft, die Auswärtsspiele wurden zu regelrechten Volksfesten. Mit einem Herzschlagfinale in den Aufstiegs-Playoffs gegen Saarbrücken sicherte man sich die 3. Liga.

Ins Stadion dürfen nun 15.000 Zuschauer, in Zukunft hoffentlich noch ein paar mehr. Die FdS nahm dafür auch in Kauf, aus dem Stadion mit den Verkaufsständen verdrängt zu werden. Die Stände der Fußballabteilung und der FdS am Grünspitz – in Sichtweite der Stehhalle – sind inzwischen zum Treffpunkt vor den Heimspielen geworden. Hier ist die Identifikation des Viertels mit seinem Verein spürbar.

„Das neue Turnheim war das größte, schönste und besteingerichtete seiner Zeit, nicht nur Münchens. Es wurde damals allgemein als eine Musterturnhalle bezeichnet. Dieses Lob trifft, besonders wenn man auch die herrliche, gesunde, sonnige Lage in Betracht zieht, auch heute noch zu."
(aus der *Festschrift des Turnvereins München von 1860 zum 50-jährigen Vereinsjubiläum*)

Das Vereinsheim zwischen der Auen- und der Wittelsbacherstraße, direkt an der Isar gelegen, wurde 1889 eröffnet, zur festlichen Weihe im Juni 1890 kam auch Prinzregent Luitpold. Die Gesamtkosten von etwa 265.000 Mark wurden allein aus vereinseigenen Mitteln bestritten. Das Gebäude verfügte über zwei Turnsäle, eine Garderobe, Waschräume, ein Gesellschaftslokal, ein Schreibzimmer sowie eine Bücherei. 1894 erfolgte ein Anbau, 1901 und 1902 wurden die beiden südlich angrenzenden Grundstücke erworben. Auf der östlichen Hälfte wurde ein Damenturnplatz, auf der westlichen Hälfte ein Tennisspielplatz angelegt. Im November 1905 erfolgte die Installation einer Kegelbahn im Keller. Vier Jahre später wurde das Vereinshaus umfangreich saniert: Der südöstliche Teil wurde ausgebaut, das Gesellschaftszimmer vergrößert, ein Fechtsaal im ersten Stock eingerichtet, die Bade- und Toilettenräume wurden in das neue Souterrain verlegt und die Bade- und Garderoberäume der Damen erweitert und modernisiert. 1929 baute man auch auf dem ehemaligen Damenturnhof Tennisplätze.

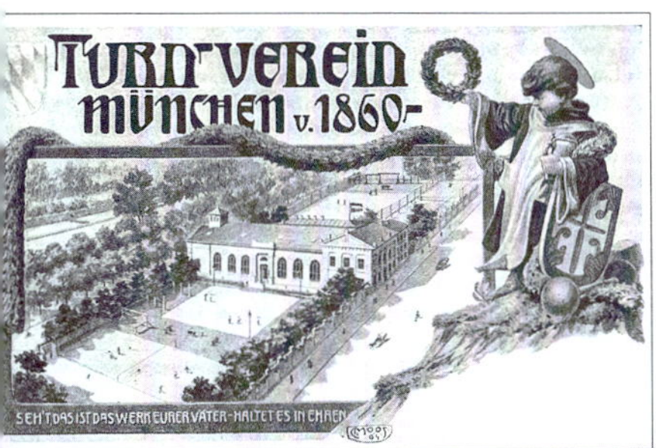

Postkarte von 1904, gestaltet von Vereinsmitglied Carl Moos: Turnhalle, Vereinsheim und Münchner Kindl mit dem Turnerwappen.

Doch der Verein besaß natürlich noch weitere Liegenschaften.

1923 entstand auf dem Gebiet der ehemaligen Jagdhütte an der Blauen Gumpe, die die Bergsportabteilung bereits 1900 übernommen hatte, eine neue Unterkunftshütte. Im selben Jahr wie das Sechzger-Stadion wurde 1927 das Bootshaus der 1921 gegründeten Faltbootabteilung an der heutigen Zentralländstraße fertiggestellt. Im Juni 1930 wurde die Skihütte des Turn- und Sportvereins München von 1860 auf der Partnachalm eingeweiht.

Danach ging es rasch bergab: Beim Verein hatte die Hoffnung bestanden, dass sich durch den Bau des neuen Fußballstadions die finanzielle Lage bessern würde. Leider war genau das Gegenteil der Fall. So hieß es im Januar 1933: „Für die Öffentlichkeit sowohl, als auch für diejenigen unserer Mitglieder, die es noch nicht wissen sollten, sei ausdrücklich festgestellt, daß die weitverbreitete Ansicht von dem märchenhaften Geldstrom aus dem Sportplatz nichts anderes ist als eine schönschillernde Seifenblase." Hierzu hatten in erster Linie die gesunkenen Zuschauerzahlen und die ausbleibenden Mieteinnahmen in Folge der Weltwirtschaftskrise geführt. Folglich wurde 1935 der Platz an der Südseite des Stadions veräußert, 1937 schließlich auch das Stadion.

1935 musste der TSV 1860 auch einen Turnplatz nördlich des Vereinsgebäudes an die Stadt verkaufen und eine Hypothek aufnehmen. Durch den Bau von Mietshäusern versprach man sich eine Sanierung der Finanzen, also entstanden 1935/36 auf dem Gebiet der Tennisplätze vier Wohnhäuser. Der Plan ging allerdings auch nicht auf, und bereits im Juni 1940 wurden die Häuser wieder verkauft.

Am 14. Juli 1944 wurden die gesamten Vereinsanlagen durch einen Bombenangriff zerstört. In den 1950er Jahren erfolgte der schrittweise Wiederaufbau des Vereinshauses, für den unter den Mitgliedern fleißig Spenden gesammelt wurden. 1955 konnte zunächst das Vorderhaus mit Treppenhaus ausgebaut werden. Im Februar 1963 verkündete der TSV 1860 München stolz: „Unsere Halle ist fertig!"

Bei dem (letztendlich gescheiterten) Versuch, im Jahr 1982 die Lizenz für die 2. Liga doch noch zu erhalten, verkaufte der TSV 1860 München 59 Prozent des Gebäudes für 4,1 Millionen DM an die Stadt München. Die sogenannte „Restauenstraße" (gemeint sind die übriggebliebenen Immobilien an der Auenstraße) wurde 1991 für 2,95 Millionen DM ebenfalls an die Stadt verkauft.

Seit Ende der 1980er Jahre befindet sich an der Grünwalder Straße 114 die Geschäftsstelle des Vereins. 1926 pachteten die Löwen erstmals einen eingezäunten Spielplatz mit Umkleideraum an der Grünwalder Straße „gegenüber dem Krüppelheim". Von der Stadt

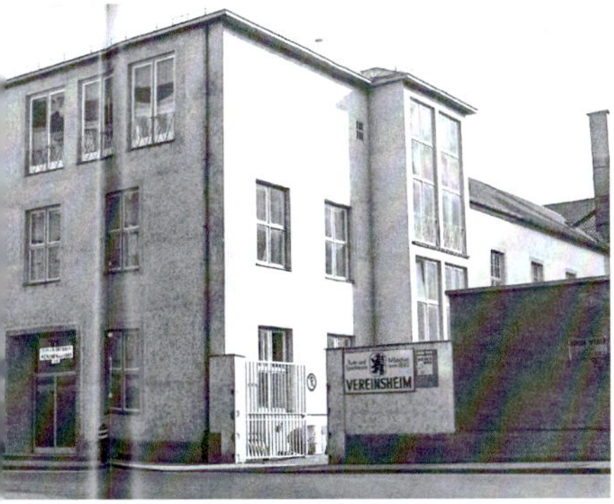

Das Vereinsheim nach dem Wiederaufbau.

wurden in den kommenden Jahren weitere drei Spielfelder angemietet, auf denen neben den Fußballern auch die Handballer und die Hockeyspieler trainierten. Bis 1968 der Neubau an der Grünwalder 114 errichtet wurde, befanden sich die Umkleideräume und Duschen – auch für unsere „Meisterlöwen" – in Baracken. Um 2000 wurde das Gebäude aufgestockt und erweitert. 2003 wurde ein zweites Gebäude fertiggestellt, in dem heute das Nachwuchsleistungszentrum und der Fanshop untergebracht sind. Die Baugrube, welche für weitere Bauten (u.a. Mehrzweckhalle, Vereinsgaststätte) bereits ausgehoben worden war, wurde nach zwei Jahren wieder zugeschüttet. Aufgrund der Kirch-Pleite fehlte dem Verein das Geld. Auch die 2,95 Millionen DM aus dem Verkauf der „Restauenstraße", die eigentlich für eine neue Vereinsturnhalle vorgesehen waren, waren weg. Seit den 1990er Jahren trainieren an der Grünwalder Straße 114 nur noch die Fußballer. Im Westen der Fußballanlage sind seit 1973 die Tennisspieler des TC Grün-Gold beheimatet, die auch über eine Vereinsgaststätte verfügen.

Daneben besitzt der TSV München von 1860 nur noch die drei Hütten sowie die Gebäude an der Grünwalder Straße 114, die Grundstücke sind allerdings Eigentum der Stadt (Bootshaus und Grünwalder 114) bzw. des Freistaats Bayern (Berghütte). In den Turnhallen an der Auenstraße 19 trainieren heute noch die Boxer, die Ringer und die Roller Derby-Teams; zudem finden dort Gymnastik- und Turnstunden statt.

Leider ist seit dem Verkauf des Vereinsheims und der Turnhalle an der Auenstraße die Verbindung zwischen den einzelnen Abteilungen verloren gegangen, das Vereinsleben hat durch die Verteilung der Abteilungen über das ganze Münchner Stadtgebiet stark gelitten. Meine große Hoffnung ist, dass wir in absehbarer Zeit wieder einen Vereinstreffpunkt haben, in dem die Mitglieder zusammenkommen und sich austauschen können.

Auf und ab und ab und auf

Höhe- und Tiefpunkte aus (fast) 120 Jahren Fußball bei 1860

Die spinadn Fuaßballgigerl

„Der begreifliche Drang zu Spiel und Sport, die so notwendige Körperbewegung in Gottes freier Natur, auf staubfreier, reinlüftiger Rasenfläche ließ auch im Turnverein München von 1860 eine sogenannte Spielriege entstehen. Vielfach bekämpft von den hallengewohnten Turnern, am Aufkeimen verhindert durch konservative Vorstände und Turnwarte brach sich aber dennoch die heilige Begeisterung, einer edlen Sache geltend, Schritt um Schritt Bahn. (…) Die Folge war, daß sich der Kreis dieser ‚spinadn Fuaßballgigerl' immer mehr vergrößerte …"
(aus: *30 Jahre Fußballabteilung im Turn- und Sportverein München von 1860, 1899 – 1929.*)

Als im Jahr 1896 mit Terra Pila der erste „Verein für Rasensportarten" in München gegründet wurde, spielten in England bereits professionelle Fußballer vor mehreren zehntausend Zuschauer*innen, in Berlin und Hamburg wurden schon Meisterschaftsrunden ausgetragen. München hinkte der Entwicklung einige Jahre hinterher und es sollte gut zwei Jahrzehnte dauern, bis dieser Rückstand aufgeholt war und die Münchner Vereine mit den Mannschaften aus Karlsruhe, Berlin oder Leipzig mithalten konnten. Gegenwind bekam der Fußballsport vor allem von der deutschen Turnbewegung, die national-konservativ ausgerichtet war. Sie bemängelte nicht nur die angeblich fehlende Ästhetik, sondern störte sich auch an der großen Verletzungsgefahr und der Überbewertung des Wettspielergebnisses sowie an der internationalen Ausrichtung des Sports, der damals auch als „englische Krankheit" oder „Fußlümmelei" bezeichnet wurde. Trotzdem – oder vielleicht auch gerade deshalb – übte die neue Sportart eine große Anziehungskraft vor allem auf junge Männer aus, und es kam in München sehr schnell zu weiteren Neugründungen von Fußballvereinen oder zur Gründung von Fußballmannschaften innerhalb der bestehenden Turnvereine.

Die *Festschrift des Turnvereins München von 1860 zum 50-Jährigen Vereinsjubiläum* (1910) schreibt hierzu:

„Das Fußballspiel war damals noch wenig bekannt, begann aber bereits, Anhänger in München zu gewinnen. Die Deutsche Turnerschaft stand zwar dem Fußballspiele noch feindlich gegenüber, ein-

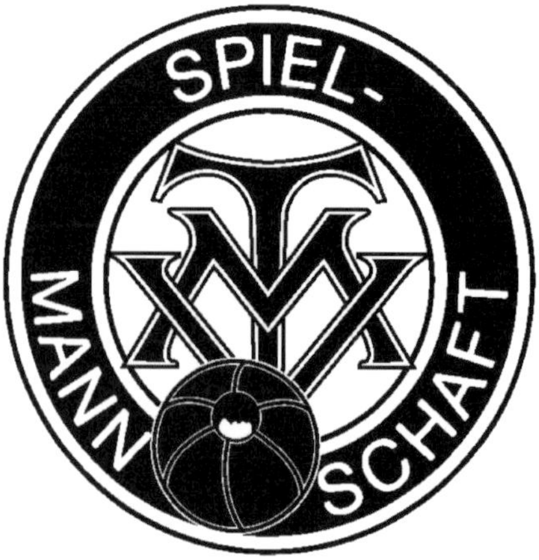

Wappen der Spielmannschaft des TVM, der sich 1901 auch die Fußballer anschlossen.

zelne Vereine hatten aber dieser sportlichen Betätigung bereits Eingang in ihren Betrieb verschafft. Dem T.V.M. v. 1860 gereicht es zum Verdienste, einer der ersten Turnvereine gewesen zu sein, der die Bedeutung dieses Sportes richtig erfaßte und so erfolgte im Jahre 1901 die Gründung einer Fußballmannschaft, die sich sofort der Spielmannschaft anschloß."

Diese „Spielmannschaft", in der zunächst vor allem Deutschball, Schleuderball und Barlauf praktiziert wurden, war 1899 gegründet worden, weshalb das Jahr 1899 bis heute als Gründungsjahr der Fußballabteilung des TSV 1860 München gilt.

Nach einem Jahr Training auf dem Jugendturnspielplatz an der Schyrenwiese (ca. 500 Meter vom Vereinsheim an der Auenstraße entfernt, auf der anderen Isarseite gelegen), unterzogen sich die „Turner von 1860" am 27. Juli 1902 ihrem ersten Härtetest auf dem Fußballplatz.

Wenn wir bei unseren Stadtteilspaziergängen „Auf den Spuren der Löwen durch Giesing", die Roman Beer, Markus Drees und ich seit 2010 für die Freunde des Sechz'ger-Stadions durchführen, an die Schyrenwiese kommen, frage ich die Teilnehmer*innen der Spaziergänge gern, wie dieses erste Spiel wohl ausgegangen sei. Als häufigste Antwort kommt: „Natürlich gewonnen!" Ich muss dann immer schmunzeln, denn dieses Selbstbewusstsein ist charakteristisch für viele Löwenfans. Ohne so eine optimistische Grundhaltung hätten es viele wahrscheinlich gar nicht so lange mit diesem Verein ausgehalten. Für mich wäre es viel logischer zu vermuten, dass 1860 mit einer Niederlage begonnen hat, während der heutige deutsche Rekordmeister seine erste Partie gegen denselben Gegner gewinnen konnte. Denn Fußball bei 1860 hat für mich auch immer ein bisschen etwas von Dilettantismus, von „Zum-Scheitern-verurteilt-sein", von Plan-

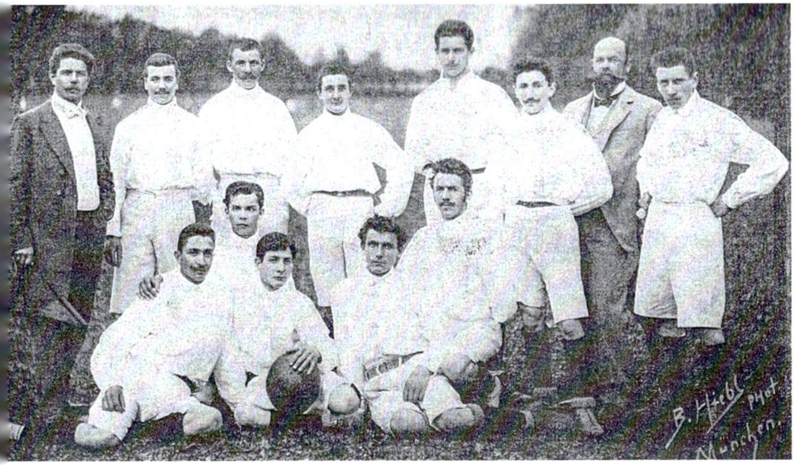

Die Gründungsmannschaft der FA 1860 um 1902.

losigkeit, von naiver Amateurhaftigkeit, von kindlicher Selbstüberschätzung. Dies zieht sich meiner Meinung nach trotz aller Erfolge durch die fast 120-jährige Geschichte der Fußballabteilung.

Am 27. Juli 1902 also verlor eine „komplett blütenweiße Elf in halblangen Turnerhosen“ gegen „die Mannen“ des 1. Münchener Fußball-Clubs (ehemals Terra Pila) mit 2:4. „Vorsorglicherweise hatte man die erste Begegnung mit dem 1. Münchener Fußball-Club von 1896 im gegenseitigen Einvernehmen noch nicht als ‚Wettspiel‘ sondern als ‚Gesellschaftsspiel‘ aufgezogen.“ Denn während die Gegner bereits seit sechs Jahren Fußball spielten, hatten die „Turner von 1860“ ja erst im Jahr zuvor ernsthaft damit begonnen. Daher wird diese erste Niederlage auch als „ehrenvoll“ bezeichnet und gab „einen entsprechenden Auftrieb“. (aus: *50 Jahre Fußballabteilung 1860 München,* (1949))

Nach zwei weiteren Niederlagen (1:2 gegen den FC Bavaria und 0:3 gegen den FC Bayern) feierten die Sechzger am 5. Oktober 1902 nicht nur ihren ersten Sieg, sondern es gelang ihnen mit einem 4:1 auch die Revanche gegen den 1. Münchner Fußball-Club. Zwei Wochen später allerdings zeigten die Kicker des MTV von 1879 den Sechzgern bei einer 0:13-Pleite klar die Grenzen auf. In der Festschrift *50 Jahre Fußballabteilung* von 1949 heißt es dazu: „Da gab es lange Gesichter auf der Heimfahrt von Gräfelfing, kurz nach dem Oktoberfest.“

Grün-Gold v. Weiß-Blau

Die Vereinsfarben sind Grün-Gold, Weiß-Blau sind nur die Farben der Fußballabteilung. Diese hat auch ein eigenes Wappen: Zunächst war es ein rundes Emblem mit dem Schriftzug „Spielmannschaft", einem Fußball und den Buchstaben TVM; nach 1934 wurde dies ersetzt durch ein ovales Logo mit der Inschrift „FA 1860" sowie einem Ball, der von zwei Armen gehalten wird. Dieses Logo ist seit einigen Jahren wieder auf Fanartikeln der Fußballabteilung zu sehen.

Nach und nach stießen neue Mitglieder aus anderen Vereinen zu den Sechzgern, so dass 1903 eine zweite Mannschaft sowie eine Jugendmannschaft gegründet wurden, und der Verein sich nun problemlos mit den anderen (wenigen) Vereinen in München messen konnte.

Mit der Gründung des Deutschen Fußballbunds im Jahr 1900 traten einheitliche Regeln in Kraft. Im Herbst 1903 schlossen sich der Turnverein München von 1860, der MTV 1879, der FC Bayern, der FC Bavaria, der Internationaler SC und die Turnerschaft zum Münchner Fußballbund zusammen und begannen untereinander Meisterschaftsspiele auszutragen.

„Im März 1904 wurden uns auf Grund guter Resultate die ersten (zerlegbaren) Tore mit Hanfnetzen genehmigt (Preis Mk. 75,–). In jener denkwürdigen Sitzung stellte ein Turnratsmitglied allen Ernstes an Spielwart Fritzsche die drastische Frage: ‚Ja, wozu gehören eigentlich diese Netze? Werden die vor das Tor gespannt, damit kein Ball mehr hinein kann?'" (aus: *30 Jahre Fußballabteilung* (1929))

Im selben Jahr wird vom ersten ausländischen Spieler berichtet: Anfang 1904 stieß Karl Schwarz aus Wien zu den Löwen. „Ein unansehnlicher, krummbeiniger Junge", heißt es in der Chronik von 1929 unverblümt. Zwanzig Jahre später wird hinzugefügt: „Von diesem Wiener Talent gab es viel zu lernen; allerdings nur auf dem Fußballfeld. Mit einem entschieden größeren Hang zum Fußball und zum Billardspiel hielt er es aber nicht lange bei ‚1860' aus." Anscheinend vernachlässigte er schwerwiegend seine Erwerbsarbeit bei Hirschberg & Co (damals ein Kaufhaus für Sport und Mode in der Münchner Innenstadt).

Im Mai 1909 gelang den Fußballern der erste Titelgewinn: Mit einem 4:1 gegen den Titelverteidiger MTV holten sich die Sechzger die Frühjahrsmeisterschaft des Münchner Fußballbundes. Anschließende Privatspiele in Offenbach, Innsbruck, Graz, Karlsbad, Wien und Basel machten die Fußballer von 1860 München auch überregional bekannt. In der Chronik *30 Jahre Fußballabteilung* (1929) heißt es dazu: „Ein erinnerungswürdiger und unbedingt festzuhaltender Abschnitt unserer Abteilung setzte damit ein. 1860's Name begann zu leuchten."

Der Fußballsport gewann in München zunehmend an Attraktivität und auch beim Münchner Turnverein von 1860 herrschte reger Zulauf: Als die Kicker im Jahr 1909 auf eigenem Gelände am Alpenplatz den ersten Titelgewinn feierten, hatte die Fußballabteilung bereits 154 Mitglieder in acht Mannschaften, der Kassier verlangte mittlerweile Eintritt zu den Spielen.

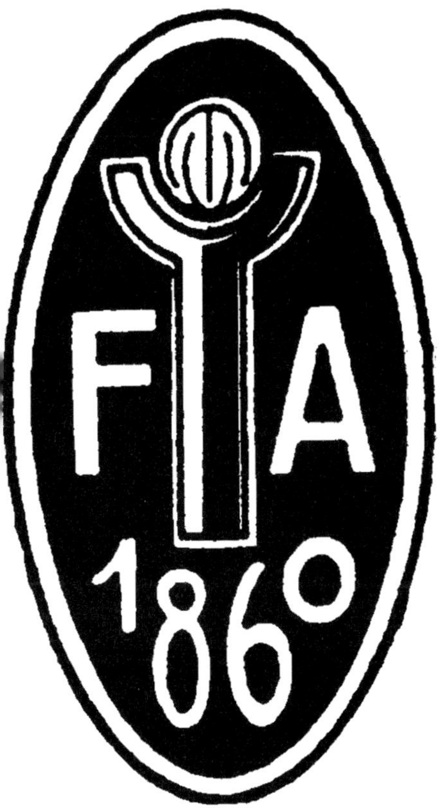

Wappen der Fußballabteilung seit 1934.

Nach dem Ersten Weltkrieg erlebte der Fußball in Deutschland einen großen Aufschwung. Es kam zu zahlreichen Neu- und Wiedergründungen von Vereinen, die Mitgliederzahlen stiegen kontinuierlich. Sportlich standen die Münchner Teams bis Mitte der 1920er Jahre weiterhin im Schatten von Nürnberg und Fürth. Mit den Erfolgen stieg aber auch das Zuschauerinteresse, so dass Ende der 1920er Jahre zu den Spielen der Münchner Vereine oft über 10.000, zu Spitzenspielen auch bis zu 30.000 Zuschauer*innen kamen. Diese Spiele wurden im neuen 1860er-Stadion ausgetragen.

Im Fußball zählen bekanntlich nur Siege. Und nur die Titelgewinner bleiben im Gedächtnis, während sich die wenigsten an die Zweiten erinnern können (mit Ausnahme vielleicht von „Vizekusen"). Oder wie ABBA sangen: „The winner takes it all, the loser's standing small beside the victory. That's her destiny." Und so darf sich Hertha BSC mit zwei Meistertiteln rühmen, während 1860 sich mit einem begnügen muss. Da hilft es auch wenig, dass selbst die Berliner Zeitung nach dem Finale 1931 schrieb: „Der wahre deutsche Meister wäre München 1860."

Bis in die 1920er Jahre hinein waren die Löwen sowohl in sportlicher Hinsicht als auch von den Besucherzahlen her hinter dem FC Bayern und dem FC Wacker, zeitweise sogar hinter dem MTV 1879, nur dritte oder gar vierte Kraft in München. Dies änderte sich 1925, als der Verein zum 1. September mit Max Breunig erstmals „einen fremden, erstklassigen Sportlehrer" einstellte. Breunig hatte von 1905 bis 1913 beim Karlsruher FV gespielt, mit dem er 1910 Meister geworden war. Der neunfache Nationalspieler galt als einer der besten Mittelläufer seiner Zeit. Vor seinem Engagement in München hatte Max Breunig als Trainer bereits beim 1. FC Pforzheim, beim Karlsruher FV und beim FC Basel Erfahrungen gesammelt.

Seine Schule zeigte schnell Wirkung: Zum Beginn der Saison 1925/26 besiegten die Sechzger den Deutschen Meister 1. FC Nürnberg mit 2:1. Früchte trug Breunigs Arbeit allerdings erst ein Jahr später, als der SV 1860 München sich für die Endrunde zur Deutschen Meisterschaft qualifizierte und erst im Halbfinale gegen den späteren Meister 1. FC Nürnberg ausschied. Ein Riesenerfolg für die Löwen, die auf dem Weg dorthin den FSV Frankfurt, den FC Schalke 04 und den VfB Leipzig besiegten! Bereits nach dem Sieg gegen den FSV Frankfurt in Pforzheim wurde die Mannschaft von „Wogen der Begeisterung" am Münchner Hauptbahnhof empfangen: „Auf den Schultern wurden die Sieger von Pforzheim und Teilnehmer an der Deutschen Meisterschaft durch eine dicht sich drängende Menschenmenge getragen. Nicht minder als Spielführer und Mannschaft wurde ihr Lehrmeister Max Breunig gefeiert. Das war der Zeitpunkt, von dem an ‚1860' München zu den führenden süddeutschen Mannschaften zählte, wie dies auch heute noch der Fall ist." (aus: *50 Jahre Fußballabteilung* (1949)

Zu Beginn der Saison 1928/29 wurde Max Breunig durch Richard „Little" Dombi ersetzt, der den Sechzgern neue Impulse gab: Zum einen übernahmen junge, talentierte Spieler wie Toni Huber, Otto Oeldenburger und vor allem Max Schäfer die Posten von in die Jahre gekommenen Kickern; zum anderen verschaffte er den Löwen mit Partien gegen internationale Gegner wie Rampla Juniors Montevideo, Olympique Marseille, Ujpest Budapest oder DFC Prag „einzigartige sportliche Genüsse". Aus finanziellen Gründen musste Trainer Dombi, der den Vorschlag, gegen ein niedrigeres Gehalt ein längeres Vertragsverhältnis einzugehen, abgelehnt hatte, zum Jahresende 1929 gehen. Dombi wechselte zunächst zum VfR Mannheim und ein Jahr später zu den „Rothosen", mit denen er 1932 die Deutsche Meisterschaft gewann.

Zuvor aber gelang den Löwen als erstem Münchner Team 1931 der Einzug ins Finale der Deutschen Meisterschaft. Zwar hatte sich in der südbayerischen Meisterschaft desselben Jahres die Elf von Trainer Breunig, der im September 1930 zurückgekehrt war, noch dem Lokalrivalen in den roten Hosen geschlagen geben müs-

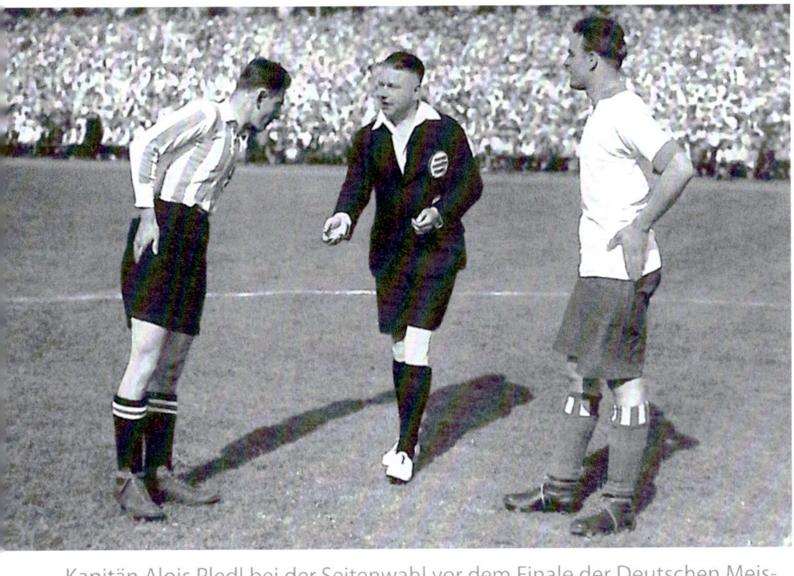

Kapitän Alois Pledl bei der Seitenwahl vor dem Finale der Deutschen Meisterschaft 1931 gegen Hertha BSC.

sen, aber in der Qualifikationsrunde der Zweit- und Drittplatzierten drehten die Sechzger dann richtig auf. Sie erzielten in 14 Spielen 70 Tore und mussten nur gegen den 1. FC Nürnberg eine Niederlage einstecken. Im Entscheidungsspiel um die Teilnahme an der Endrunde zur Deutschen Meisterschaft bei Phönix Ludwigshafen zeigten die Löwen erstmals Nerven: Nach einer 3:1-Führung zur Halbzeit konnte der Gegner noch ausgleichen, das Spiel endete 3:3 unentschieden. Im heimischen Heinrich-Zisch-Stadion siegten die Sechzger dann aber vor 10.000 Zuschauer*innen mit 2:1 und standen somit nach 1927 zum zweiten Mal in der Endrunde um die Deutsche Meisterschaft.

Im Verlauf der Endrunde begeisterten die Löwen vor allem durch ihr schnelles Kombinationsspiel und ihre hervorragenden Offensive mit Ludwig „Pipin" Lachner, Toni Huber und Otto Oeldenberger innen sowie Ludwig Stiglbauer und Gustav Thalmeier außen. Herz der Mannschaft war Kapitän Alois Pledl. Im Achtelfinale besiegten sie zu Hause den favorisierten Meidericher Spielverein mit 4:1, im Viertelfinale die von Sepp Herberger trainierte Tennis Borussia mit 1:0 und im Halbfinale den Vorjahres-Finalisten Holstein Kiel mit 2:0.

Am 14. Juni 1931 fand das große Finale statt. Austragungsort war das Müngersdorfer Stadion in Köln, Gegner der Titelverteidiger Hertha BSC Berlin, der zum sechsten Mal in Folge im Endspiel stand. 1860 als Final-Neuling galt als klarer Außenseiter. Doch die Weiß-Blauen boten ein „prachtvolles Fußballspiel" (kicker) und begeisterten die anwesenden ca. 55.000 Zuschauer*innen von Beginn an.

In den Zeitungsberichten zu diesem Spiel sind wahre Lobeshymnen und Begeisterungsstürme zu lesen: Die Berliner „hatten in ihren Reihen nur einen Spieler, dessen Können an dasjenige aller Münchener heranreichte [...] Sonst blieb alles Wirken des neuen deutschen Meisters Rohwerk im Gegensatz zu dieser feinen, kunstvollen Arbeit der ‚Löwen'. Wenn ein Spieler der Mannschaft am Ball war, da war Lebensfrische und Spielfreude in der ganzen Elf, jeder dachte mit, handelte, stellte sich frei, und oft lief der Ball durch vier, fünf Gegner vorbei, ehe einer der Berliner das Leder erreichen konnte. Eine einzige Finte Lachners oder Hubers brachte ihnen, obwohl vom Gegner umringt, freie Bahn. Und dann zogen diese Burschen auf und davon, in schneller Kombination wurden die Hindernisse überwunden, das Publikum ging mit, feuerte an, erfreute sich an dieser Art des Spielens." (kicker vom 16. Juni 1931)

Noch überschwänglicher zeigte sich der Berichterstatter der Deutschen Sportjugend:

„Das hätte jeden Engländer, wilde wie zahme, neidisch gemacht, wenn er die Münchner gesehen hätte! Er hätte sich schutzimpfen lassen müssen gegen die Gelbsucht, denn er hätte nicht besser spielen können als die Münchner. Was, besser sage ich, er hätte seinen Fußballsport an den Nagel gehängt, wäre nach München gezogen und sofort bei den 1860ern eingetreten! [...] Manchmal waren Spielszenen dabei, Spielszenen sage ich euch, die waren so herrlich, daß einem der Atem stillstand vor Begeisterung."

Und so gingen die Münchner auch in der 24. Minute durch ein Tor Otto Oeldenburgers verdient in Führung. Sie erspielten sich weitere Chancen, scheiterten aber an der robusten Abwehr der Herthaner oder an der eigenen Unentschlossenheit, wie der Fußball schrieb. Und wie es dann häufig so kommt: Wenn du kein Tor schießt, bekommst du eins. In der 40. Minute erzielte Hertha-Kapitän Sobeck den Ausgleich. Doch die Löwen gaben nicht auf und konnten kurz vor der Halbzeitpause durch Ludwig „Pipin" Lachner erneut in Führung gehen. Die „alte Dame" hatte mit der schnellen Spielweise der Sechzger Probleme und überzeugte nur in der Abwehr.

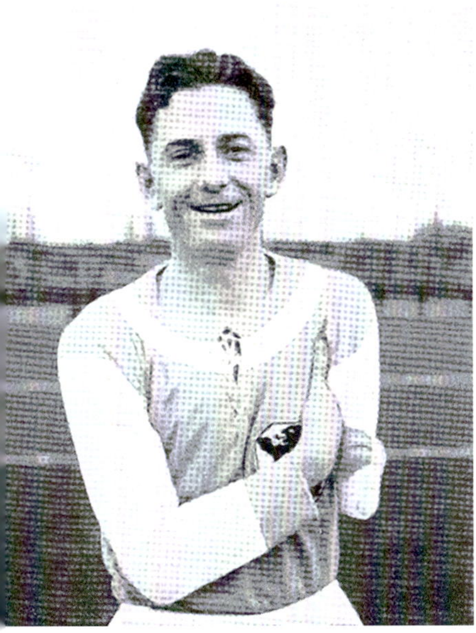

Ehrenspielführer Alois Pledl (1903 – 1975) bestritt über 700 Spiele im Löwentrikot und dürfte damit unangefochtener Rekordspieler von 1860 sein.

Auch in der zweiten Halbzeit blieben die Löwen zunächst die dominierende Mannschaft. In der 60. Minute kam Thalmeier „in günstigster Gelegenheit an den Ball und wurde im Augenblick, wo er zum Schusse ausholen wollte, vom gegnerischen Verteidiger Völker von hinten gelegt" (kicker). Der von allen erwartete Elfmeterpfiff blieb aber aus. Zum Ende der Partie hin bäumten sich die Herthaner noch einmal auf und drängten auf den Ausgleich, während die Löwen der Hitze Tribut zollen mussten. Der Ausgleich erfolgte in der 79., der Siegtreffer der Berliner in der letzten Minute. Beide Male standen die Torschützen deutlich im Abseits, aber Schiedsrichter Fissenewerth ignorierte das Winken der Linienrichter.

Der kicker schrieb dazu: „Zwei krasse Fehlentscheidungen des Schiedsrichters brachten so die harte und schwere Arbeit eines ganzen Jahres um den verdienten Lohn. Die Sechziger hätten auf Grund ihres Könnens und auf Grund des gezeigten Spieles verdient, zu siegen."

Dr. Friedebert Becker, späterer Chefredakteur des kicker, urteilte in der BZ am Mittag:

„Aber die Tatsache muß festgestellt werden: Der wahre Deutsche Meister wäre München 1860. Nicht nur weil die Bayern gegen die schlecht aufgelegte Hertha diesmal besser waren, sondern weil sie – kein Zweifel darf sich da erheben – heute den reifsten, den feinsten und klügsten Kombinationsfußball spielen in Deutschland."

Entsprechend begeistert war auch der Empfang bei der Rückkehr der Mannschaft nach München: „Viele Tausende warteten in und vor dem Bahnhof und unter begeisterten und ununterbrochenen Hurra-Rufen lief der Zug in die Halle. Unter unbeschreiblichem Jubel wurden Breunig und seine Mannen auf den Schultern von Sportsfreunden aus der Halle getragen, vorher noch unter Überreichung von Blumen durch unsere Jugend in Dreß kurz begrüßt vom 2. Vorsitzenden d. Sp. V. Werner. Nur mit Mühe konnten sich die Wagen den Weg bahnen, begleitet von einer Welle der Begeisterung. Fürwahr eine herrliche Ehrung unserer Mannschaft und ihres Trainers." (Nachrichtenblatt des Turn- und Sportvereins München von 1860 vom 1. Juli 1931)

Grün-Gold mit braunen Flecken – Die Löwen in der Zeit des Nationalsozialismus

von Anton Löffelmeier

Als am 29. Oktober 1929 in New York die Börsenkurse ins Bodenlose stürzten, kurz darauf der internationale Handel zusammenbrach und auch in Deutschland die Arbeitslosenzahlen rasant stiegen, gerieten bei den Löwen nicht nur die Finanzen, sondern auch die gesamten Vereinsstrukturen ins Schlingern. Der Stadionbau hatte zu einer hohen Kreditbelastung geführt, die im aufgespaltenen Verein der Turnverein (TV München 1860) zu tragen hatte, während die Einnahmen dem Sportverein (SV München 1860) zuflossen. Dieser benötigte das Geld, um eine „lukrative" Fußballmannschaft halten zu können, die in den Endrunden um die Deutsche Meisterschaft mit den renommierten Clubs aus Nürnberg, Fürth, Berlin, Mannheim, Stuttgart oder Hamburg konkurrieren konnte. Auch die erfolgreichen Leichtathleten benötigten hohe Aufwendungen für die Fahrten zu den Deutschen Meisterschaften und zu internationalen Wettkämpfen. Zu den nun sinkenden Wettspieleinnahmen kamen rückläufige Beitragseingänge, die nicht nur aus dem Mitgliederschwund, sondern auch aus der hohen Arbeitslosigkeit der Mitglieder resultierten. Im Sommer 1931 waren 40 Prozent der Mitglieder arbeitslos. Zum Jahresende 1932 musste man feststellen, dass die Gesamtzahl der Mitglieder im Turn- und im Sportverein im vergangenen Jahr um über 20 Prozent zurückgegangen war, von 3.682 auf 2.898. Seit 1932 konnte der Turnverein die aus dem Stadionbau herrührenden Zins- und Tilgungsbeiträge an die Städtische Spar- und Girokasse nicht mehr bezahlen. Im selben Jahr legte auch Heinrich Zisch (1869 – 1947), der langjährige Vorsitzende von Turnverein (seit 1924) und Sportverein (seit 1929), alle seine Ämter nieder.

Das machte den Weg frei für eine Riege von Funktionären, die entweder bereits seit Jahren in der völkischen Bewegung aktiv waren oder sich von einer Liaison mit den Nazis die Rettung des Vereins versprachen. Den Vorsitz im Turnverein übernahm im März 1933 der deutsch-national gesinnte Wilhelm Hacker (1877 – 1957). Am 26. September 1933 wurde in einer Hauptversammlung des Turnvereins die Umsetzung des Führerprinzips beschlossen. Wenige Monate später löste sich der Sportverein auf und schloss sich

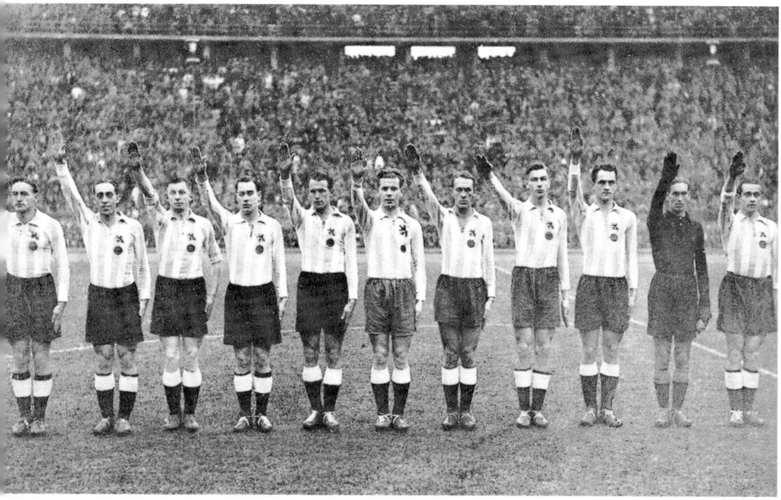

Die Mannschaft des TSV 1860 München vor dem Finale um den Tschammer-Pokal 1942.

mit sämtlichen Abteilungen dem Turnverein an, so dass am 6. März 1934 der „Turn- und Sportverein München von 1860" wieder neu eingerichtet werden konnte. Zum Vereinsführer wurde am 26. April 1934 SA-Sturmbannführer Fritz Ebenböck (1901–1982) gewählt. Unter seiner Führung wurde am 26. Februar 1935 die vom Reichssportführer verfügte Annahme der neuen Einheitssatzung beschlossen, welche auch die Verpflichtung zur Beachtung des Arierparagraphen beinhaltete. Seine Nachfolger Ludwig Holzer (Vorsitz 1935–1936) und Emil Ketterer (Vorsitz 1936–1945) gehörten zu den frühen Aktivisten der NSDAP und hatten ebenfalls hohe Funktionen in SA und Partei inne.

Nicht in allen Abteilungen konnten jedoch sofort Nationalsozialisten die Führung übernehmen. In der Fußballabteilung scheiterte in den Jahren 1936 bis 1938 der Versuch, mit Theo Benesch (geb. 1899) einen exponierten Parteigänger der Nationalsozialisten an der Spitze der Abteilung zu installieren, am Widerstand der alten konservativen Führungsschicht. Erst 1941 übernahm mit Sebastian Gleixner (geb. 1901) ein Mitglied der NSDAP-Stadtratsfraktion das Amt des Fußballabteilungsleiters.

Die engen Verbindungen zur NSDAP-Stadtratsfraktion ermöglichten es dem Verein, in den Jahren ab 1934 Teile des vereinseigenen Geländes an der Auenstraße zu vorteilhaften Bedingungen an die Stadt und an einen privaten Bauträger zur Schuldentilgung zu verkaufen. Im Jahr 1937 erwarb schließlich die Stadt das Stadion an der Grünwalder Straße, um den finanziellen Zusammenbruch des Vereins zu verhindern. Sportlich hingegen konnte dieser noch bis zum Kriegsausbruch 1939 große Erfolge feiern: Die Leichtathleten siegten 1934, 1936, 1937 und 1938 in der Deutschen Mannschaftsmeisterschaft, die Gewichtheber errangen 1938 zum elften Mal die seit 1922 ausgetragene Deutsche Vereinsmeisterschaft und die Geräteturner gewannen 1937 und 1938 die erstmals ausgetragenen deutschen Vereinswettbewerbe.

Mit Kriegsausbruch kam der Wettkampfbetrieb sehr bald zum Erliegen, einzig die Fußballabteilung konnte bis Kriegsende einen (wenn auch seit 1943 immer weiter eingeschränkten) Wettspielbetrieb aufrechterhalten. Mit dem Gewinn des Tschammerpokals am 15. November 1942 im Berliner Olympiastadion (2:0 gegen den FC Schalke 04) gelang der bis dato größte sportliche Erfolg.

Durch alliierte Luftangriffe wurden das Vereinsheim an der Auenstraße 19 (18. März 1944 und 12. Juli 1944) und das Stadion an der Grünwalder Straße (6./7. September und 2. Oktober 1943) schwer beschädigt.

Bei Kriegsende 1945 waren Vereinsheim sowie Sport- und Spielplätze zerstört. Viele Vereinsmitglieder waren an der Front oder durch Fliegerangriffe umgekommen. Die Chronik zum 100-jährigen Vereinsjubiläum nennt 154 Gefallene und 22 Vermisste. Wich-

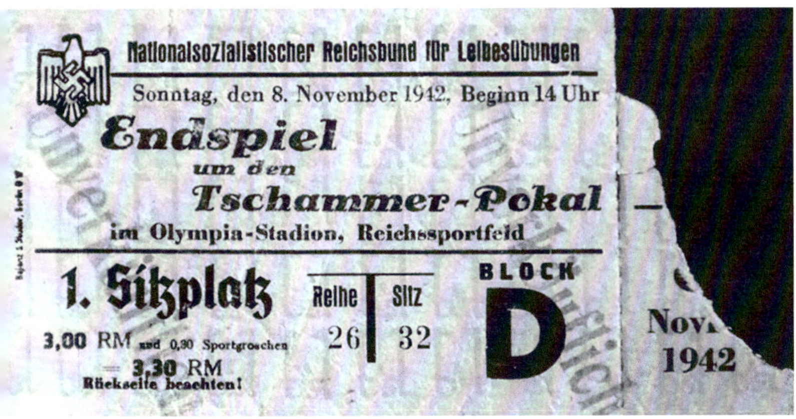

Eintrittskarte zum Endspiel um den Tschammer-Pokal 1942.

tige Leistungsträger der Fußballmannschaft wie Ludwig Stock, Franz Graf, Heinz Krückeberg und Gustl Thalmayr waren tot. Andererseits wurde eine beachtliche Anzahl ehemaliger Führungskräfte, darunter die Vereinsvorsitzenden Emil Ketterer und Fritz Ebenböck sowie Fußballabteilungsleiter Sebastian Gleixner, von der amerikanischen Militärregierung in Internierungslagern festgehalten. Es war schwierig, politisch unbelastete Personen für die Vereinsführung zu finden. So wechselte die Vorstandschaft häufig, der Neuaufbau des Vereins musste von unten erfolgen. In den Nöten und Sorgen des Wiederaufbaus verdrängte man die Ereignisse während der nationalsozialistischen Herrschaft, die Vereinsfamilie sollte zusammenstehen. So kam es, dass schon nach wenigen Jahren die Akteure der NS-Zeit wieder am Tisch der Honoratioren saßen. Die Jubiläumsschrift des Jahres 1960 erwähnt die Verquickung des Vereins in das NS-System mit keinem Wort und auch die Jubiläums-Website des Jahres 2010 machte eher einen Bogen um diesen Teil der Vereinshistorie.

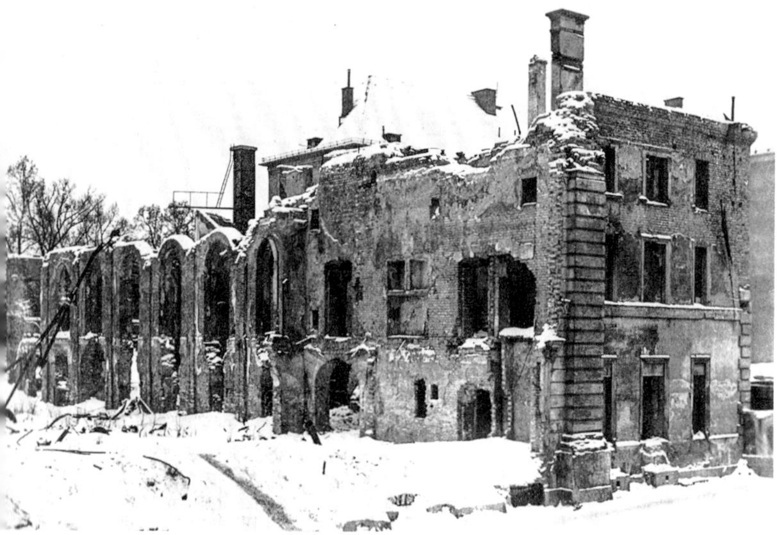

1945, das zerstörte Vereinsheim in der Auenstraße.

„München stand kopf, wenn die mit Nationalspielern gespickte blau/weiße Truppe im Grünwalder Stadion antrat. Und bei Auswärtsspielen setzte sich eine wahre Karawane von Radi-, Brunnenmeier- oder Heiß-Fans in Bewegung."
(aus: *Ein Verein lebt! 125 Jahre TSV 1860 München* (1986))

Ein Buch über den TSV 1860 München zu schreiben, ohne die erfolgreichste Zeit der Fußballer zu erwähnen, ist undenkbar. Obwohl über die „Goldenen Sechziger Jahre" schon sehr viel geschrieben wurde, mag auch ich diese Zeit nicht auslassen. Allerdings werde ich nicht näher auf den Meistertitel eingehen, denn diesen Triumph in wenigen Sätzen zusammenzufassen, erscheint mir unangemessen, ja fast respektlos.

1963 gelang den Löwen erstmals nach Einführung der Oberliga Süd im Jahr 1945 der Gewinn der Süddeutschen Meisterschaft. Durch diesen Titel qualifizierte sich der TSV München von 1860 für die Bundesliga, die zur Saison 1963/64 eingeführt wurde – sehr zum Missfallen des Lokalrivalen sowie der Offenbacher Kickers, die beide in der Zwölfjahreswertung, welche eigentlich den Zugang zur Bundesliga regeln sollte, deutlich vor den Löwen lagen. Aber der DFB entschied, dass der aktuelle Meister der Oberliga Süd einen Platz in der neuen obersten Spielklasse haben müsse. Der vom FC Bayern eingelegte Protest bzw. sein Antrag auf Erhöhung der Anzahl der Bundesliga-Teams auf achtzehn wurde abgewiesen, auch weil der DFB jeweils pro Stadt nur einen Verein in der Bundesliga haben wollte.

Im Jubiläumsjahr 2016 ist mit „Der Triumph der Löwen" ein wunderbares Buch über die Saison 1965/66 erschienen, welches der großartigen sportlichen Leistung der Mannschaft gerecht wird.

Die erste Bundesliga-Saison schloss 1860 auf dem 7. Tabellenplatz ab. Erster Torschütze für die Löwen im Bundesligaauftaktspiel gegen Eintracht Braunschweig war – wie könnte es anders sein – Rudi Brunnenmeier, der bis 1968 noch weitere 65 Mal für die Löwen treffen sollte und bis heute Bundesliga-Rekordtorschütze bei 1860 ist. Wesentlich bedeutender als das Ergebnis in der Meisterschaft war aber der Gewinn des DFB-Pokals in der ersten

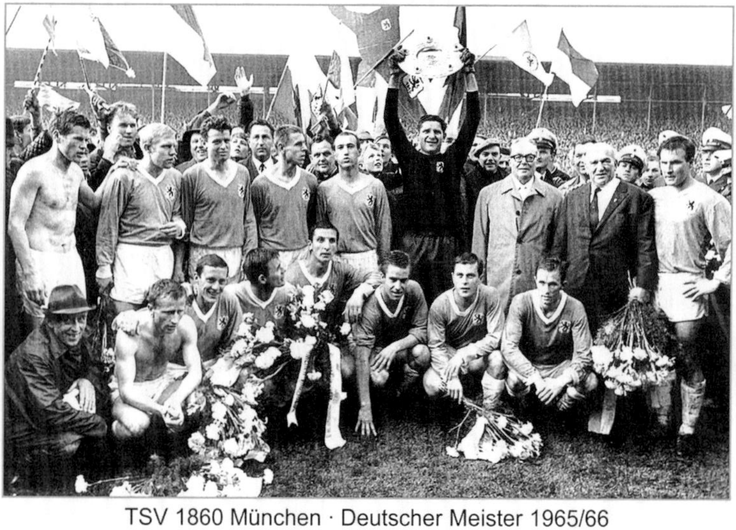

Postkarte mit der Meistermannschaft.

Bundesliga-Spielzeit 1963/64. Durch Siege über Borussia Dortmund, den 1. FC Kaiserslautern, beim 1. FC Saarbrücken, gegen den FC Altona 93 und Eintracht Frankfurt holte sich der TSV 1860 München zum zweiten Mal den Pokal.

Damit stand 1860 zum ersten Mal in einem europäischen Wettbewerb. Von Giesing nach Europa! (Wobei Giesing, wie der Schriftsteller Werner Schlierf einst feststellte, ohnehin der Mittelpunkt der Welt ist.) In der Vorrunde hatten die Löwen gegen Union Luxemburg leichtes Spiel (4:0 und 6:0), der Erstrundengegner FC Porto war schon etwas anspruchsvoller, doch den Sechzgern gelang ein Auswärtssieg (1:0), so dass zu Hause ein 1:1 reichte. Auch das Viertelfinale bei Legia Warschau konn-

1860 war 1964 der letzte Verein, dem als Trophäe der alte Tschammerpokal überreicht wurde. Das ursprünglich auf dem Pokal angebrachte Hakenkreuz war allerdings nach Kriegsende durch eine Platte mit dem DFB-Logo ersetzt worden. Erst 1965 wurde der Pokal gegen die bis heute verliehene Trophäe ausgetauscht. Nachdem der Verein bis 2014 nur eine Kopie des „neuen" DFB-Pokals besessen hatte, wurde zum 50. Jubiläum des Pokaltriumphs auf Initiative der Fußballabteilungsleitung eine Replik des Tschammerpokals angefertigt, den Präsident Mayerhofer symbolisch an die Pokalsieger von 1964 überreichte.

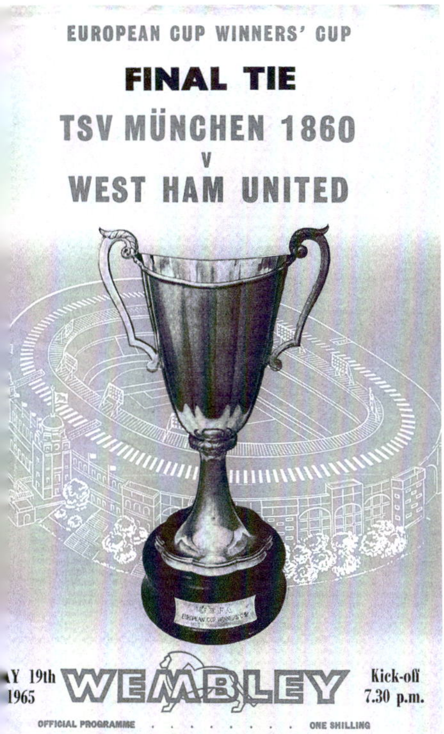

Programmheft zum Europapokalfinale der Pokalsieger 1965.

ten die Weiß-Blauen für sich entscheiden (4:0) und spielten zu Hause unentschieden (0:0). Im Halbfinale drohte den Löwen dann das Aus: Gegen den AC Turin, so waren sich alle einig, hätten die Münchner keine Chance. Und nach dem Hinspiel in Italien, in dem 1860 wohl glücklich mit nur 0:2 verlor, schien eigentlich schon alles entschieden zu sein. Doch im heimischen Sechzger-Stadion brüllten 33.000 Löwenfans ihre Mannschaft zum Sieg. Am Ende stand es 3:1 (zwei Mal traf Otto Luttrop, einmal Fredi Heiß), was bedeutete, dass ein Entscheidungsspiel auf neutralem Boden ausgetragen werden musste. 10.000 Schlachtenbummler begleiteten die Mannschaft von Trainer Merkel in 100 Sonderbussen am 5. Mai 1965 nach Zürich. Dank eines überragenden Spiels von Petar „Radi" Radenković und Toren von Hans Rebele sowie Otto Luttrop gewannen die Löwen das Spiel mit 2:0 und standen somit – als erste deutsche Mannschaft – im Finale des Europapokals der Pokalsieger.

Über das Spiel gegen West Ham United am 19. Mai 1965 im Wembley-Stadion gibt es zahlreiche Berichte (sehr schön z. B. in: *Ein Verein lebt! 125 Jahre TSV 1860 München*) und hinreißende Anekdoten der Finalisten, weshalb ich mich hier kurzfassen möchte.

Dass die Londoner 2:0 gewinnen konnten, lag wohl nicht nur daran, dass Heiß angeschlagen ins Spiel ging und Kapitän Brunnenmeier nicht in Topform war; mit Geoff Hurst, Bobby Moore und Martin Peters spielten immerhin drei spätere Weltmeister bei den „Hammers". Der Daily Express schrieb nach dem Finale: „Eins der besten Spiele, das je in Wembley stattfand." Stefan Bena, Rudi Brunnenmeier, Peter Grosser, Fredi Heiß, Wilfried Kohlars, Hans

Küppers, Otto Luttrop, Petar „Radi" Radenković, Hans Rebele, Hans Reich und Manni Wagner konnten hocherhobenen Hauptes zurück nach München fliegen, wo sie auf dem Marienplatz von Oberbürgermeister Vogel und 8.000 Anhänger*innen empfangen wurden. Bemerkenswert finde ich erstens, dass damals schon ca. 12.000 Fans aus München nach London gereist waren, um die Elf um Kapitän Brunnenmeier anzufeuern (auch wenn sie bei insgesamt knapp 100.000 Zuschauer*innen akustisch wohl trotzdem untergingen). Und zweitens, dass 1860 damals insgesamt 400.000 Mark an Einnahmen verbuchen konnte, und zwar 300.000 Mark aus Eintrittsgeldern und 100.000 Mark aus Fernsehgeldern. Zum Vergleich: Der Verlierer des Europa League-Finales 2017/18 verdiente insgesamt 12,71 Millionen Euro.

Auch im darauffolgenden Jahr scheiterten die Sechzger gegen eine englische Mannschaft: Im Viertelfinale des Messepokals, einem Vorgänger des UEFA-Pokals, war gegen den FC Chelsea Schluss (2:2 und 0:1). Aber das war zweitrangig, denn der TSV 1860 München feierte am 28. Mai 1966 den Gewinn der Deutschen Meisterschaft.

In der darauffolgenden Spielzeit 1966/67 wurde Sechzig dann noch „Fast-Meister". Am Ende hatte Eintracht Braunschweig zwei Pünktchen mehr.

Diese Saison war jedoch überschattet von Konflikten zwischen Trainer und Team; nach einer mannschaftsinternen Abstimmung musste Max Merkel schließlich seinen Hut nehmen. Bereits im Frühjahr hatte es gebrodelt und nach der Niederlage in der zweiten Runde des Europapokals der Landesmeister gegen Real Madrid war es dann zum großen Krach gekommen: Im Hinspiel hatte der TSV durch ein Tor von Hans Küppers vor 40.000 Zuschauer*innen noch 1:0 gewonnen, auswärts setzte es dann eine 1:3-Niederlage. Drei Wochen später wurde Merkel entlassen.

Von nun an ging es bergab mit den Löwen. In der Meisterschaft erreichten sie in den folgenden Spielzeiten die Plätze 12, 10 und 17, was 1970 den Abstieg bedeutete. Und auch auf europäischer Ebene hatten sie bittere Niederlagen einstecken müssen: Beim FC Liverpool unterlagen sie 1967 in der zweiten Runde des Messepokals mit 0:8; 1968 und 1969 war bereits in der 1. Runde Schluss (gegen Legia Warschau bzw. Skeid Oslo).

Die goldene Ära der Löwen war vorbei.

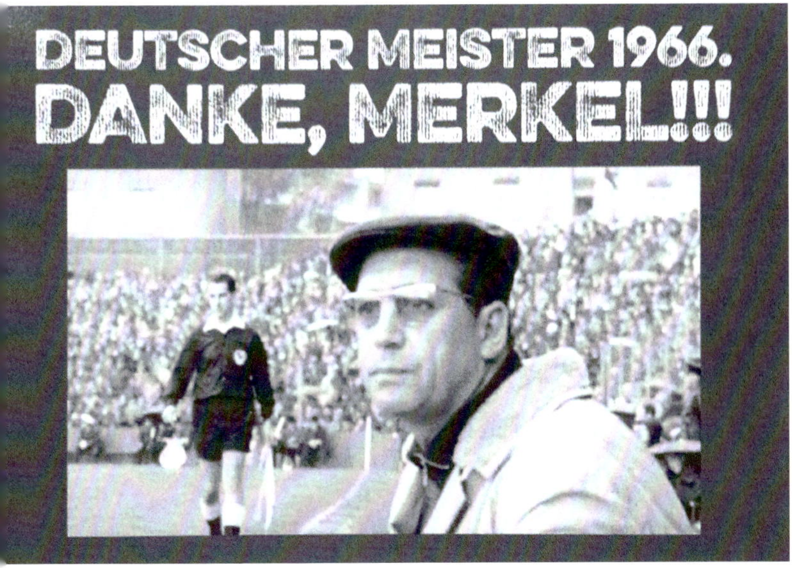

Aufkleber der Löwenfans gegen Rechts von 2016.

Mit einer neu zusammengestellten Mannschaft war der TSV 1860 unter Trainer Heinz Lucas in die Saison 1976/77 gestartet. Nachdem der Zuschauerschnitt in der vorangegangenen Spielzeit auf unter 15.000 gesunken war, war der Verein wieder ins heimelige Sechzger-Stadion zurückgekehrt und trug nur drei Spitzenspiele im Olympiastadion aus.

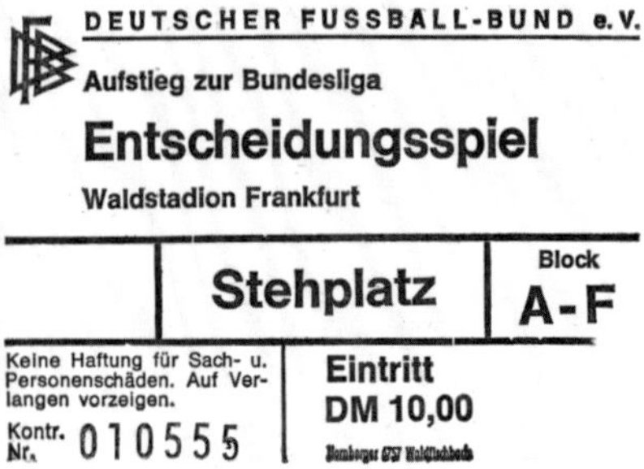

Ob es nur an der Rückkehr nach Giesing lag, dass 1860 wieder erfolgreicher spielte und am Ende dieser Saison in der 2. Bundesliga Süd hinter dem VfB Stuttgart und vor den Kickers aus Offenbach Platz 2 belegte, sei dahingestellt. Jedenfalls durfte 1860 in der Relegation um den Aufstieg in die

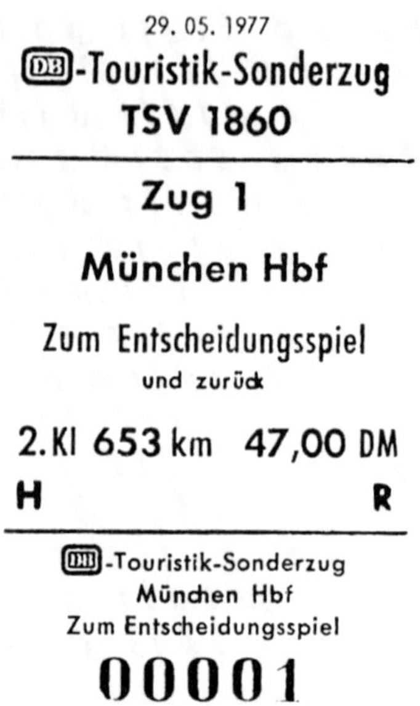

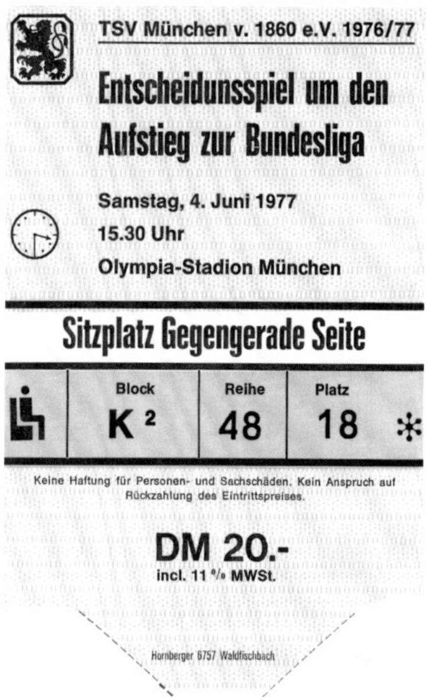

Drei Mal gegen Bielefeld: Mit dem Aufstieg in die Bundesliga 1977 machten es die Löwen richtig spannend.

1. Bundesliga spielen. Nach einer 0:4-Niederlage im Hinspiel bei Arminia Bielefeld gelang den Löwen im Rückspiel die Sensation: Vor 60.000 Zuschauer*innen siegten die Sechzger mit 4:0. Die Regularien des DFB sahen damals für diesen Fall ein Entscheidungsspiel vor.

Erinnerungen von Herbert Schröger

Es ist ein sehr heißer Tag, dieser 11. Juni 1977.

Ein gewisser Helmut Schmidt regiert das Land von der Hauptstadt Bonn aus und der „Deutsche Herbst" mit der Entführung und Ermordung des Arbeitgeberpräsidenten Schleyer, der Geiselbefreiung von Mogadischu und dem mysteriösen Tod der RAF-Führung in Stammheim liegt noch jenseits jeglicher Vorstellungskraft.

Aus dem Kassettendeck des VW-Käfers auf der Autobahn von Giesing nach Frankfurt dröhnt laut scheppernd der gerade schwer angesagte Punkrock der Sex Pistols und der Stranglers. Die jungen Herren im Inneren des Wagens übertönen den Sound allerdings mühelos. Der ebenso ausdauernd wie hingebungsvoll gegrölte Schlachtruf „Hejaheja Hejaheja, T!!! S!!! V!!!" scheint gefühlt schon kurz hinter Ingolstadt von den Wänden des altehrwürdigen Frankfurter Waldstadions widerzuhallen und das große Ereignis anzukündigen, das an diesem Nachmittag noch bevorsteht: Der TSV 1860 von München e.V., der Pokalsieger von 1964, der Europapokalfinalist von 1965, der Deutsche Meister von 1966, der Vizemeister von 1967 und der überraschende Absteiger von 1970 würde sieben Jahre nach dieser großen Schmach im entscheidenden Relegationsspiel gegen Arminia Bielefeld durch die Tore von „Jimmy" Hartwig und „Schorsche" Metzger vor 60.000 Zuschauern endlich wieder in die erste Liga zurückkehren!

Hartmann – Glavovic – Bierofka – Kohlhäufl – Agatha –
Hartwig – Nielsen – Haunstein – Nachreiner – Falter – Metzger

Mit dieser Startaufstellung sollte Trainer Heinz Lucas das „Wunder von Frankfurt" am Ende des Tages tatsächlich eingetütet haben!

Nichts weniger als ein Fußballwunder war nämlich erforderlich gewesen, um dieses alles entscheidende Spiel in Frankfurt überhaupt möglich zu machen. Nachdem die Löwen im Hinspiel in Bielefeld von der Mannschaft um Ewald Lienen regelrecht vorgeführt worden waren und sang- und klanglos mit Null zu Vier verloren hatten, hatten die vier jungen Männer aus dem Käfer – und da waren sie sicherlich nicht die einzigen gewesen, denn dergleichen war damals nicht unüblich – ihre Eintrittskarten für das Rückspiel demonstrativ vor Zeugen verbrannt und waren zu Hause geblieben. Wo sie natürlich, um dennoch nicht darauf verzichten zu müssen, wenigstens das Radio eingeschaltet und die Partie bei „Heute im Stadion" verfolgt hatten.

Die dort gemeldeten Löwen-Tore durch Anton Nachreiner und Hans Haunstein zum Halbzeitstand von Zwei zu Null lösten dann Panikattacken und hektische Betriebsamkeit aus und nur die schnellsten Radler schafften es noch rechtzeitig ins Olympiastadion, wo kein Mensch mehr den Zutritt kontrollierte, um die Tore von Hartwig und Metzger in Halbzeit zwei live zu erleben.

Jene Tore, die das Ergebnis aus dem Hinspiel egalisierten und das Entscheidungsspiel erzwangen und von denen niemand ahnen konnte, dass sie die spätere Torfolge in Frankfurt schon mal vorwegnahmen.

Als der Käfer sein Ziel erreicht und sich die Frage stellt, wie man die verbleibenden Stunden bis zum Spiel in der Sommerhitze am besten überbrücken soll, drängt sich das unmittelbar neben dem Waldstadion gelegene Freibad geradezu auf. Wie sich herausstellt, sind schon ziemlich viele Löwenfans auf dieselbe Idee gekommen. Scharenweise stehen sie um die Becken herum, lutschen Steckerl-Eis, spülen mit Dosenbier nach und hüpfen in ihren ausgefransten, ärmellosen und mit Aufnähern zugepflasterten „Kutten" aus Jeansstoff in das kühlende Nass. Natürlich mit Anlauf und Arschbombe – sehr zum Leidwesen der Bademeister, die der Verzweiflung nahe schreiend auf die Badeordnung verweisen und ebenso energisch wie vergeblich das Ausleihen von Badehosen anmahnen.

Gut erfrischt geht es dann in den dampfenden Hexenkessel, in dem die Kurve tobt und schon lange vor Anpfiff immer wieder lautstark fordert: „Lucas, lass die Löwen raus! Lucas, lass die Löwen raus!"

Beinahe achtzig bange Minuten gilt es zu überstehen, das Spiel wogt hin und her und steht auch nach Hartwigs Treffer noch auf Messers Schneide, ehe der „Metzgerschorsche" zwei Minuten vor dem Ende die Löwen erlöst und die Stimmung zum Überkochen bringt.

Lange nach Schlusspfiff stehen die vier Burschen noch immer auf den bereits nahezu geleerten Rängen, denn einer von ihnen hat stets aufs Neue Tränen in den Augen und bittet seine zum Aufbruch drängenden Mitfahrer wieder und wieder: „Nur noch fünf Minuten an der Stätte des Triumphs! Fünf Minuten! Bitte, bitte!" Also bleiben sie noch eine Weile und schauen versonnen auf das satte Grün des Rasens. Ein anderer aus der kleinen Gruppe hat nicht die geringste Ahnung, dass er bereits an diesem Nachmittag in der Kurve der Blauen die Frau seines Lebens hätte kennenlernen können. Ein paar Jahre später würde er das zum Glück nachholen und noch über vier Jahrzehnte später gemeinsam mit seiner Frau über die verpasste Gelegenheit von Frankfurt lachen.

Irgendwann sitzen sie dann wieder im Auto, die riesige Löwenfahne ragt aus dem Schiebedach heraus und die Schals flattern aus den Fenstern im Wind. Hupe und Lichthupe sind im Dauereinsatz und der Käfer wird ein kleiner Teil eines gigantischen Korsos aus weiß-blau geschmückten und dauerhupenden Fahrzeugen der nach Zehntausenden zählenden Löwenfans, der sich wie ein Lindwurm über die Autobahn nach München windet.

Auf Höhe einer Raststätte in Franken fährt der Käfer von der Autobahn ab, denn der eigentlich großzügig bis Giesing bemessene Getränkevorrat ist bereits vollständig erschöpft. Offenbar geht es vielen Löwenfans ganz ähnlich. Der Parkplatz ist völlig überfüllt und das Rasthaus wirkt, als sei es gerade von einem Heuschreckenschwarm heimgesucht worden. Eine gewisse Selbstbedienungsmentalität scheint sich breitgemacht zu haben, Verfechter kommunistischer Ideale hätten womöglich ihre helle Freude gehabt. Das Warenangebot ist jedenfalls bereits recht überschaubar und die Kasse aus naheliegenden Gründen unbesetzt.

Den wackeren Reisenden aus dem Käfer gelingt es immerhin noch, ein paar lauwarme Bierdosen zu ergattern, ehe ihnen auf dem Weg zum Auto gänzlich unerwartet unter all den Münchnern ein einsamer Franke über den Weg läuft, der ganz offensichtlich ein paar Dinge verwechselt und die Freunde fragt: „Wie hat denn der Club gespielt?"

Eher unwahrscheinlich, dass er mit der launigen Antwort etwas anfangen kann: „Der Club? Wer oder was soll das denn sein? Ist das womöglich irgend so ein Zweitligist? Sowas kennen wir nicht, davon wissen wir nix! Wir sind Sechzig! Und wir sind erste Liga!"

…

Jimmy Hartwig wechselte 1978 zum Hamburger SV, mit dem er drei Mal Deutscher Meister sowie 1983 Europapokalsieger der Landesmeister wurde. Seit 2013 ist er DFB-Botschafter für Integration, Respekt und Vielfalt, seit 2016 Mitglied der DFB-Kommission „Gesellschaftliche Verantwortung". Im Juni 2016 durfte ich Jimmy Hartwig im Rahmen einer Podiumsdiskussion zum Thema „Antidiskriminierung als Fankultur – Fußball gegen Rechts" kennenlernen. Dabei erzählte mir Jimmy, dass er zu 1860 keinen Bezug mehr habe. Als er vor einigen Jahren einmal bei 1860 angerufen hätte, um nach einer Eintrittskarte zu fragen, sei sein Name nicht bekannt gewesen; nachdem er darüber aufgeklärt hätte, dass er einst bei 1860 gekickt habe, hätte er als Antwort erhalten: „Das kann ja jeder behaupten."

Irgendwie typisch Sechzig. Persönlich finde ich das sehr schade, denn Jimmy Hartwig ist sehr sympathisch und engagiert und könnte beim TSV einiges beitragen – sei es in Sachen Vereinsgeschichte oder Toleranz im Fußball. Vielleicht sollte ich demnächst auf Jimmys Einladung zu einem Gin Tonic in seinem Haus am Ammersee zurückkommen; wir hatten nämlich festgestellt, dass wir beide eine Vorliebe für diesen Drink haben.

Willi Bierofka kickte noch bis 1979 beim TSV 1860 München, musste dann aber mit erst sechsundzwanzig Jahren seine Spielerkarriere verletzungsbedingt beenden. Im Juli 1988 kehrte er als Trainer zu den Löwen zurück, die er bis zu seiner Ablösung durch Karsten Wettberg im Februar 1990 betreute. Von 1993 bis 1997 war er Trainer beim Landesligisten TSV Eching, von 1998 bis 2003 beim FC Ismaning, mit dem er 2000 in die Bayernliga aufstieg. Sein Sohn Daniel spielte von 2000 bis 2002 sowie von 2007 bis 2014 beim TSV 1860, wo er seine Karriere beendete und fortan als Jugendtrainer arbeitete. Seit Juli 2017 ist Daniel Bierofka Cheftrainer der ersten Mannschaft und führte diese 2018 zum Aufstieg in die 3. Liga.

Georg Metzger blieb noch drei Jahre bei den Löwen, bis ein Beinbruch 1980 seiner Profi-Karriere ein Ende setzte. Nach einer

Tumorerkrankung 1990 ging der „Metzgerschorsche“ in Frührente, lief aber gelegentlich noch mit der Traditionsmannschaft im Löwentrikot auf.

Neben den beiden Toren in der Relegation gegen Bielefeld ist Georg Metzger auch aufgrund der folgenden Geschichte noch vielen älteren Fans in Erinnerung: In der Zweitliga-Partie gegen Mainz im August 1974 war er irgendwann so sehr von den Fouls seines Gegenspielers und der Nachsicht des Unparteiischen genervt, dass er kurzerhand selbst aktiv wurde: Er griff dem Schiedsrichter in die Brusttasche, holte die gelbe Karte heraus und streckte sie seinem Kontrahenten ins Gesicht. Der Schiri verstand keinen Spaß und schickte Metzger vom Platz.

1860 und der Fall der Berliner Mauer

Ein Bericht von Axel Dubelowski

Erinnert ihr euch an das Pokalspiel gegen Werder Bremen am Mittwoch, 8. November 1989? Drei Dinge waren daran legendär. Erstens: die brodelnde Atmosphäre im Sechzgerstadion – Bremens Trainer Otto Rehhagel sprach nach dem Spiel von „neapolitanischen Verhältnissen"; zweitens: die Tatsache, dass 1860 im achten Jahr der Drittklassigkeit nach dem Lizenzentzug 1982 endlich wieder auf die große bundesweite Fußballbühne zurückkehrte; und drittens: Einen Tag nach diesem Fußballfest auf Giesings Höhen fiel in Berlin die Mauer und Deutschland war danach nicht mehr dasselbe Land wie vorher – was man auch als Löwenfan bemerken konnte. Doch der Reihe nach.

Nach einem 3:0-Sieg beim SC Geislingen in der ersten Runde des DFB-Pokals am 19. August 1989 und einem 2:0-Sieg beim TuS Hoisdorf (40 Kilometer nordöstlich von Hamburg in Schleswig-Holstein gelegen) zogen die Löwen für die dritte Runde endlich das große Los: Der SV Werder Bremen, Deutscher Meister 1988 und Pokalfinalist im Mai 1989, musste den Gang in die Höhle der Löwen antreten. 27.500 pilgerten ins Stadion an der Grünwalder Straße. Ich kann mich noch erinnern, wie ich als Neunzehnjähriger in der Westkurve stand, ziemlich mittig unterhalb des ersten Wellenbrechers vor der Anzeigetafel. Als in der 12. Minute Armin Störzenhofecker das 1:0 für die Truppe von Trainer Willi Bierofka erzielte, war der Torjubel so ekstatisch wie lange nicht mehr. Es gab einen Tor-Pogo vom Feinsten bei uns oben unter der Anzeigetafel. Ich lag plötzlich auf dem Boden und hatte in der Menge Mühe, wieder schnell aufzustehen. Als ich dann doch wieder stand, sagte mein Nebenmann zu mir: „Es steht schon 1:1." Marco Bode hatte für Bremen ausgeglichen. Für mich ein emotionaler Tiefschlag, wie gewonnen, so zerronnen. In der 53. Minute legte Karl-Heinz Riedle nochmal nach und stellte schon früh den 1:2-Endstand her, mit dem Bremen in die nächste Runde einzog (Werder schaffte es noch ins Pokalfinale nach Berlin) und 1860 sich wieder aus dem bundesweiten Blickfeld verabschieden musste. Wenigstens blieben dem Turn- und Sportverein München von 1860 e.V. Einnahmen von rund 250.000 DM und ein Imagegewinn, der unbezahlbar war. Ich war nach dem Spiel noch mit meinem Auto auf der offiziellen After-Match-Party in der Harlachinger Einkehr, wo auch Werder Bremens Manager Willi Lemke anwesend war. An den Abend kann ich mich noch sehr gut erinnern. Was ich jedoch einen Tag später, am Abend des 9. November 1989, zu Hause gemacht habe, weiß ich nicht mehr. Ich weiß nicht, ob ich die Tagesthemen-Sendung sah, in der Moderator Hanns-Joachim Friedrichs sagte, die Tore in Berlin stünden „weit offen", obwohl es faktisch noch gar nicht so war, und damit einen weiteren Run der Ostberliner auf die Grenzübergänge auslöste. Was ich aber noch sehr genau weiß, ist, wie meine erste Begegnung mit DDR-Bürgern nach dem Fall der Mauer verlief, und das geschah natürlich am Rande eines 1860-Spiels.

Zehn Tage nach dem Pokal-Aus gegen Werder mussten die Löwen zu ihrem nächsten Auswärtsspiel in der Bayernliga antreten, und zwar beim VfL Frohnlach in der Nähe von Coburg. Ich fuhr mit meinen zwei Freunden Christian Schindlbeck und Roman Süßmuth im Auto hin, und weil wir aus alten Erlebnissen die Frohnlacher Stadionwirtschaft so kultig fanden, nahmen wir uns vor, dort nach dem Spiel noch zwei, drei Erfrischungsgetränke zu konsumieren, bevor wir wieder die Heimreise antreten wollten. Das Spiel endete 1:1. Die Löwen hatten somit sieben Punkte Rückstand auf Tabellenführer Schweinfurt 05. Wir saßen gerade beim dritten Bier bzw. Radler, als rund zwei Stunden nach Spielende die Tür zur Gaststätte aufging und zwei deutlich als DDR-Bürger erkennbare Löwenfans den Raum betraten. Sie setzten sich zu uns und fragten nach dem Endstand. Sie waren zu spät gekommen, weil sie bei der Ausreise an der Grenze rund acht Stunden lang im Stau hatten warten müssen. Plötzlich kam einer der Frohnlacher Spieler, Knut Rosenbauer – einer, der immer mit herunterhängenden Stutzen spielte und in seiner Lässigkeit an Walter Hainer erinnerte – zu uns an den Tisch und fragte die beiden: „Seid ihr aus dem Osten?" Als sie bejahten, knallte er einen 20 DM-Schein auf den Tisch und verschwand wieder mit den Worten: „Da, kauft euch was Schönes!" Wir guckten uns verwundert an. Was nett gemeint war, entpuppte sich als erstes Missverständnis zwischen Ossis und Wessis. Er bemerkte seinen Fauxpas, kam noch mal zu uns an den Tisch und fragte die beiden, wo sie denn schliefen und ob sie bei ihm übernachten wollten. Wir drei Münchner fragten sofort nach, ob das Angebot auch für uns gälte. Und so kam es, dass wir zu fünft in der Bude eines gegnerischen Spielers übernachteten. Wir waren noch im Co1, dem, wie ich damals sagte, P1 von Coburg (obwohl es sich wirklich nur um eine Pils-Musikkneipe handelte, in der vor allem Hits wie *Verdamp' lang her* von BAP liefen). Am nächsten Tag hatten alle Geschäfte in Coburg geöffnet, weil die Ladeninhaber natürlich auf den Ansturm von DDR-Bürgern reagierten, die erstmals nach Westdeutschland kommen konnten und dort ihr Begrüßungsgeld (100 DM) auf den Kopf hauten.

Leider habe ich Mario aus Adorf (Mit dieser Eselsbrücke konnte ich mir seinen Namen merken, weil er tatsächlich Mario hieß und aus Adorf kam!) nie wiedergesehen. Kennt ihn jemand von euch?

…

Als ich am 8. November 1989 spätabends nach Hause kam, saßen auch meine Eltern vor dem Fernsehen, in dem über den sich zuspitzenden Zustand in der DDR berichtet wurde. Aber das war mir total egal. Denn was ich an diesem Abend erlebt hatte, war einfach unbeschreiblich: Ich hatte gerade live miterlebt, wie der TSV 1860 München den Profis von Werder Bremen die Stirn geboten hatte. Auch wenn die Tragweite der Ereignisse sicherlich nicht zu vergleichen ist, behaupte ich dennoch, dass ich nach dem Spiel ein ähnliches Glücksgefühl hatte wie viele Menschen bei der Maueröffnung. Tagelang war ich wie auf Drogen und konnte an kaum etwas anderes denken als an das Gefühl, mit 30.000 anderen Löwenfans 90 Minuten lang die eigene Mannschaft angefeuert zu haben; an den Torjubel in der 12. Minute, als Armin Störzenhofecker die Löwen in Führung schoss; an den ausgelassenen Jubel und das Geschrei der Menge, an die Bierbecher, die durch die Kurve flogen; an das Bangen, an das Zittern und das Hoffen. Werder Bremen hat das Spiel zwar 2:1 gewonnen, aber der wirkliche Sieger waren die Löwen, die nach dem Spiel eine Ehrenrunde liefen und dabei frenetisch gefeiert wurden. Es war mein erstes Flutlichtspiel und ich erlebte zum ersten Mal eine volle Hütte. Es war einfach unglaublich, sowohl vom Spiel her als auch von der Atmosphäre. Ich hatte meinen ersten Löwen-Vollrausch.

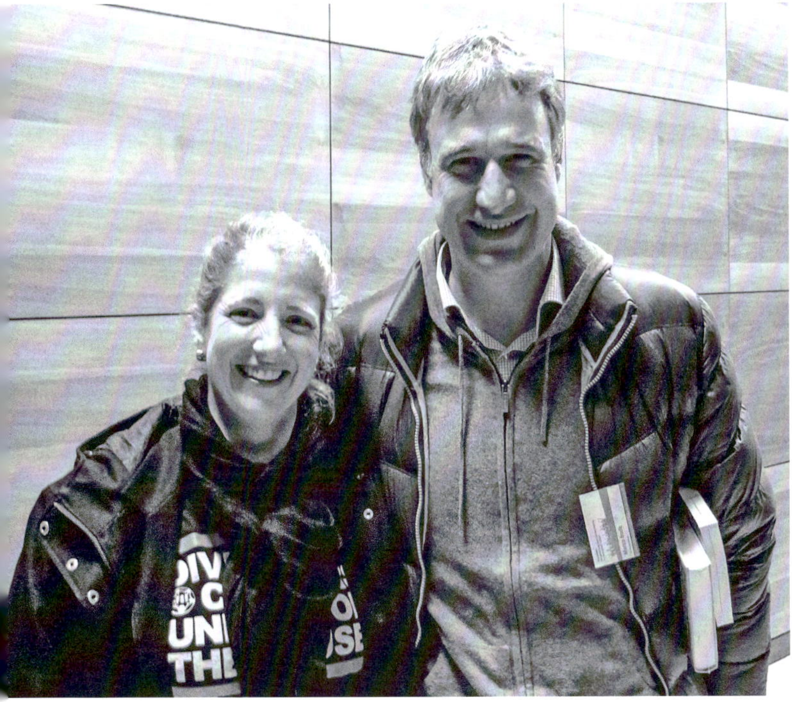

Nach 25 Jahren habe ich Marco Bode sein Tor verziehen.

Das Ziel für die Bayernligasaison 1989/90 war klar definiert: Von Trainer Willi Bierofka und seiner Mannschaft wurde der Aufstieg erwartet. Nach fünf Spielen stand das Team um Kapitän Roland Kneißl auf Tabellenplatz 5. Dann kam mein erstes Spiel gegen die SpVgg Weiden, in dem Vorstopper Bernhard Meisl mit einem Kopfballtor in der 74. Minute den einzigen Treffer der Partie erzielte. Den Zeitungsberichten zufolge muss das Spiel eher mau gewesen sein, die Löwen überzeugten mehr durch Kampf als durch spielerisches Niveau, der Sieg war wohl eher glücklich. Für mich war es aber einfach nur großartig. Von nun an waren Bobby Dekeyser, Rainer Maurer, Jürgen Wolke, Armin Störzenhofecker, Roland Kneißl, Stephan Windsperger, Stephan Beckenbauer, Horst Schmidbauer, Norbert Rolshausen, Srdan Colakovic, Bernhard Meisl und vor allem Walter Hainer meine Helden.

Zu Weihnachten schenkte mir meine Schwester einen Aufnäher und ein gerahmtes Mannschaftsposter, das anschließend jahrelang über meinem Bett hing. Mein Lieblingsspieler war damals Libero Walter Hainer, neben Roland Kneißl einer der beiden Stars bzw. Leistungsträger der Mannschaft. Mir gefielen seine lässige Art und sein – meistens zumindest – souveränes Auftreten auf dem Spielfeld, womit er mich an den großen Franco Baresi vom AC Milan erinnerte. Im Testspiel gegen Slovan Preßburg (Juli 1990, 2:1) knallte Hainer einen Elfmeter derart fest gegen die Latte, dass der Ball in einem spitzen Winkel nach oben flog und dann mit einer Riesengeschwindigkeit direkt auf mich zugeschossen kam. Viel schlimmer als dieser vergebene Elfmeter war aber Hainers Patzer ein halbes Jahr später im Spiel gegen Schweinfurt. Ein Spiel, das ich nie vergessen werde. Wenn ich daran denke, spüre ich immer noch die Aufregung vor dem Spiel, die Anspannung während des Spiels, das gefühlte Stunden dauerte, und diese Fassungslosigkeit und Leere nach dem Ende der Partie, die mehrere Tage anhielten. Und eigentlich mag ich immer noch gar nicht daran denken …

Es war einfach unglaublich, ein Dramaturg hätte es nicht besser schreiben können: Schweinfurt war die ganze Saison über Tabellenführer gewesen, hatte die Löwen im Hinspiel mit 3:0 besiegt und lag nach der Hinrunde sechs Punkte vor 1860. In der Winterpause wurde Willi Bierofka entlassen, von nun an saß Karsten Wettberg auf der Trainerbank – zumindest theoretisch, denn eigentlich stand oder lief oder hüpfte er meistens herum.

Und Wettberg entfachte ein „heiliges Feuer" bei den Löwen (BILD vom 2.3.1990): In den folgenden zehn Spielen blieben die Sechzger ungeschlagen, holten 17:3 Punkte bei 25:6 Toren und lagen vor dem letzten Spiel nur einen Punkt hinter Schweinfurt. Und wie es der Teufel wollte, sollte genau Schweinfurt der Gegner an diesem letzten Spieltag sein. Mit einem Sieg konnten die Löwen sich für die Aufstiegsrunde zur 2. Liga qualifizieren. Begeistert von der Aufholjagd ihrer Mannschaft und voller Hoffnung auf einen möglichen Gewinn der Bayerischen Meisterschaft überrannten die Löwenfans die Geschäftsstelle des TSV 1860 München, so dass bereits zweieinhalb Wochen vor dem großen Finale das Spiel ausverkauft war. Die Stimmung in München war angespannt, die Zeitungen berichteten täglich. Trainiert wurden die Schweinfurter damals von Werner Lorant, der Wettberg noch nie hatte leiden können und der ankündigte, mit Wettberg, seinen Sprüchen und seinen Methoden abrechnen zu wollen. Spielerisch schätzten beide Trainer ihre Teams als gleichwertig ein. Vorteile hatte Schweinfurt im Sturm, der mit Bernhard Winkler (bis dahin 23 Tore) und Erwin Albert (Ex-Profi) stärker war als der der Löwen. Dafür hatte 1860 mit Walter Hainer, Thomas Miller und Rainer Maurer die bessere Abwehr. Die Löwen hatten den Heim-Bonus, standen aber auch enorm unter Druck. Es war also alles offen und ich war entsprechend nervös. Mit einem Freund, der in der A-Jugend der Löwen spielte und mit seiner Mannschaft hinter dem Tor Platz nehmen durfte (oder musste), fuhr ich am 11. Mai 1990 im Auto nach Giesing. Die letzten Meter vom Trainingsgelände zum Stadion gingen wir zu Fuß. Ich war eine der ersten im Stadion und wartete unter der Anzeigetafel im strömenden Regen ungeduldig auf den Anpfiff, während sich die Tribünen langsam füllten.

Die Westkurve war gesteckt voll, im Stadion sangen 32.000 Menschen lautstark den Sechzger-Marsch, als die Löwen schließlich um 20.00 Uhr den Platz betraten. Wie lässt sich dieses Gefühl, diese Anspannung, diese Nervosität beschreiben? Angst bei jedem Angriff der Schweinfurter, denn bei einem Gegentor konnte alles schnell vorbei sein; Hoffnung und Aufregung bei jedem Ballbesitz der Löwen. Schreien, Zittern, Fiebern, Singen. Und dann die Erlösung: Kurz vor der Halbzeitpause verwandelte Walter Hainer einen Elfmeter zum 1:0. Wenn nur jetzt schon Schluss sein könnte! Gut gelaunt und etwas entspannter ging es in die zweite Halbzeit. Eine der schlimmsten – wenn nicht gar die schlimmste – meines Lebens. Zunächst wurde das Spiel für zehn Minuten unterbrochen: Schweinfurts Stürmer Erwin Albert hatte einen Beinbruch erlitten und musste vom Platz. Ein Vorteil für uns? Im Gegenteil: Die Löwen wähnten sich vielleicht zu sehr in Sicherheit und wurden von Bernhard Winkler überrumpelt. Winkler sollte 1993 zu den Löwen wechseln und bis 2002 in 196 Spielen 80 Tore erzielen, aber heute traf er für Schweinfurt in der 63. Minute zum Ausgleich.

Totenstille.

Dann wieder die Anfeuerungen an die Spieler: „Auf geht's, Löwen, schießt ein Tor!" Und tatsächlich: Kapitän Kneißl schoss wenige Minuten später ein Tor für uns – mit der Hacke! Unglaublich! Doch der Jubel hielt nicht lange: Während Roland Kneißl an der Außenlinie seine Kontaktlinse reinigte und Verteidiger Bernhard Meisl eine Zeitstrafe absaß, bekam Schweinfurt einen Elfmeter. Ausgleich in der 73. Minute. Und es kam noch schlimmer: Der Schweinfurter Reuß lief auf Walter Hainer zu, der eigentlich nur den Ball wegschlagen musste, ihn aber nicht richtig traf. 2:3. Unfassbar. Knapp zehn Minuten lang schrien wir uns noch die Seele aus dem Leib, schauten hoffnungsvoll auf die Stadionuhr und wünschten, diese würde einfach stillstehen. Rainer Maurer erzielte noch den Ausgleich zum 3:3. Kurz danach war es aus. Die Spieler sanken am Boden zusammen, blieben minutenlang liegen. Entsetzen und Fassungslosigkeit auch auf den Rängen. Als ich mich nach

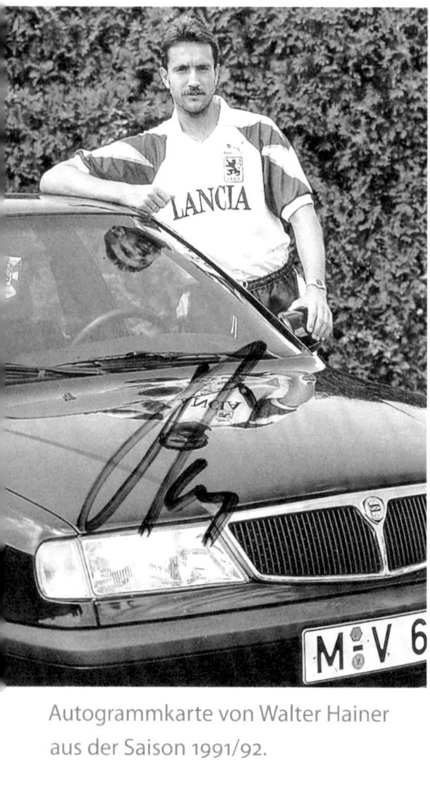

Autogrammkarte von Walter Hainer aus der Saison 1991/92.

ein paar Minuten des Schocks wieder gefasst hatte und um mich schaute, sah ich in die Gesichter von „gestandenen Männern", denen die Tränen die Wangen runterliefen. In diesem Augenblick habe ich verstanden, dass es nicht nur um Fußball geht, sondern dass 1860 viel, viel mehr ist. Und genau das wollte ich. Mit Leib und Seele.

Es mag vielleicht etwas theatralisch klingen, aber für mich hat sich mit diesem Spiel viel verändert. 1860 war jetzt mein Verein. Ich war ein richtiger Löwenfan, fühlte mich als Teil der Löwenfamilie. Ich sammelte akribisch Zeitungsartikel, suchte überall nach Informationen und verfolgte aufmerksam die Entwicklungen in der Mannschaft. Vielleicht auch, weil ich das erste Mal richtigen Liebeskummer hatte, vielleicht auch, weil ich nach Disziplin-Problemen die Schule wechseln musste: 1860 wurde für mich zum Mittelpunkt meines Lebens, zum Fixpunkt, gab mir in gewisser Weise Halt. „Und ich weiß ganz genau: Ich will nah bei dir sein, denn du bist mein Verein. Die Gedanken sind immer bei dir." Diese Textzeile aus dem Lied *„Löwenmut"* der Punkband Lustfinger, die die Single in diesem Sommer veröffentlichten, bringt es schön auf den Punkt. *„Löwenmut"* und *„Un Estate Italiana"* waren meine Sommerhits 1990. Ich besitze zwar keinen Plattenspieler mehr, aber die Single, die ich damals für 4,99 Mark im Karstadt in Forstenried gekauft habe, habe ich immer noch.

Einmal Löwin – Immer Löwin.

Die kommende Saison 1990/91 war wie gemacht für einen „Löwenfrischling“ wie mich: Die Mannschaft von Trainer Wettberg marschierte ungeschlagen durch die Liga und begeisterte die Anhänger*innen – zwar nicht unbedingt mit schönem Fußball, aber mit Kampf und vor allem mit Erfolg. Am Ende lag der TSV 1860 München sieben Punkte vor der SpVgg Unterhaching, die als Zweitligaabsteiger vor Saisonbeginn als klarer Favorit gegolten hatte. Am 12. Mai 1991 feierten die Löwen nicht nur den 4:1-Sieg gegen den FC Augsburg, sondern auch die Bayerische Meisterschaft. Für die 6.000 Fans gab es Freibier, die *Schmalznudel* spendierte eine riesige Torte. Vor dem Spiel war noch die 21 x 16 Meter große Blockfahne von Pfarrer Ludwig Prediger aus Schneizlreuth mit folgenden Worten eingeweiht worden: „Herr, steh' uns bei, wenn es in die Aufstiegsrunde geht!“

Aus dieser Saison sind mir noch zwei Spiele besonders in Erinnerung geblieben: Das Spiel gegen den SV Türk Gücü München (dazu später mehr) und das Spiel gegen die SpVgg Bayreuth am 4. November 1990. Das Spiel gegen Bayreuth war für mich aus zwei Gründen besonders. Zum einen war ich an diesem Tag zum ersten Mal in der Stadionwirtschaft, zum anderen begleitete mein Vater mich bzw. uns das erste Mal. Bis dahin war ich entweder mit meinem Bruder oder alleine ins Stadion gegangen. Das mag für manche komisch klingen und ich denke, dass das auf einige Leute damals auch so gewirkt hat. Ich hingegen mochte das sehr gerne. Mein Bruder war damals acht/neun Jahre alt, hatte Fußball-Sachverstand und fieberte voll mit. Mit ihm konnte ich meine Leidenschaft ungeniert teilen. Aber auch wenn ich alleine – als damals 13-/14-Jährige – ins Stadion ging, fühlte ich mich immer pudelwohl. Das Stadion war für mich ein Ort, an dem ich mich zu Hause fühlte. Meine persönlichen Sorgen (Liebeskummer, die familiäre Situation, schulische Probleme) waren für 90 Minuten verschwunden. In der Fan-Masse konnte ich untertauchen, musste nichts leisten, mich nicht beweisen, sondern konnte einfach nur da sein. Und weil ja immer etwas passierte – sei es auf dem Rasen oder auf den Tribünen – war es auch alleine nie langweilig. Ich weiß nicht, was meine Eltern damals über mein „Hobby“ dachten. Meine Mutter hatte immer etwas Angst, dass etwas passieren könnte, hat mir aber trotzdem nie verboten, zu einem Spiel zu gehen. Später hat

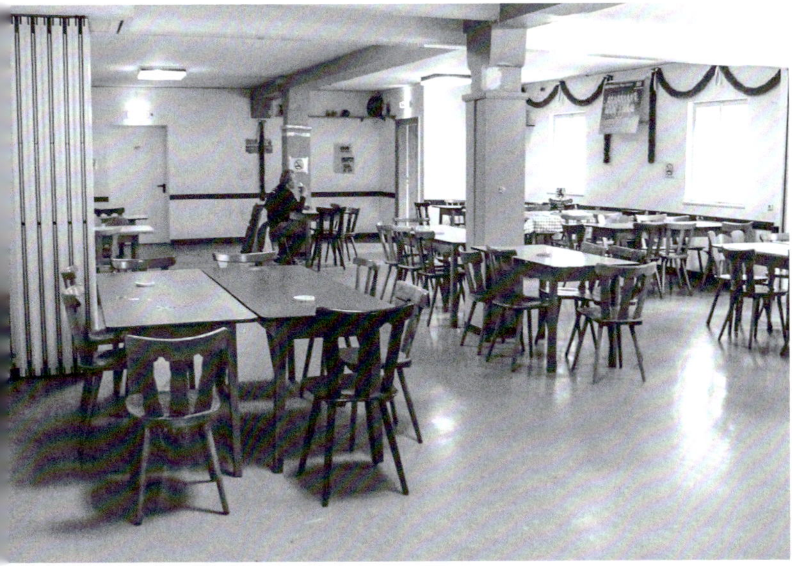

Die Stawi 2012, vor ihrem Abriss im Zuge der Umbaumaßnahmen.

sie uns gestanden, dass sie immer Radio gehört hat, weil sie wissen wollte, in welcher Stimmung wir wohl nach Hause kommen würden; anscheinend war es nicht besonders lustig für sie, wenn die Löwen verloren hatten und mein Bruder und ich mit versteinerten Mienen beim Abendessen saßen. Meinem Vater, der ja immer fußballbegeistert gewesen war, gefiel es, glaube ich, ganz gut. Er steckte mir immer ein paar Mark zu, so dass ich mir die Stadionzeitschriften und eine Cola oder so kaufen konnte. Dass er schließlich auch einmal mit uns zusammen ins Stadion ging, ergab sich, weil seine alten Stammtisch-Freunde sich als Löwenfans entpuppten und sie sich gemeinsam in der Stadionwirtschaft verabredeten.

Pünktlich um 12.00 Uhr saßen wir also in der „Stawi" unter der Haupttribüne. Ich möchte jetzt nicht behaupten, dass die Stawi eine besonders schöne Wirtschaft war; das Ambiente ähnelte eher dem einer Bahnhofskneipe – mit Ausnahme der Löwenposter an den Wänden und den Löwenfans auf den Stühlen. Es dauerte nicht lange, da wurden die ersten Lieder angestimmt. Regelmäßig wurde „auf die Löwen" angestoßen. Die Luft war bald nicht nur rauch- sondern auch biergeschwängert. Die Schweinshaxe schmeckte trotzdem vorzüglich.

Zwanzig Jahre später besuchte ich die Stawi meistens erst nach den Spielen. Warmes Essen gab es dann allerdings nicht mehr (bzw. nur bei besonderen Veranstaltungen wie der 15-Jahr-Feier der Freunde des Sechz'ger Stadions). Es ist unheimlich schade, dass dieser gemütliche Ort des Zusammenseins 2012 endgültig geschlossen wurde. Auf der Abrissparty, organisiert von den Freunden des Sechz'ger-Stadions, wurde natürlich noch einmal ordentlich gefeiert; dass an demselben Abend auch das „Finale dahoam" stattfand, sorgte zu vorgerückter Stunde für entsprechend ausgelassene Stimmung.

Das Spiel gegen Bayreuth endete übrigens 2:2 und mein Vater kam von da an immer öfter mit zu den Löwen. Mittlerweile ist er auch schon ein paar Jahre lang Mitglied im Verein und besucht nicht nur Heim-, sondern auch Auswärtsspiele. Das nennt man wohl gute Erziehung.

Nach dem Gewinn der Bayerischen Meisterschaft 1991 durfte 1860 an der Aufstiegsrunde zur 2. Liga teilnehmen – nach 1984 und 1986 war es der dritte Versuch, in den bezahlten Fußball zurückzukehren. Nur waren die Voraussetzungen diesmal um einiges ungünstiger. Denn von den acht Oberliga-Meistern durften 1991 nur zwei – statt wie zuvor vier – aufsteigen. Grund dafür war die Wiedervereinigung des ost- und des westdeutschen Fußballs. Daran hat auch eine vom TSV 1860 initiierte Briefaktion an den DFB nichts ändern können. Die Mannschaft bekam es mit den Meistern der Ligen Saarland, Hessen und Baden-Württemberg zu tun. Die Gegner aus Neunkirchen, Kassel und Pforzheim freuten sich auf die Spiele, denn ein Spiel gegen 1860 bedeutete viele Zuschauer*innen und damit entsprechend hohe Einnahmen. Aber auch in München waren Vorfreude und Anspannung groß; meine Zeitungsartikel für den Juni 1991 füllen einen ganzen Zeichenblock.

Los ging's am 19. Mai auswärts in Neunkirchen. 7.000 Löwenfans begleiteten ihre Mannschaft ins Saarland und sahen ein hartes Spiel, das mit einem gerechten 1:1 endete. Den Ausgleich für die Löwen erzielte Albert Gröber, der den verletzten Guido Erhard ersetzte. Gröber war in der Saison bislang nur zwei Mal zum Einsatz gekommen und hatte mit 1860 eigentlich schon abgeschlossen. Die Löwen, die in gelben Trikots der Gastgeber auflaufen mussten, weil der Zeugwart nur einen Satz weißer Trikots eingepackt hatte und die Borussia ebenfalls in Weiß spielen wollte, wurden von der Härte der Gastgeber überrascht. FIFA-Schiedsrichter Assenmacher zeigte zwei rote Karten, Kapitän Kneißl riss sich den Oberschenkel nach einem bösen Foul kurz vor Schluss auf. Und auch Karsten Wettberg kam nicht ungeschoren davon: Bei einem Handgemenge nach dem Foul an Kneißl erhielt er einen Faustschlag ins Gesicht – von einem Ordner. Auch abseits des Stadions gab es vor und nach dem Spiel Ärger mit randalierenden Löwenfans, die Leuchtraketen abfeuerten, Autos beschädigten und Schaufensterscheiben einwarfen.

Leuchtraketen gab es auch eine Woche später wieder beim Heimspiel gegen Hessen Kassel vor 27.000 Zuschauer*innen. Und auch dieses Spiel endete 1:1. Wieder waren die Löwen in Rückstand geraten, konnten aber dank eines Freistoßes von „Magic" Kneißl kurz vor der Halbzeitpause ausgleichen. Die Hessen, die durch ihre spielerische Klasse, ihr Tempo und ihre Aggressivität überzeugten, blieben an der Tabellenspitze und galten spätestens jetzt als Favorit für den Aufstieg.

Aber die Löwen waren heiß und gaben nicht auf. Mit einem Sieg gegen Pforzheim am 1. Juni wären die Sechzger wieder im Rennen gewesen, doch auch im zweiten Heimspiel schafften sie nur ein 1:1. Vor 25.000 Zuschauer*innen schoss Volker Rudel den Führungstreffer in der 21. Minute, Pforzheims Raab zerstörte mit einem 20-Meter-Schuss in den Winkel die Freudenstimmung auf den Rängen. Nach dem Abpfiff blieben die Spieler minutenlang fassungslos und mit Tränen in den Augen auf dem Platz. Die Gazetten schrieben anschließend: „Aufstieg schon futsch?" (BILD am Sonntag) und: „Aus der Traum?" (Abendzeitung).

Eine Woche später hieß es dann allerdings: „So tanzen die Löwen in die Zweite Liga" (Abendzeitung, 10.06.1991). 1860 hatte in Pforzheim 4:1 gewonnen. Und nachdem Kassel erneut nur unentschieden gespielt hatte, lagen die Münchner plötzlich vorne. Dabei schien es in Pforzheim zunächst, als würde weiterhin alles schieflaufen: Die Gastgeber gingen früh in Führung, kurz darauf mussten Rudel und Brückner verletzungsbedingt vom Platz. Aber dann drehten die Löwen auf: Zwei Tore vom jungen Peter Zeiler, jeweils eines von Albert Gröber und Bernhard Schmid. Die mitgereisten 3.000 Löwenfans konnten jubeln.

Und es kam noch besser: 1860 siegte vier Tage später im Kasseler Auestadion. Die Mannschaft hatte aus dem Hinspiel gelernt und konnte dem Druck der Hessen vor 20.000 Zuschauer*innen standhalten. „Löwenbomber“ Axel Dubelowski wird dieses Spiel nie vergessen:

„Wir sind mit der letzten Ersatzbank gekommen, viele unserer Spieler waren verletzt. Dann: 80 Minuten lang Spiel auf ein Tor – und zwar auf unseres. Es ist nur eine Frage der Zeit, bis wir das Tor kassieren. Plötzlich schießt ein eingewechselter Reservist, Stefan Hamberger vom Chiemsee (bislang nur neun Einsätze in der Saison), das 1:0 für 1860! Und in der 90. macht der Gröber noch das 2:0! Es waren 5.000 Löwenfans da, die überwiegende Mehrheit männlich, und jeder Zweite hat geheult, weil klar war, das könnte nach neun Jahren Drittklassigkeit doch mal der Ausweg aus dem Dilemma sein.“

Beim letzten Spiel der Aufstiegsrunde gegen Borussia Neunkirchen im Grünwalder Stadion am 16. Juni 1991 sollte dann die Krönung folgen. Eigentlich konnte kaum mehr etwas schiefgehen, da 1860 auch bei einer Niederlage und einem gleichzeitigen Sieg von Hessen Kassel noch vorne lag, vorausgesetzt, die Tordifferenz wäre am Ende nicht allzu groß. Vor dem Spiel kaufte ich mir als Glücksbringer meinen ersten Löwenschal. Zusammen mit meinem Vater und meinem Bruder stand ich wie üblich unter dem Aufgang in Block J. 30.000 Zuschauer*innen. Es regnete in Strömen. In der 12. Minute schoss Horst Schmidbauer die Löwen in Führung. Doch der Fern-Gegner Kassel gab nicht auf, führte zur Halbzeit 2:0. In der 84. Minute war dann aber alles klar: Kneißl verwandelte einen Elfer, wir führten 2:0. Der Anschlusstreffer kurz darauf ging in den Freudengesängen unter. Unglaublich, wir hatten es geschafft! We are the champions! Oh, wie ist das schön!

Als die Tore zum Spielfeld geöffnet wurden, rannten mein Bruder und ich auf den Platz. Wir wollten, wir mussten mittendrin dabei sein. Mit den Spielern, mit den anderen Fans, mit dem Trainer feiern. Rainer Maurer unterschrieb auf meinem Schal. Und plötzlich waren wir ganz vorne bei Karsten Wettberg, der von der Masse über unsere Köpfe hinweg getragen wurde – nur noch bekleidet mit einer braunen Unterhose. Die restliche Kleidung hatten ihm die Anhänger abgenommen. Das war uns dann doch etwas zu viel Nähe …

Mein Bruder musste dann nach Hause, ich aber wollte natürlich dabei sein, wenn meine Helden auf dem Marienplatz gefeiert wurden. Benommen vom Jubel und Trubel fuhr ich mit der U-Bahn

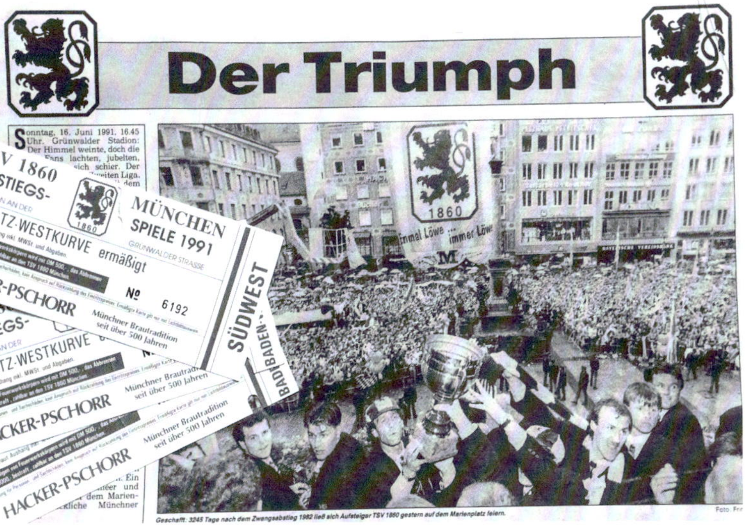

Der Triumph

Sonntag, 16. Juni 1991, 16.45 Uhr. Grünwalder Stadion: Der Himmel weinte, doch die Fans lachten, jubelten,

Geschafft: 3245 Tage nach dem Zwangsabstieg 1982 ließ sich Aufsteiger TSV 1860 gestern auf dem Marienplatz feiern.

Abendzeitung vom 17. Juni 1991, irgendwo in der Menge die Autorin mit einer selbstgekauften Dose Bier.

zum Marienplatz. Zur Feier des Tages kaufte ich mir an einem Kiosk eine Dose Bier (damals waren es noch 0,33l) und wartete im Regen auf die Mannschaft, während der Marienplatz sich immer mehr füllte. Schließlich waren 15.000 Menschen da, wir sangen: „So ein Tag, so wunderschön wie heute!“ und „Bayernliga – nie mehr, nie mehr, nie mehr!“ Es war einfach Wahnsinn! Um 18.60 Uhr kamen sie: die Spieler, der Trainer, Präsidentin Lilo Knecht, Oberbürgermeister Kronawitter. Jubel, Gesänge, unbändige Freude, Tränen. OB Kronawitter sprach allen aus den Herzen, als er sagte: „München ist stolz auf seine Löwen und seinen Trainer König Karsten!“

Als ich nach Hause kam, schrieb ich – noch in meinen nassen Klamotten – einen Brief an die Geschäftsstelle des TSV 1860 München und beantragte meine Mitgliedschaft bei den Löwen. Danach träumte ich von Walter Hainer, der 2. Liga und vielen weiß-blauen Torjubeln. Kaum verwunderlich, dass ich am darauffolgenden Tag nicht rechtzeitig in die Schule kam. Und vorbereitet für die Wirtschafts-Ex war ich natürlich auch nicht. War mir aber auch total egal. Mein Lehrer muss wohl auch Löwenfan gewesen sein, denn immerhin bekam ich eine 5 für meinen Text: „Ois wurscht, Hauptsach aufgstiegn sans!“

Zu den schönsten Spielzeiten, die ich mit 1860 erlebte, gehört ganz klar die Saison 1992/93. Mittlerweile war ich sechzehn, machte meine ersten Schritte im Münchner Nachtleben und entdeckte, dass Bier gar nicht so schlecht schmeckte (wenn es nicht gerade Augsburger Hasen-Bräu war). Wir spielten im schönsten Stadion der Welt, waren wieder zurück in der vertrauten Bayernliga, und mit einem Zuschauerschnitt unter 10.000 war alles überschaubar. Ich unternahm meine ersten Auswärtsfahrten und hatte mit meiner Klassenkameradin Nina eine neue Begleiterin an meiner Seite. Gekrönt wurde die Saison mit dem erneuten Aufstieg in die 2. Liga – und einer rauschenden Party.

Mit dem Wiederabstieg in die Bayernliga 1992 waren zahlreiche Änderungen verbunden gewesen. Die bedeutendste betraf den Trainerwechsel: Werner Lorant löste den bereits vor den Abstiegsspielen entlassenen Wettberg ab. Auch der Kader wurde rundum erneuert: Für Walter Hainer, Stephan Windsperger, Paul Koutsoliakos, Örjan Berg, Michael Hecht, Jochen Heisig, Florian Hinterberger, Frank Pingel und Bernhard Schmid kamen u. a. Niels Schlotterbeck (von Hansa Rostock), Runald Ossen (aus Trier), Jens Keller (vom VfB Stuttgart), Andreas Löbmann (von Blau-Weiß Berlin), Ralf Strogies (von Eintracht Braunschweig) und Michael Kroninger (aus Schalke). Laut BILD-Zeitung war auch der damals 24-jährige Stürmer Jürgen Klopp im Gespräch, stattdessen holte 1860 aber Jochen Heisig von Hannover 96.

Die Saison startete mit einem enttäuschenden 2:2 gegen den 1. SC Bamberg. Ebenfalls unentschieden endete meine allererste Auswärtsfahrt: Am 2. Spieltag trennten sich die SpVgg Fürth und 1860 mit 1:1. Mein Vater und ich waren unter den 2.500 mitgereisten Löwenfans auf der bröckelnden Tribüne im alten Ronhof – ein Stadion, das noch ein Jahr älter war als das Sechzger-Stadion. Im Laufe der nächsten 25 Jahre besuchte ich den Nachfolgerbau unter verschiedenen Namen: Playmobil-Stadion, Trolli-Arena (mein Favorit) und zuletzt Sportpark Ronhof Thomas Sommer.

Bis zum Spiel gegen Vestenbergsgreuth (an meinem 16. Geburtstag, zu dem ich mein erstes Löwentrikot bekam) wählten Nina und ich immer den „Deppen des Tages“, einen Spieler der gegnerischen

Mannschaft, der sich durch irgendetwas besonders hervortat. Als Harry Koch, der aufgrund seines Namens und seiner unwiderstehlichen Frisur von uns auserwählt worden war, zu Beginn der zweiten Halbzeit einen Knöchelbruch erlitt, fühlten wir uns fürchterlich schuldig und beendeten diese Tradition. Zwei Jahre später feierte halb Fußball-Deutschland eben diesen Harry Koch: In der ersten Runde des DFB-Pokals traf er für den TSV Vestenbergsgreuth und sorgte damit für das Pokal-Aus des FC Bayern.

Nach einem mäßigen Start in die Saison übernahmen die Löwen durch ein 4:0 gegen Passau am achten Spieltag die Tabellenführung und wurden nach einem 2:2 in Augsburg Herbstmeister. Das Spiel beim FC Augsburg am 7. November 1992 war – nach Fürth, Lohhof und Eching – meine vierte Auswärtsfahrt in dieser Saison und gleichzeitig meine erste „Gammelfahrt“. Mindestens die Hälfte der 25.000 Zuschauer*innen kam aus München. Darauf war der Gastgeber wohl nicht vorbereitet, denn beim Anpfiff warteten noch Hunderte in langen Schlangen vorm Rosenau-Stadion. Im Stadion mussten sie sich dann weiter ärgern, denn die Schwaben attackierten die Weiß-Blauen mit voller Härte und wurden vom Schiedsrichter nachsichtig behandelt, während dieser gegen die Löwen hart durchgriff. Er verteilte insgesamt sieben gelbe Karten und vergab fünf Zeitstrafen; in der zweiten Halbzeit standen zeitweise nur sieben Feldspieler von 1860 auf dem Platz. Erinnern kann ich mich allerdings nur noch an den Spaziergang im Löwentross vom Bahnhof zum Stadion, an die großartige Stimmung in der Rosenau (zwei Mal wurde die Blockfahne hochgezogen), an den Regen nach dem Spiel (weshalb meine Eintrittskarte nur noch in Fetzen erhalten ist) und an das Hasen-Bräu-Bier (ohne Worte).

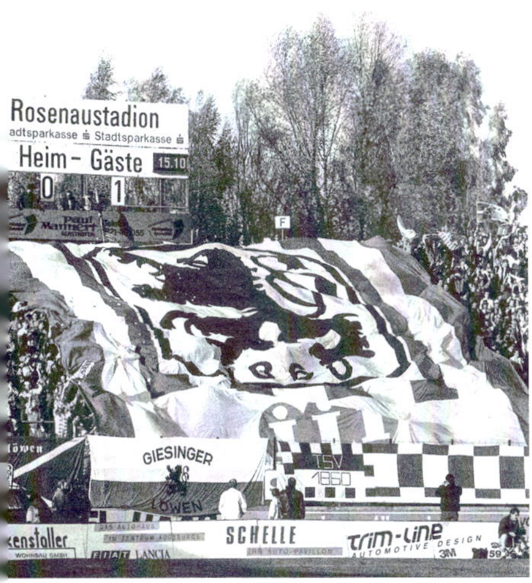

Blockfahne beim Spiel FC Augsburg – 1860 München (7. November 1992, 2:2)

Trotz einer wohl eher mäßigen Saison konnten die Löwen

am drittletzten Spieltag vorzeitig die Meisterschaft feiern, und am 20. Mai startete die Aufstiegsrunde. Gegner der Löwen waren der SSV Ulm, Kickers Offenbach und der 1. SC Norderstedt. Los ging's in Ulm: „Bärenstarke Löwen rupften die Ulmer Spatzen vor 23.000 Zuschauern im erstmals seit sieben Jahren ausverkauften Donaustadion", schrieb die Abendzeitung nach dem Spiel. Meine ältere Schwester, die damals noch neutral gegenüber 1860 eingestellt war, hatte kurz zuvor ihren Führerschein gemacht und chauffierte Nina und mich netterweise in ihrem „neuen" Golf 1 nach Ulm. Natürlich hatten wir auch meinen Schal aus dem Fenster hängen. War die Hinfahrt schon ein Erlebnis für uns – 10.000 Löwenfans waren nach Ulm gepilgert –, so war die Rückfahrt nach dem 2:0-Sieg erst recht eine Freudenfahrt. Jedes zweite Auto wurde mit Hupen begrüßt, wir machten Rennen mit anderen Löwenfans und sangen „57, 58, 59, 60!" Ein gelungener Start in die Aufstiegsrunde.

Aufgrund eines Schüleraustausches nach England verpasste ich die beiden Heimspiele gegen Norderstedt und Offenbach. Zum entscheidenden Spiel am 13. Juni gegen Ulm war ich aber wieder zurück. Vor 30.000 Zuschauer*innen reichte den Löwen ein 1:1 – und sie waren zurück in der 2. Liga. Das musste natürlich ordentlich gefeiert werden! Zuerst bejubelten wir die Mannschaft auf dem Marienplatz: „Bundesliga 2 – Sechzig ist dabei!" Danach zogen Nina und ich weiter in Wildmosers *Hackerkeller* an der Theresienwiese. Die Wirtschaft war komplett in weiß-blauer Hand, überall fielen sich Löwenfans in die Arme, stießen auf die Mannschaft an und sangen „Bayernliga – nie mehr, nie mehr, nie mehr!", „So ein Tag, so wunderschön wie heute", den „Sechzger-Marsch" und „Löwenmut". Beim Weg auf die Toilette kam ich irgendwann am Eingang zum „Schäfflersaal" vorbei, wo die Mannschaft und die Offiziellen feierten. Als ich den 1860-Ordner fragte, ob ich da mal reinschauen dürfte, antwortete der in meiner Erinnerung etwa 80-Jährige: „Weilsd so a hübsches Madl bist" und öffnete die Tür. Ich musste mich dann erst einmal auf die Treppe setzen, denn ganz nüchtern war ich zugegebenermaßen nicht mehr. Was wollte ich denn da eigentlich? Und wie sah ich mit meinem Schlabberpulli, meinen Panama-Jack-Stiefeln und meinem Fanschal eigentlich aus? Egal, dachte ich mir dann. Wenn ich schon die Chance habe, sollte ich das auch mitnehmen. Und plötzlich stand ich in dem Raum, wo die Spieler in ihren fürchterlichen grünen Anzügen und mit den noch

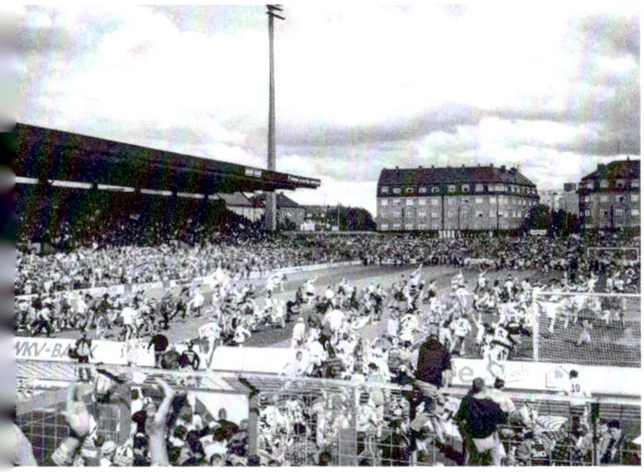

Platzsturm nach dem Spiel 1860 München-SSV Ulm am 13. Juni 1993.

schlimmeren bunten Krawatten zusammen mit Frauen, Vereinsoffiziellen und VIP-Fans zu Abend aßen. Was für ein Kontrast zur feucht-fröhlichen Party im unteren Stockwerk! Bisserl dämlich kam ich mir schon vor, aber glücklicherweise beachtete mich niemand. Ein Spezl hatte mir einmal erzählt, dass Guido Erhard ein unheimlich netter Typ sei, und deshalb setzte ich mich zu ihm und gratulierte zum Aufstieg. Guido Erhard sagte, ich solle mir doch etwas zu essen und zu trinken holen – es sei alles umsonst. Das klang doch gut! Das Buffet war schon ziemlich abgegrast, aber die Bar war gut bestückt.

Nach dem Essen begann bald „der gemütliche Teil" des Abends, mit Showeinlagen, viel Tanz, viel Gesang und sehr viel Alkohol. Mittlerweile war auch Nina in die Schäfflerstube vorgedrungen: Sie hatte mich in der Schwemme vergeblich gesucht und wurde dann von einem Typen mit halblangen, weißblonden Haaren und sonnengegerbtem Gesicht zur Party mitgenommen. Wir tanzten, tranken, feierten und unterhielten uns mit Jens Keller, Thomas Ziemer, Roland Kneißl, Wolfgang Summer und Guido Erhard, bis wir irgendwann im Morgengrauen mit den letzten Spielern den Hackerkeller verließen. Nina behauptet bis heute steif und fest, dass sie mich davor bewahrte habe, einen Spieler nach Hause zu begleiten; ich meine ja, wir haben uns nur gut unterhalten (und vielleicht bisserl rumgebusselt). Da wir keine Ahnung hatten, wie wir nach Hause kommen sollten, nahmen wir das Angebot eines Geschäftsführers o. ä., uns heimzufahren, dankend an. Der hatte sich wohl noch etwas mehr erhofft, denn auf der Fahrt tätschelte er fleißig Ninas Knie. Schließlich landeten wir aber alleine in unseren Betten, und ich schlief selig in meinem T-Shirt ein, auf dem zahlreiche Spieler unterschrieben hatten. Die Schule musste am nächsten Tag ohne mich auskommen.

Meppen. Die meisten Deutschen kennen die Stadt wohl nur aus der Redewendung „bis nach Meppen“ und meinen damit „extrem (viel)“ oder „ans Ende der Welt“. Für Löwenfans ist Meppen aber gleichbedeutend mit „Aufstieg“ und „1. Bundesliga“, denn am 11. Juni 1994 kehrten die Sechzger durch einen 1:0-Sieg beim SV Meppen nach dreizehn Jahren Zweit- bzw. Drittklassigkeit wieder in die Bundesliga zurück. 1860 gelang damals als erster Mannschaft in Deutschland der direkte Durchmarsch von der dritthöchsten Spielklasse in die 1. Liga. Eine Sensation.

Vor der Saison 1993/94 war als Ziel der Klassenerhalt ausgesprochen worden, der kicker hatte für den Aufsteiger Platz 12 – 15 vorausgesagt. Nach dem ersten Spiel, in dem es in Rostock eine 0:4-Klatsche setzte, schien sich dies zu bewahrheiten. Doch die Mannschaft von Trainer Lorant ließ drei Siege folgen und rückte damit auf den 4. Tabellenplatz vor. Und es ging weiter bergauf: Am siebten Spieltag erreichten die Löwen den 2. Tabellenplatz, den sie bis zum 20. Spieltag hielten. Nach vier Niederlagen in Folge sanken die Löwen zum Beginn der Rückrunde dann allerdings auf Platz 5 ab. Es wurde noch einmal spannend.

Der letzte Spieltag wurde schließlich zum Fernduell zwischen 1860 und St. Pauli, die punktgleich auf den Rängen 3 und 4 lagen, wobei die Löwen die bessere Tordifferenz hatten. (Als Folge der Wiedervereinigung stiegen in dieser Saison drei der 20 Teams direkt auf, während fünf Teams abstiegen.)

Spannender konnte es nicht sein. Und so fuhren ca. 10.000 Löwenfans nach Meppen, um ihre Mannschaft anzufeuern. Die Abendzeitung hatte zwanzig Reisebusse gechartert, hunderte Autos waren ins Emsland unterwegs. Und die Löwenfans sollten belohnt werden: Bereits in der dritten Spielminute traf „Ösi-Bomber“ Peter Pacult. Kurz darauf ging ein Aufschrei durchs Stadion: St. Pauli lag mit 0:1 hinten. Die Fans begannen zu feiern, La Ola ging mehrfach durchs Emsland-Stadion, bengalische Fackeln wurden gezündet. Mit dem Schlusspfiff stürmten die Fans auf den Rasen, fielen sich in die Arme, weinten und sicherten sich Souvenirs: Das Tor,

Die Redewendung „bis nach Meppen“ kommt übrigens von Toni Schumacher, der 1988 auf die Frage, ob er mit Schalke auch in der 2. Liga spielen würde, antwortete: „Ich fahr doch nicht bis nach Meppen!“

in das Peter Pacult getroffen hatte, wurde auseinandergenommen und auch der Rasen musste dran glauben.

Maßgeblich am Erfolg der Löwen beteiligt war das neue Sturmduo Winkler/Pacult. Die beiden waren zu Saisonbeginn von Fortuna Köln bzw. Rapid Wien gekommen und verstanden sich auf Anhieb. Gemeinsam erzielten sie in dieser Saison 34 Tore. Weitere Stützen der Mannschaft waren Torwart Rainer Berg, die Verteidiger Rainer Maurer, Jens Keller, Thomas Miller und Lutz Braun (war aus Unterhaching gekommen) sowie die Mittelfeldspieler Bernhard Trares, Matthias Imhof, Armin Störzenhofecker und Niels Schlotterbeck.

„Unsterblich" machten sich durch den Aufstieg aber vor allem Präsident Karl-Heinz Wildmoser und Trainer Werner Lorant. Der während der Saison präsentierte neue Song „*Stark wie noch nie*" wurde zum Aufstiegs-Lied und sollte in den folgenden Spielzeiten die Löwen sogar bis in die Champions League-Quali begleiten. Sogar in der Allianz Arena tönte das Lied noch jahrelang aus den Lautsprechern – ziemlich unpassend und irgendwie peinlich.

24 Jahre sollte es dauern bis zum nächsten Spiel der Löwen in Meppen. Und wie in der Saison 1993/94 hatten wir 2018 gerade einen Aufstieg hinter uns. Da kam natürlich die Erinnerung an den „Durchmarsch in die Bundesliga" wieder. So lautete dann auch die Aufschrift auf dem Zaunbanner der Münchner Löwen, das zudem die Köpfe von Bernhard Winkler, Werner Lorant und Peter Pacult sowie das Datum 11. Juni 1994 zeigte. Vollendet wurde die Choreo zum Intro mit weißem und blauem Rauch. Viele Fans hatten sich seit Saisonbeginn auf die „Pilgerfahrt" nach Meppen gefreut – entweder weil sie die Erinnerung an ihren Besuch 1994 auffrischen oder weil sie endlich einmal in das Stadion wollten, das sie bislang nur aus Videos kannten. Das Motto für die Kleidung auf der Auswärtsfahrt war übrigens „1990er-Jahre-Stil".

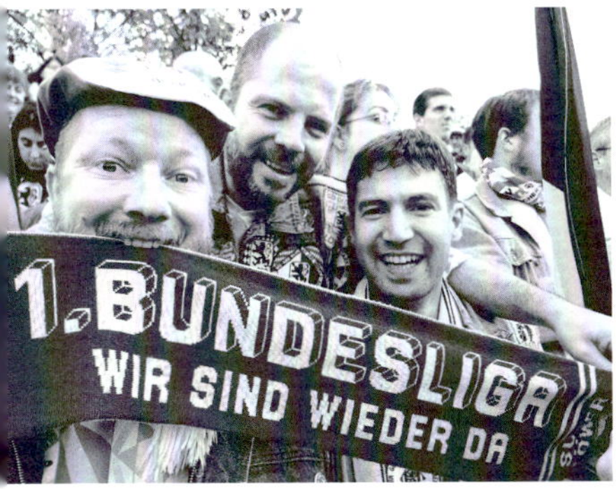

„Pilgerfahrt" nach Meppen 2018: Löwenfans schwelgen in dankbarer Erinnerung.

Gleich vorneweg: Ich hasse Derbys. Bei jeder DFB-Pokal-Auslosung hoffe ich inständig, dass der Kelch an uns vorübergeht und wir nicht gegen die Roten spielen müssen. Warum? Es fängt damit an, dass ich den FC Bayern einfach nicht mag. Überhaupt nicht. Und ich mag mich auch nicht mit dem Verein beschäftigen, seine Spieler sehen oder mit tausenden Bayern-Fans in einem Stadion oder in einer Arena stehen. Dann ist da natürlich immer diese Nervosität, diese Anspannung, die schon zwei Wochen vor dem Spiel beginnt. Überall, wo du hinkommst, wird über das Derby gesprochen. Und so gerne ich über 1860 rede, so ungern rede ich über die anderen. Zwangsläufig wirst du auch immer mit den negativen Erinnerungen konfrontiert, denn die Statistik spricht halt nicht gerade für uns (um

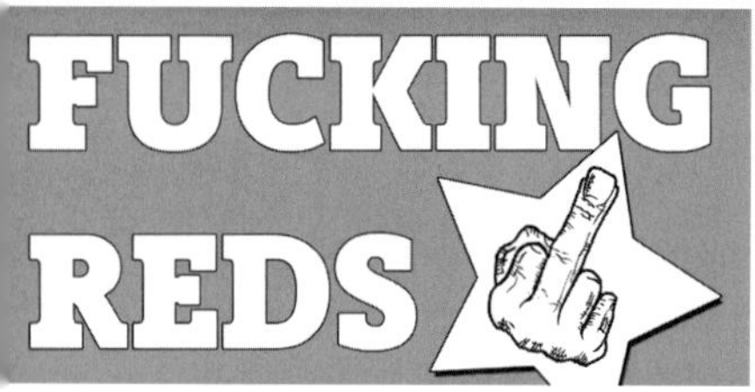

es milde auszudrücken). Die Wahrscheinlichkeit, mit einer Niederlage nach Hause zu gehen, ist größer als die Möglichkeit eines Sieges. Und diese Niederlagen gegen die Seitenstraßler sind wirklich die allerschlimmsten!

Bei meinem ersten Derby wusste ich von alldem noch gar nichts und war im Vorfeld entsprechend freudig-aufgeregt. Am 16. Juli 1991 trugen der amtierende Vizemeister und der Zweitliga-Aufsteiger im Olympiastadion ein Freundschaftsspiel aus. Endlich, nach zwei Jahren Löwen-Leidenschaft, durfte ich selbst einmal miterleben, wovon alle immer gesprochen hatten! Es war das erste Derby nach sieben Jahren und insgesamt das 178. Münchner Aufeinandertreffen der beiden Teams. Obwohl es nur ein Freundschaftsspiel war, ging es hart zu: Nach zwei Tacklings von Roland Kneißl musste Manni Bender (der 1996 – 1999 für die Löwen kickte und 2018 für rund drei Monate Trainer in Pipinsried war) verletzt ausgewechselt werden; Stefan Effenberg revanchierte sich mit einem üblen Foul an Günther Haslbeck: Er trat dem am Boden Liegenden zwischen die Beine und sah dafür Rot. Das Spiel vor 35.000 Zuschauer*innen endete 0:0. Wir konnten mit erhobenem Kopf nach Hause fahren.

Drei Jahre später ging das Drama dann jedoch los: Die ersten vier Derbys nach dem Aufstieg der Sechzger in die Bundesliga

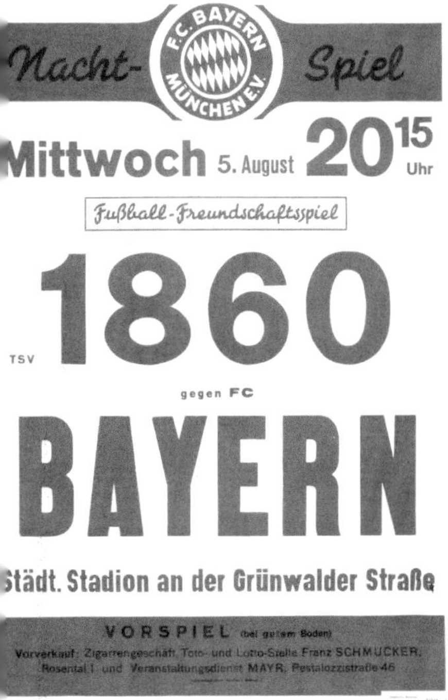

„Fußball-Freundschaftsspiel" von 1964 (Endstand 4:2 für 1860).

1994 gewann alle der Lokalrivale. Damals habe ich angefangen, Derbys zu hassen. Besonders schlimm war es 1998, als wir mal wieder eine Niederlage einstecken mussten. Nina und ich arbeiteten zu dieser Zeit im *Sappralott,* (damals) eine beliebte Kneipe in München, die Bundesligaspiele live auf Premiere übertrug. Am Vorabend des Spiels hatten wir etwas zu heftig gefeiert und mussten vom Koch aus dem Bett geklingelt werden; als der Barmann uns sah, mixte er uns erst einmal eine Bloody Mary. Und das sollte nicht das Schlimmste an diesem Tag bleiben. Mit schwerem Kopf warteten wir darauf, dass sich der Laden füllte. Löwen- und Bayern-Fans hielten sich etwa die Waage, schon zwei Stunden vor dem Spiel war kaum mehr ein Durchkommen. Die Luft stand vor Rauch, Schweiß und Bier. Unzählige Male musste ich mir den Weg mit einem vollen Tablett durch die Gäste bahnen. Bis kurz vor der Halbzeitpause war meine Laune noch ganz ok: Sechzig hielt wacker mit, wir konnten hoffen. Aber dann trafen Scholl (der geht ja noch) und Jancker (der dafür umso weniger) innerhalb von fünf Minuten. Lothar Matthäus' Treffer zwei Minuten nach Wiederanpfiff zerstörte all meine Hoffnungen. Als das Spiel endlich vorbei war und die Gäste langsam das Lokal verließen – die Sechzger schneller, die Bayern langsamer –, setzte mich auf einen Stuhl und weinte. Da half es nichts, dass ich gerade ein kleines Vermögen verdient hatte. Die Welt war einfach ungerecht!

Das beweist allein der Blick in die Geschichte: Das erste Derby wurde am 21. September 1902 auf dem FC Bayern-Platz an der

Clemensstraße ausgetragen und ging mit 3:0 an die Gastgeber. Zu unserer Verteidigung sei angemerkt, dass es erst das dritte Spiel der Sechzger überhaupt war, während der FC Bayern, im Jahr 1900 „aus der damals führenden Fußballmannschaft des MTV von 1879 hervorgegangen, mit einer Anzahl bereits bewährter Spieler gewissermaßen schon ‚im Sattel sitzend' das Licht der Welt erblickte" (aus: *50 Jahre Fußballabteilung*). Bis 1917 konnten die Löwen in 38 Partien nur fünf Mal einen Sieg erringen – bei 26 Niederlagen. Dann aber gelangen den „Turnern" in der Herbstrunde 1918/19 gleich zwei hohe Siege gegen die FA Bayern München des Münchner SC (so lautete damals der offizielle Name): Im Hinspiel schlugen die Löwen die „Rothosen" im Stadion des MSC an der Leopoldstraße mit 7:1, das Rückspiel an der Grünwalder Straße endete sogar mit 8:0.

Von da an blieb das Kräfteverhältnis bis zum Ende des Zweiten Weltkriegs ziemlich ausgeglichen. In den 1920er Jahren kamen bis zu 25.000 Zuschauer*innen nach Giesing um die Derbys zu sehen, die auf einem hohen sportlichen Niveau stattfanden und deren Ausgang selten vorhersehbar war. Fußball war inzwischen zu einem Massenphänomen geworden, das die Menschen begeistern – und auch erregen konnte. So beim 80. Münchner Derby am 11. November 1934, als der Schiedsrichter 30 Sekunden vor Spielende den Löwen einen (wohl ungerechtfertigten) Elfmeter gab, durch den ihnen noch der Ausgleich zum 2:2 ge-

Ein besonderes Derby fand im März 1938 statt: „Dem am 1.3. d. J. mit dem F.C. Bayern durchgeführten, sog. Faschingsspiel im 1860er-Stadion wohnte eine ganz ansehnliche Zahl an Zuschauern bei. In der 1. Halbzeit wurde auf beiden Seiten bestimmt ganz regulär und ernst gespielt. Die von unseren Stürmern erzielten 3 Tore waren wunderschön und fielen zwangsläufig. In der 2. Halbzeit kam es zum Ausgleich. Der dritte Teil der Veranstaltung nahm einen ausgesprochen humoristischen Verlauf. Beide Mannschaften erschienen in Frauenkostümen aller möglichen Aufmachungen, ja selbst das dekolletierte Abendkleid fehlte nicht. Obwohl der Schiedsrichter mit einem Revolver bewaffnet war, vermochte er das entfesselte Fußballspiel der starrköpfigen ‚Spielerinnen' doch nicht in geordneten Bahnen zu halten. Nach verschiedenen peinlichen ‚Zwischenfällen' wurde er schließlich das Opfer seines Amtes und im gemeinsamen Trauerzug vom Platze getragen." (Bericht aus der Vereinszeitung des TSV München von 1860 vom 1. April 1938)

lang (Torschützen für 1860: Max Schäfer und Alois Pledl). Anhänger des FC Bayern stürmten daraufhin auf den Platz und machten Jagd auf den Unparteiischen, der nach einem Faustschlag in die Kabine floh. Mit Hilfe von zwei berittenen Polizisten konnte die Situation schließlich aufgelöst werden.

Zwischen 1944 und 1949 gelang den Löwen nicht ein einziger Sieg. Erst am 12. März 1950 jubelten sie wieder (3:2). In den zwanzig Jahren bis zum ersten Abstieg der Löwen aus der Bundesliga im Jahre 1970 lagen Rote und Blaue fast gleichauf: 1860 siegte 17 Mal, der FCB 15 Mal, neun Mal gab es keinen Sieger. Seitdem hatten die Löwen in den Derbys aber nicht mehr viel zu melden: Von 46 Partien gingen 28 an die Seitenstraßler.

Umso schöner war es dann, als wir am 27. November 1999 den ersten Derbysieg nach 22 (!) Jahren feiern durften. Das Team von Trainer Lorant (u.a. mit Thomas Häßler, Harald Cerny, Roman Tyce, Paul Agostino und Martin Max) gewann gegen die Elf von Otmar Hitzfeld um Oliver Kahn, Jens Jeremies, Stefan Effenberg und Mehmet Scholl durch einen Treffer von Thomas Riedl (Fußballgott) mit 1:0.

Abendzeitung und tz titelten beide am Montag danach: „Der Jahrhundert-Sieg der Löwen". Die Süddeutsche Zeitung sprach von einem „Tor für das Geschichtsbuch". Anlässlich des historischen Sieges wurden damals „Derbysieger-Schals" verkauft, die nicht nur für meinen Vater das perfekte Weihnachtsgeschenk waren. Und Thomas Riedl wird seitdem als „Fußballgott" in Giesing verehrt.

Nicole erzählte in einem Interview für das Fotoprojekt „Sechzge, Oide!": „Die Tante meines Mannes hat damals gesagt: ‚Wenn die gewinnen, zünden wir eine Kerze an!' Und dann sind wir am Sonntag tatsächlich in die Kirche gefahren und haben eine Kerze angezündet."

Auch in der Rückrunde gelang den Löwen ein Sieg (2:1) – der bislang letzte Derbysieg in einem Punktspiel.

Ausschnitt aus einem Interview mit Thomas Riedl, das ich 2013 für den Löwenmut führte.

Was bedeutet dir dieses Tor von 1999 persönlich heute noch?

Natürlich wird man immer wieder auf dieses Tor angesprochen, und obwohl ich Meister und Pokalsieger mit dem FCK wurde, wird dies doch immer als Highlight präsentiert. Ich glaube einfach, dass mit diesem Tor viele Löwenfans richtig Spaß hatten und dass dies bis heute so ist – ist doch super! Ich kann mich also immer als gerngesehener Gast in München blicken lassen …

Wirst du noch oft darauf angesprochen und/oder bekommst Post bzw. Mails von Löwenfans?

Man merkt immer deutlich, wenn sich das Jahr gegen Ende November bewegt. Es ist tatsächlich immer noch so, dass sich viele Fans bedanken und Post schicken. Daran merkt man, dass dies doch ein ganz besonderer Moment für alle Löwen war.

Wie hast du das Tor damals erlebt? Kannst du dich noch erinnern, was du direkt nach dem Tor gedacht oder gefühlt hast?

Also man kann das ja immer schwer erklären, aber als Martin Max den Ball quer abgelegt hatte, da wusste ich, dass der Ball rein geht. Das hat man als Spieler oft im Gefühl, so als kenne man die Situation schon. Ich glaube, als das Netz dann zappelte, kam mir das Adrenalin aus den Ohren. Das ist wie Fallschirmspringen und Bungee-Jumping zusammen.

Marco Kurz wurde ja in der Nacht zum Derby auch noch Vater, und ich glaube, da war das ganze Team dann einfach emotional total überwältigt.

…

Vielleicht hätte ich 2008 auch eine Kerze anzünden sollen. Oder nach Altötting pilgern. Oder gleich nach Santiago de Compostela. Das fürchterliche DFB-Pokal-Viertelfinale in der Saison 2007/08 reicht mir nämlich noch für die nächsten sechzig Jahre. Es fing schon mit dem Kartenkauf an: Als Auswärtsmannschaft standen uns zunächst nur 6.000 Tickets zur Verfügung (später hat der FCB uns großzügigerweise noch ein paar zusätzlich gegeben). Da wir nicht sicher sein konnten, dass alle Freund*innen über das 1860-Ticketing Karten bekommen würden, habe ich den schweren Gang in die Säbener Straße angetreten und mich in die lange Schlange der Bayern-Fans eingereiht. Überall nur Rote um mich herum – nicht schön. Da ich es mir nicht habe nehmen lassen, meinen Löwen-Schal anzuziehen (quasi als Schutz bzw. zur Immunisierung), wurde mir aber schon bald mitgeteilt, dass ich keine Chance auf eine Karte hätte. Ich war wirklich erleichtert, das Gelände verlassen zu können (und wir haben schließlich auch alle

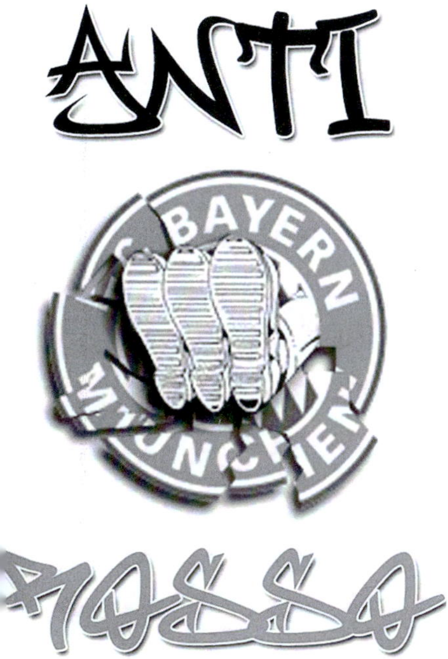

Karten bekommen). Denn es ist ganz klar: Obwohl ich Derbys hasse, kann ich natürlich nicht daheimbleiben.

Zwei Wochen vor dem Spiel ging es dann so richtig los: In den Zeitungen wurden die Statistiken rauf- und runterzitiert, Interviews von ehemaligen Spielern, Trainern und Fans veröffentlicht, Prominente und Nicht-Prominente nach ihren Tipps gefragt. Keine Chance, dem Ganzen zu entkommen! Und die Anspannung stieg mit jedem Tag, bis es schließlich kaum mehr zu ertragen war und ich mir nur noch wünschte, es wäre endlich vorbei. Am Tag vor dem Derby kam dann ein Arbeitskollege grinsend in mein Büro und teilte mit, dass Bayernfans in der Nacht die Westtribüne des Sechzger-Stadions rot-weiß angemalt hatten. Na toll! Die Laune sank noch tiefer. Auf der Fahrt in die Allianz Arena war ich dann eigentlich schon fast wieder so weit umzudrehen: Die U-Bahn war natürlich rappelvoll, darunter viel zu viele Rote, obwohl wir rechtzeitig losgefahren waren, um dem Massenandrang zu entkommen. In der Schüssel ging es dann weiter, denn hinter uns saßen Leute (Löwenfans wohlgemerkt), die sich permanent beschwerten, wenn wir vor Anspannung, zum Jubeln oder zum Anfeuern aufsprangen. Spielerisch war die Leistung unserer Löwen klasse, die Partie war ausgeglichen. Entsprechend spannend war es 120 Minuten lang. Die Anfeuerungen aus dem Löwenblock – wir waren im ungewohnten dritten Rang untergebracht – waren das ganze Spiel über zu hören und übertönten das Geklatsche der Roten bei Weitem. Und gerade, als ich anfing, auf einen Sieg oder zumindest auf ein Elfmeterschießen zu hoffen, fällt Klose an der Strafraumgrenze zu Boden. Obwohl er ganz klar außerhalb zu Fall gebracht wurde, gibt es Elfmeter gegen uns, 0:1 kurz vor Schluss. Einziger Trost war die schöne Grätsche von Markus Thorandt gegen Ribery kurz vor dem Schlusspfiff an der Mittellinie.

Der Heimweg war natürlich grauenvoll. Da von der Arena nur eine U-Bahn-Linie in die Innenstadt fährt, dauerte es ewig, bis wir in der Bahn und schließlich daheim waren. Überall um uns herum die jubelnden Roten. Und damit war es ja noch lange nicht vorbei: In der Arbeit und von Bekannten wurdest du von allen Seiten angesprochen – in erster Linie natürlich von schadenfrohen Bayernfans. Wobei ja noch schlimmer diejenigen sind, die Mitleid oder Verständnis haben! Wenn ich den Spruch „Als Münchner*in mag ich ja alle Münchner Vereine, aber am liebsten halt schon die Roten" höre, stellen sich bei mir immer die Haare auf. Da hilft nur umdrehen und weggehen.

Jenes Pokalderby war übrigens das 204. und bislang das letzte Punktspiel zwischen dem TSV 1860 München und dem FC Bayern München. Und wenn ich mir die Gesamtstatistik anschaue (104 Niederlagen, 49 Siege, 51 Unentschieden), verstehe ich wirklich nicht, wie sich jemand auf Derbys freuen kann.

Nachtrag:

Die Schmierereien in der Kultstätte wurden zwei Tage später von der Stadt beseitigt. Vor dem ersten Heimspiel der 1860 Amateure am 3. März 2008 gegen Hessen Kassel wurde das Grünwalder Stadion durch einen Pfarrer neu gesegnet.

Nur zwei Jahre nach dem Aufstieg in die Bundesliga 1994 spielten die Löwen bereits wieder in einem internationalen Wettbewerb mit. Durch den hervorragenden 8. Tabellenplatz in der Saison 1995/96 qualifizierte sich 1860 für die Teilnahme am UI-Cup. Gegner in der Gruppenphase waren Spartak Warna, ŁKS Łódź, Kaučuk Opava und Kamas Tschelny. Zwei Siege (5:0 gegen Łódź und 2:0 in Opava) reichten aber nicht für die Qualifikation zur K.-o.-Runde aus, da die Löwen im bulgarischen Warna (1:2) sowie zu Hause gegen Tschelny (0:1) verloren. Für viele Löwenfans waren die Spiele gegen Łódź und Tschelny trotz der relativen Bedeutungslosigkeit des Wettbewerbs dennoch besonders, da 1860 beschlossen hatte, diese im Sechzger-Stadion auszutragen, und wir so nach einjähriger Abstinenz endlich wieder einmal heimische Luft schnuppern konnten; zum Spiel gegen Łódź kamen 10.000 Zuschauer*innen, zum Spiel gegen Tschelny 12.000.

Ein Jahr später war es dann soweit: 1860 spielte im UEFA-Pokal, das erste Mal wieder seit 28 Jahren. Für mich war das alles unfassbar. Der Weg von der Bayernliga in den UEFA-Pokal ging so rasant, dass ich mir schwertat, das alles zu begreifen. Ich kam einfach nicht mehr mit. Zudem war die Qualifikation 1997 sehr absurd verlaufen, da 1860 als Tabellensiebter eigentlich gar nicht qualifiziert gewesen wäre. Aber überraschend gewann Borussia Dortmund die Champions League und der VfB Stuttgart den DFB-Pokal – und plötzlich waren wir mit dabei!

Es war grotesk: Ich weiß noch, wie ich lachend und kopfschüttelnd zugleich verfolgte, wie uns der FC Jazz Pori als Erstrundengegner zugelost wurde. 600 Fans begleiteten die Mannschaft am 16. September 1997 nach Tampere und wurden Zeugen, wie Abédi Pelé („Wir singen A, wir singen B, wir singen Abédi Pelé!“) den 1:0-Siegtreffer schoss. Als Studentin konnte ich mir die Reise nach Finnland leider nicht leisten.

Nach dem Sieg im Rückspiel (6:1) hieß der Zweitrundengegner SK Rapid Wien. Das Hinspiel in Wien verloren wir ganz bitter mit 0:3, und nach dem 2:1 im Rückspiel vor 25.000 Zuschauer*innen im Olympiastadion war in Runde zwei Schluss.

Aber das war noch lange nicht alles: Mit einem 4. Platz in der Saison 1999/2000 sicherten sich die Löwen die Teilnahme an der Qualifikation für die Champions League. Mit Leeds United bekam 1860 allerdings einen starken Gegner zugelost. Die Engländer waren im Vorjahr erst im Halbfinale des UEFA-Pokals an Galatasaray Istanbul gescheitert. Und mit englischen Teams hatten wir ja schon in den 1960er Jahren Probleme gehabt. Vor 33.500 Zuschauer*innen an der Elland Road erkämpften sich die Löwen ein 1:2 (Torschütze für 1860 war Paul Agostino). Der damals 21-jährige Daniel Bierofka debütierte in diesem Spiel im Trikot der Profi-Löwen. Ein 1:0 im Rückspiel hätte den Löwen also gereicht. 56.000 Zuschauer*innen feuerten ihre Mannschaft am 23. August 2000 an; die Nordkurve des Olympiastadions präsentierte vor dem Spiel eine Choreo in Weiß-Blau, Radi Radenković sorgte mit seinem Song „Bin i Radi, bin i König" für Stimmung. Aber es half nichts: Trotz guter Chancen und engagiertem Spiel unterlagen die Löwen erneut, diesmal mit 0:1. Statt in der finanziell lukrativen Champions League spielte 1860 nun also „nur" im UEFA-Pokal.

In der ersten Runde reichte nach einem 0:0 beim tschechischen FC Petra Drnovice zum Weiterkommen ein Tor von Marco Kurz im Olympiastadion. (Im Mai 2006 kehrte Marco Kurz als Trainer der U23 zu den Löwen zurück; von März 2007 bis Februar 2009 trainierte er die erste Mannschaft). Die 2:3-Niederlage bei Halmstads BK in der 2. Runde konnte im Heimspiel wettgemacht werden: Durch zwei Tore von Martin Max und eines von „Fußballgott" Agostino gewannen die Löwen mit 3:1. In der dritten Runde ging es dann zum AC Parma nach Italien. Die mitgereisten ca. 5.000 Löwenfans konnten ob des starken Nebels (der hier nicht in erster Linie durch die vielen Bengalen und Rauchbomben verursacht war) nur bis zur Mittellinie sehen. Der Durchblick fehlte anfangs auch der Abwehr, Parma lag in der 12. Minute schon 2:0 vorne. Doch die Löwen gaben nicht auf und konnten kurz vor Schluss noch den Ausgleich erzielen (Torschützen: Tyce und Beierle). Eigentlich eine hervorragende Ausgangsposition für das Rückspiel – aber wir kennen ja unsere Löwen: „Die Italiener wirkten reifer und abgebrühter. Während die nur kämpferisch überzeugenden Münchner oft technische Schwierigkeiten (Cerny, Max) oder Nervosität (Torwart Hofmann) offenbarten und zu viele Ballverluste produzierten, ging Parma mit dem Ball liebevoller – und auch effektiver um. (…) Ein

Häßler, der vierzig Minuten lang starke Akzente hatte, war letztlich zu wenig im Mittelfeld. Von Cerny kam ganz wenig Unterstützung, Mykland war dem Tempo nicht gewachsen", urteilte der kicker über die Partie. 1860 unterlag 0:2 und schied aus dem Wettbewerb aus.

In den beiden darauffolgenden Spielzeiten konnte sich 1860 nur noch für den UI-Cup qualifizieren. Aber das bedeutete immerhin vier weitere Spiele im europäischen Ausland. Einige (verrückte) Löwenfans ließen sich diese Fahrten nicht entgehen. Meine Leidenschaft für 1860 hatte zu diesem Zeitpunkt jedoch ihren Tiefpunkt erreicht, so dass ich die Spiele kaum verfolgte und auch keinerlei Erinnerungen daran habe. Mit dabei war aber Stefan Markt (auch bekannt als „Kraiburger"), als 1860 am 7. Juli 2001 in der ersten Runde des UI-Cups im serbischen Smederewo antrat. Das Hinspiel hatten die Löwen bereits gewonnen (3:1 im Rosenaustadion, zwei Tore von Martin Max, eines von Vidar Riseth).

Hier ist Stefans Bericht.

Smederevo, Juli 2001
von Stefan Markt

Sechzig im Europacup, ein riesiger Basar an der Arnulfstraße und der zehnmonatige Wehrdienst – Dinge, die es zur Jahrtausendwende noch gab und die nur auf den ersten Blick nichts miteinander zu tun haben. Aber der Reihe nach.

Der Wehrdienst, wegen dem ich nicht nur das Europacupspiel in Parma verpasst hatte, hat mich irgendwann total genervt. Ein Leben in einer Stube zusammen mit psychopathischen Zeitsoldaten, die gerade von ihren Auslandseinsätzen vom Balkan zurückkamen, wirres Zeug von „Partisanen" laberten und daher mit Knarre unter dem Kopfkissen schliefen, war für mich nicht mehr vorstellbar, so dass ich eine eher kleine Prellung meiner Zehen zu einem lebensgefährlichen Mittelfußbruch hochsimulierte, um meine Ausscheiderzeit zu verlängern und Lebensqualität zurückzugewinnen. Mein Hauptmann war über diese Entscheidung überhaupt nicht glücklich, weil seine Einheit, für die ich der Schreibknecht war, gerade in irgendeine Kaserne 100 Kilometer hinter Belgrad verlegt worden war und er nun allerhand Hilfsarbeiterjobs für mich in München übrighatte. Weil er mir meinen Mittelfußbruch ohnehin nicht glaubte, verhängte er allerlei Meldepflichten und Ausreiseverbote.

Sechzig hingegen spielte in der Saison 1 nach der Champions League-Quali ganz passabel und bewarb sich als Tabellenelfter für den UI-Cup, dem Vorgänger der heutigen Europa League-Qualifikation.

Mir passte die hinzugewonnene Zeit also ganz gut in den Kram, um die hoffentlich vielen anstehenden Europacup-Auswärtsspiele mitnehmen zu können.

Als erster Gegner wurde uns Sartid Smederevo zugelost, hinter Partizan und Roter Stern die Nummer drei in der damaligen Rest-Jugoslawischen Republik. Aber kneifen galt nicht, ich wollte in den Europacup und war damit nicht alleine. Die Nachrichten aus der Bundesrepublik Jugoslawien, die später in Serbien-Montenegro und wieder später in Serbien zerfiel, waren nicht gerade berauschend: Zwar hatte die NATO ihre Luftangriffe eingestellt, und im Kosovo herrschte auch gerade offiziell Frieden, aber alles stand auf wackligen Füßen, vor allem als im Sommer 2001 die Auslieferung des Serbenführers Slobodan Milošević an das Kriegsverbrechertribunal in Den Haag Millionen Ex-Jugoslawen auf die Straße trieb. Nur gut, dass nur wenige Kilometer entfernt von unserem Spielort Smederevo (etwa 80 Kilometer hinter Belgrad) deutsche Einheiten stationiert waren – unter anderem die von meinem Hauptmann, der mir gerade erst ein Ausreiseverbot ausgesprochen hatte. Könnte ein lustiger Trip werden, die Sicherheitskräfte vor Ort brauchten ja nicht zwingend davon Kenntnis zu erlangen, dass ich Bundeswehrmitglied war. Im Visumsantrag gab ich daher als Berufsbezeichnung „arbeitslos“ an.

Der Juli 2001 war ziemlich warm. An dem Freitagnachmittag, an dem sich 41 Löwenfans an der Arnulfstraße versammelten, um gemeinsam in einen gecharterten Gastarbeiterbus in Richtung Jugoslawien einzusteigen, hatte es etwa 35 Grad. Die Arnulfstraße war damals ein großer Basar. Wo heute die teuersten Börsenunternehmen ihre Prestigebüros haben, war zu der Zeit ein riesiger Warenumschlagplatz und Abfahrtsort für die Heimreisen der vielen Gastarbeiter in München. Flixbus und Konsorten gab es noch nicht, und die Busse wurden meist direkt aus den Zielorten bereitgestellt, auch unser Bus, der, zugegeben, schon etwas in die Jahre gekommen war. Klimaanlage? Fehlanzeige. Schlüssel? Fehlanzeige. Um den Bus zu starten, wandte unser Busfahrer Branco jedes Mal denselben Trick an: Mit einem um einen Kleiderbügel gebogenen Nagel wurde die Zündung gestartet. Wichtig war jedoch, dass gleichzeitig zwanzig

Leute den Bus anschoben. Da dieses Prozedere jedes Mal vollzogen werden musste, wenn der Motor ausging, tankten wir regelmäßig bei laufendem Motor.

Noch 20 Stunden bis Smederevo.

Die Fahrt verlief reibungslos, und schon nach 2,5 Stunden Fahrt konnten wir unseren ersten Stopp machen: An der ARAL-Tankstelle beim Sechzger-Stadion in der Tegernseer Landstraße tauschten wir unser heißes Augustiner gegen gekühltes. Die Mehrzahl der Mitfahrer war bereits oberkörperfrei.

Da Branco als gebürtiger Jugoslawe bei der Einreise in Kroatien Probleme bekommen hätte, führte unsere Route durch Österreich und Ungarn. Ab der österreichisch-ungarischen Grenze konnten die beiden Türen im Bus während der Fahrt geöffnet werden, und wir bekamen zumindest ein klein wenig frischen Wind.

Das Bier war schon lange aus, und wir fuhren durch die heiße ungarische Nacht. Im ganzen Bus gab es nur ein einziges Pornoheft.

Am frühen Morgen passierten wir hinter Szeged die Grenze zu Ex-Jugoslawien und hatten ab da Begleitschutz in Form mehrerer Polizeifahrzeuge. Bei der Ankunft in Smederevo führten uns diese nicht erst ins gebuchte Hotel, sondern schnurstracks in ein Restaurant, in dem bereits abgezählte 41 Portionen vollkommen überteuerter Ćevapčići (12,50 Mark!) auf uns warteten. Der Polizeichef und der Restaurantleiter zwinkerten sich fröhlich zu. Sie sahen sich sehr ähnlich, sie hätten Brüder sein können.

Das Hotel gab ein durchaus rustikales Bild ab, was auch nicht verwunderlich war, da wir die ersten Gäste seit über zwölf Jahren waren. Immerhin: Die Bar war auf unsere Bedürfnisse eingestellt und hatte allerhand Alkoholika für Spottpreise zur Auswahl: Sliwowitz, Bier und Jack Daniels – jeweils für eine Mark. Nach 20 Stunden Fahrt war uns nach einer erfrischenden Dusche. Die Idee klang gut, die sanitären Anlagen sprachen nach zwölf Jahren ohne Benutzung aber eine andere Sprache: Aus der Dusche in meinem Zimmer kam Sand.

Ziemlich zügig nach der Ankunft im Hotel wurden wir zum Stadion des FK Sartid Smederevo gebracht. Sartid war der Name des Stahlwerks und Hauptsponsors in der 110.000 Menschen fassenden Stadt. (Nach dem Verkauf des Werks an die Amis spielt der Club

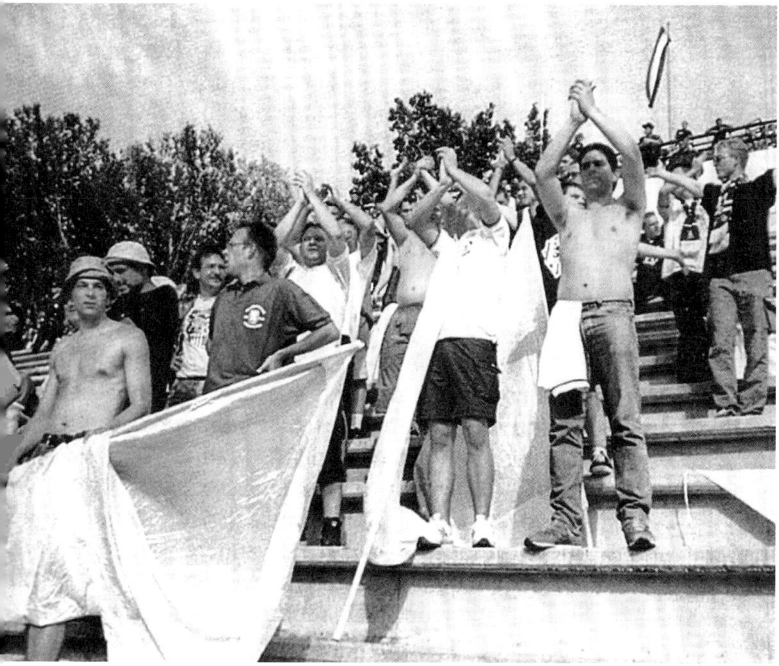

Löwenfans beim Spiel Sartid Smederevo – 1860 München (7. Juli 2001, 2:3).

seit 2004 wieder als FK Smederevo 1924.) Das Stadion war arg demoliert, man konnte noch sehr gut die Auswirkungen des Krieges erkennen. Aber wenn in solchen Ruinen im Jahr 2001 Europacup möglich war, dann sollte man doch sicher auch wieder darüber nachdenken dürfen, Bundesliga im Sechzgerstadion zu spielen?!

Zum Gästeblock mussten wir über einen kleinen Erdhügel kraxeln und wurden dabei von beiden Seiten von Einheimischen begafft. Wobei „begaffen" wohl der falsche Ausdruck ist, denn während sie uns von links mit Steinen bewarfen, wurden uns von rechts Blumen geschenkt. Die Staatsmacht hat weitestgehend erfolgreich versucht, uns von den Bürgern fernzuhalten. Wir durften uns auch kein Bild von der Stadt machen.

Insgesamt waren 46 Löwenfans nach Smederevo gereist: Außer den 41 verschwitzten Körpern aus dem Bus hatten noch fünf weitere den Weg mit dem Zug auf sich genommen.

Zum Spiel gibt es nicht viel zu erzählen. In Erinnerung blieb lediglich, dass Sechzig erstmals im neuen Auswärtstrikot auflief, welches auf Wunsch des damaligen Hauptsponsors orange-schwarz war. Und dass das Spiel 3:2 gewonnen wurde. Torschützen waren „Maks“, „Ipua“ und „Cerni“, wie uns die elektronische Anzeigetafel freudig mitteilte.

Aus Sicherheitsgründen wurden wir nach dem Abpfiff über das Spielfeld zu unserem ramponierten Bus gebracht, was wir logischerweise für viele Schnappschüsse nutzten. Daher dauerte das ganze Vorhaben so lange, bis auch die Mannschaft frisch geduscht aus der Kabine kam, und an uns vorbei zu ihrem hochklimatisierten Bus marschierte. Irgendwie habe ich heute noch die mitleidigen Blicke von Trainer Werner Lorant vor Augen.

Für die Mannschaft ging es also sauber zum nächstgelegenen verfügbaren Flughafen und direkt zurück nach München, während wir mit unserem Sauna-Bus wieder zum Hotel chauffiert wurden, um dort die Nacht zwischen Bettwanzen und gepanschtem Sliwowitz zu verbringen. Die Staatsmacht ließ uns nicht aus den Augen, doch zu späterer Stunde offenbarte sich uns einer der Beamten und ermöglichte uns damit endlich ein paar Freiräume. Polizist Marco kam nämlich aus Göppingen, war dort verlobt, musste aber seinen zweijährigen Militärdienst in Serbien absitzen, indem er Polizist spielte. Seine Verlobte war mit ihrer Familie gerade ebenfalls in der Stadt zu Besuch, aber anstatt mit ihnen zu grillen, musste er auf „uns Idioten“ aufpassen.

Aber wie kann man besser auf uns aufpassen, als uns direkt vor der Nase zu haben? Und schon sitzen wir zu dritt auf der Rücksitzbank eines jugoslawischen Polizei-Ladas, vergnügen uns mit Polizeikelle und einheimischem Bier, während Marco mit 120 Sachen und Blaulicht auf halsbrecherische Weise in die Stadt fährt.

Bei seiner Familie werden wir herzlich aufgenommen, und während sich der Polizist in Uniform ordentlich mit Selbstgebranntem zuschüttet, dürfen wir alle seine Kinderbilder sehen und freunden uns herzlichst mit der Braut an. Am Ende werden wir auf die Hochzeit in Göppingen eingeladen.

Einige Jahre später erfuhr ich, dass die Beziehung von Marco leider in die Brüche ging. Da er damit seine Wohnung in Göppingen verlor, stand er kurz darauf mit Sack und Pack bei einem unserer Mitfahrer vor der Tür.

Doch die Nacht war noch nicht zu Ende: Pünktlich zu Marcos Dienstschluss waren wir zurück im Hotel, wo er seine Klamotten und letztendlich auch die Mitfahrer wechselte, denn nun fuhr er mit einer anderen Gruppe Löwenfans zum Saufen nach Belgrad. Schließlich kannte er noch ein paar Hools von Roter Stern, die er uns unbedingt vorstellen musste!

Die zwanzigstündige Rückfahrt beginnt also mit einem mordsmäßigen Kater und vielen antriebslosen Löwenfans. Das ständige Geldwechseln an den Grenzen nervt, viele sind mittlerweile bargeldlos. Der McDonald's in Ungarn, vor dem wir mal wieder den Bus anschieben dürfen, schenkt uns immerhin Eiswürfel.

Der Grenzübergang von Ungarn nach Österreich ist dicht, einige aus der Gruppe entscheiden sich, die letzten Münzen im Restaurant zu lassen. Plötzlich gibt es Bewegung und wir sind über die Grenze. Also alle bis auf die drei, die noch ohne Reisepass in Ungarn sitzen und essen.

Die Rückfahrt verzögert sich immer wieder. Kurz hinter Reichenhall werden wir sogar von der Schleierfahndung angehalten, die sich angewidert abwendet. Es stinkt im Bus, das ursprünglich graue Hemd von Mitfahrer „Napoli" sieht mittlerweile aus wie ein Juventus-Trikot.

Um 5.00 Uhr morgens überqueren wir die Stadtgrenze zu Obergiesing. Wir sind geschafft: 20 Stunden Hinfahrt, 20 Stunden Anwesenheit und 20 Stunden Rückfahrt sind vorüber. Es ist der perfekte Zeitpunkt dafür, dass zum ersten Mal während der ganzen Fahrt jemand in den Bus kotzt!

Kurz vor dem Schlafengehen am Montagmorgen klingelt nochmal das Telefon, einer der Mitfahrer ist dran: „Hey, die haben die nächste Runde im Toto-Pokal schon ausgelost. Wir spielen nächstes Wochenende in Holland. Ich hab schon einen 9-Mann-Bus bestellt. Bist schon dabei, oder?"

…

Beim RKC Waalwijk siegten die Löwen 2:1, zu Hause 3:1. In der 3. Runde war dann aber Schluss: Newcastle United siegte zwei Mal (3:2 in München, 3:1 in Newcastle). Die Teilnahme am UEFA-Cup war damit gescheitert.

Das (vorerst) letzte Spiel in einem europäischen Wettbewerb führte die Löwen 2002 ins weißrussische Borisov. Nach einer enttäuschenden 0:1-Niederlage vor 18.000 Zuschauer*innen im Sechzger-Stadion begleiteten siebzig Unverwüstliche das Löwenteam zum Auswärtsspiel. Die lange Reise hat sich – zumindest sportlich – nicht gelohnt: BATE Borisov gewann 4:0. Für 23 Löwenfans, die mit dem Zug unterwegs waren, bleibt die Auswärtsfahrt aber unvergesslich: Nach ihrer Rückkehr von dem 80-stündigen Trip (ohne Hotelaufenthalt) spendierte ihnen die Mannschaft ein Weißwurstfrühstück im *Löwenstüberl.*

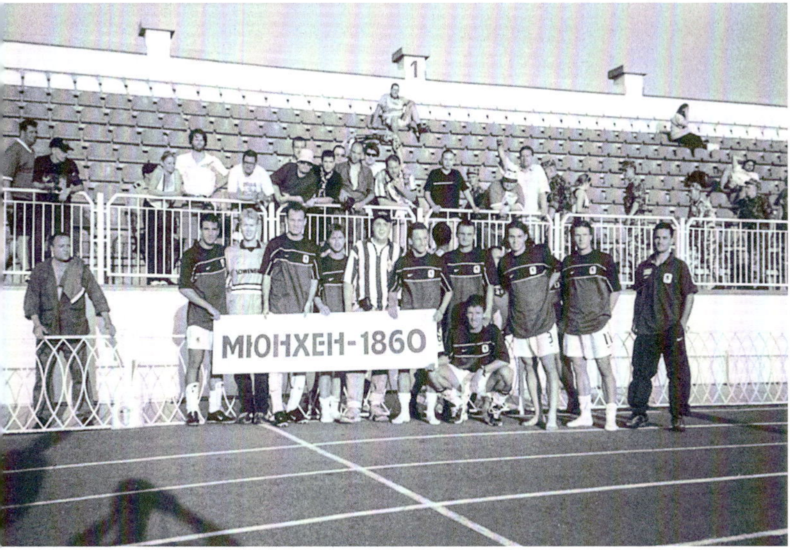

Löwenspieler und -fans nach dem Spiel BATE Borisov – 1860 München (14. Juli 2002, 0:4).

Zu Beginn des Jahres 2007 kehrte ich nach sechzehn Monaten im niederbayerischen Exil nach München zurück. Meine Wohnung in Neuhausen hatte ich aufgegeben, so dass ich mich auf die Suche nach einer neuen Bleibe machen musste. Das war damals noch etwas einfacher als heute, aber groß war die Auswahl trotzdem nicht. Und so landete ich in einem wenig schönen Apartment in der Gerhardstraße, welches aber auch seine Vorteile hatte: Es lag genau zwischen Isar und Sechzger-Stadion. Zu Fuß konnte ich beides in zehn Minuten erreichen.

Nach der dunklen Wildmoser-Zeit und meiner Verbannung nach Dingolfing hatte ich in Bezug auf 1860 einiges nachzuholen. Zusammen mit meiner Familie – auch meine Schwester hatte inzwischen ihre Leidenschaft für die Löwen entdeckt – besuchte ich die Heimspiele der Profis in der Allianz Arena. Und ab März war ich dann auch (wieder) Stammgast im Sechzger-Stadion, wo die zweite Mannschaft zu Hause war. Für mich waren diese ersten Spiele im „Grünwalder" wie eine Rückkehr in die Heimat nach langer Zeit. Alles war wie früher – nur ein bisschen älter. Zu den Spielen kamen damals 400 – 600 Zuschauer*innen, die meisten fanden sich auf der Gegengerade zusammen. Der Support war natürlich nicht so laut wie früher, aber die Stimmung war immer gut, die Atmosphäre familiär. Die „kleinen Löwen" spielten damals das vierte Jahr in Folge in der damals drittklassigen Regionalliga, nachdem sie von 2001 bis 2004 für kurze Zeit in die Bayernliga abgerutscht waren. Auch in der Saison 2006/07 spielte die Mannschaft gegen den Abstieg. Erschwerend kam damals hinzu, dass Marco Kurz, der die Mannschaft seit Mai 2006 trainiert hatte, nach dem Rauswurf von „Schoko" Schachner im März 2007 zu den Profis befördert bzw. beordert wurde. Der letzte Spieltag musste entscheiden, ob unsere Amas in die Bayernliga absteigen oder weiterhin in der Regionalliga (damals in zwei Staffeln, Nord und Süd, organisiert) bleiben würden. 1860 lag auf einem Abstiegsplatz und stand somit unter Zugzwang. Aber die Sportfreunde Siegen hatten nur einen Punkt Vorsprung, der Karlsruher SC II und der 1. FC Saarbrücken jeweils nur zwei Punkte mehr. Es war also noch alles drin. Mittlerweile war ich wieder total angefixt von 1860, und so fuhr ich zusammen mit meiner Schwester am 2. Juni 2007 nach Kassel.

Um 5.00 Uhr morgens ging es mit dem „Gammelticket" los, insgesamt waren wir 23 Stunden unterwegs. Aber die Fahrt sollte sich lohnen: Das Auestadion war mit 5.554 Zuschauer*innen gut gefüllt, im Anschluss an das Spiel wollten die Hessen den schon sicheren Klassenerhalt feiern. Aus München war ein ganzer Bus mit Fans gekommen, die für gute Stimmung sorgten. Nach der ersten Halbzeit führten die Junglöwen durch zwei Tore von Manuel Duhnke und jeweils einem von Ralf Schmitt und Christoph Burkhard mit 4:2. Gespannt verfolgten wir nebenbei (einige Fans hatten Radios dabei), wie es in den anderen Spielen stand … In der zweiten Halbzeit drehten die Sechzger dann voll auf: Schmitt, Ziegenbein, Holebas und Szukala sorgten für den 8:3-Endstand. 8:3!!! Sensationell! Da Saarbrücken verloren und der KSC II nur unentschieden gespielt hatte, kletterten die kleinen Löwen auf den 13. Tabellenplatz und konnten den Klassenerhalt (ausgiebig) feiern.

Bei den Amateuren hatte sich im Laufe der Jahre eine eigene kleine Fanszene gebildet, die durch den Umzug der ersten Mannschaft in die Allianz Arena (2005) und den Anteile-Verkauf (2006) angewachsen war. Viele Löwenfans weigerten sich, das „Schlauchboot" zu betreten, und gingen fortan nur noch zu den Spielen der zweiten Mannschaft. Die Stehhallez Rabauken, ein loser Zusammenschluss von Ultrà-orientierten Fans, machten Stimmung mit Trommeln, Fahnen und Gesängen. Um die Versorgung der Fans in der Gegengerade mit Getränken kümmerten sich die Freunde des Sechz'ger-Stadions. Und mit dem Ama-Lion gab es sogar ein eigenes Stadionmagazin. Nach den Spielen traf man sich noch auf ein, zwei Bier in der Stadionwirtschaft. Dort kamen dann junge Ultras, „Stadion-Fundis", Löwenfans gegen Rechts, alte Giesinger und PROler zusammen. Wie gesagt: Es ging sehr familiär zu bei den kleinen Löwen.

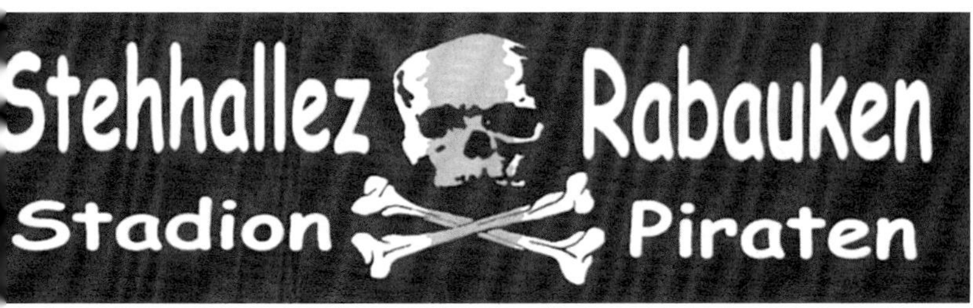

Im Herbst 2007 habe ich dort dann auch die Jungs und Mädels von der Münchner Freiheit kennengelernt, mit denen ich von da an immer öfter unterwegs war – bei Spielen der Profis und der Amateure oder auch im *Untergang*, im *Flaschenöffner*, im *Trepperlwirt* oder im *Schwarzen Hahn*. Die Münchner Freiheit war damals eine kleine, aber feine Ultrà-orientierte Gruppe, deren aktiver Support sich auf das Grünwalder Stadion konzentrierte. Meine erste Auswärtsfahrt mit der Münchner Freiheit, die mir noch lange im Gedächtnis bleiben sollte, ging im November 2007 nach Freiburg. Von da an war ich regelmäßig mit der MF unterwegs und wurde im Mai 2008 schließlich ganz offiziell Mitglied. Wir malten Choreos (seitdem kenne ich die Wappen aller Profivereine), schrieben Spruchbänder (mein Favorit: „Bernd, das Brot kann schimmeln. Was kannst DU?") und organisierten Auswärtsbusse – zum Beispiel nach Mannheim (viel Rauch um nichts), Bamberg (bzw. Weismain), Darmstadt und Alzenau (Lena!). Natürlich hatten wir eigene Aufkleber, später verkauften wir auch T-Shirts, Buttons und Schals. Erwähnenswert sind außerdem die rauschenden Partys für die Fanszene. Wir waren auch innerhalb der kritischen Fanszene aktiv, die für einen Auszug aus der Allianz Arena und für demokratische Strukturen im Verein kämpfte.

Logisch, dass wir auch bei den X-Tausend-Aktionen mitmachten! Das erste X-Tausend-Spiel fand am 18. Mai 2007 statt. Die Idee dazu war im Löwenforum geboren worden. Ziel der Aktion war es, „zum Heimspiel unserer Amas gegen den SV Wehen möglichst viele Fans, egal aus welcher Fangruppierung oder ‚unorganisiert' ins Grünwalder Stadion zu bekommen" und dadurch „ein Zeichen zum Erhalt des Grünwalder Stadions" zu setzen. Ein knappes Jahr zuvor hatte der Münchner Stadtrat nämlich beschlossen, das Grundstück zu verkaufen und somit das Stadion zum Abriss freizugeben. Mit Unterstützung der 7.004 Zuschauer*innen holten

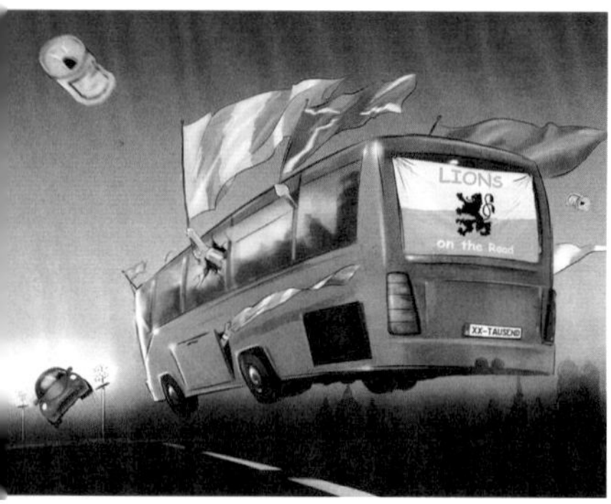

Poster zur Aktion XX-tausend: Hacker-Pschorr spendierte pro zehn Mitfahrer jedes von außerhalb angereisten Fanbusses einen Kasten Bier.

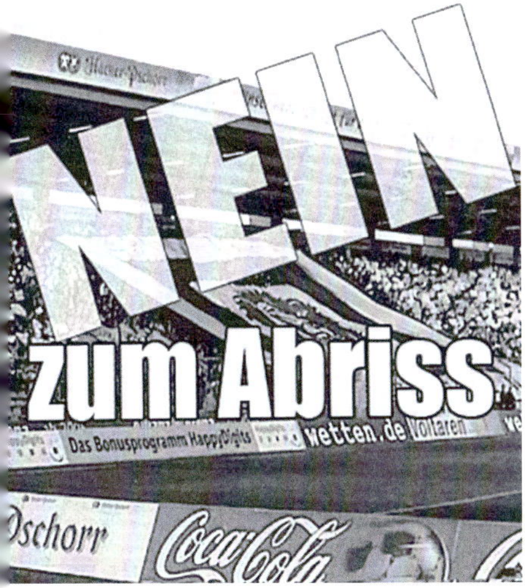

Aufkleber der Freunde des Sechz'ger Stadions um 2007.

die Amateure einen 0:2-Rückstand durch einen Elfmeter (Schütze: Ralf Schmitt) und ein weiteres Tor von José Holebas auf. Das Spiel endete 2:2. Aber das wichtigere Resultat des Abends war die Erkenntnis, dass nicht nur eine kleine Minderheit den Erhalt der Traditionsspielstätte wünschte.

Nach dem großen Erfolg 2007 kamen mehrere Löwenfans in einer Projektgruppe zusammen und bereiteten XX-Tausend vor. Neben der Organisation eines erneuten Highlight-Spiels zum Saisonende war das Ziel, die Zuschauerzahlen für die Spiele der zweiten Mannschaft generell zu steigern. Im Jahr 2008 stand nämlich die Wahl des Münchner Stadtrats an – und den Politiker*innen sollte verdeutlicht werden, was ihre potentiellen Wähler*innen wollten. Auf das Betreiben von XX-Tausend hin führte 1860 eine Amateure-Dauerkarte ein – Mit über 700 Dauerkarten wurde ein Rekord für zweite Mannschaften aufgestellt! Es wurden Aufkleber gedruckt, ein wunderschöner Comic gemalt, Flyer verteilt, T-Shirts, Stadionposter sowie Kalender verkauft. Hacker-Pschorr spendierte pro zehn Mitfahrer jedes zum XX-Tausend-Spiel von außerhalb angereisten Fanbusses einen Kasten Bier.

Die Ultras fertigten eine gigantische Choreo an: Zu Spielbeginn wurde eine riesige Blockfahne, auf der die Frauentürme, die Bavaria, das Siegestor und das Sechzger-Stadion gemalt waren, mit dem Spruch „Münchens Wahrzeichen sind unantastbar" hochgezogen, in der Westkurve wurden weiße und blaue Fahnen geschwenkt. 12.600 (!) Besucher*innen erlebten im Spiel gegen Jahn Regensburg eine toll kämpfende Löwenmannschaft und feierten – trotz der Niederlage und der verpassten Qualifikation zur 3. Liga – bei strahlendem Sonnenschein ein unvergessliches Fußballfest. Es war auch das erste und einzige Spiel, zu dem meine Mutter mit ins Stadion kam und somit meine ganze Familie versammelt war. Nach dem Spiel

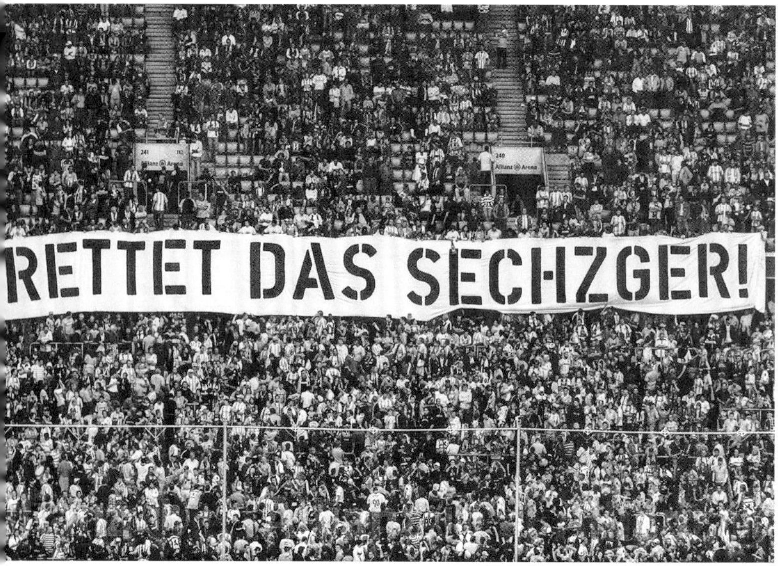

Transparent der Aktion XX-tausend 2008.

feierten die Löwenfans bis in die Nacht hinein am Fanheim. Die Projektgruppe erstellte von dem Spiel bzw. der Aktion XX-Tausend eine stimmungsvolle DVD. Zur Filmpremiere im *Heppel & Etlich* kamen die gesamte U23-Mannschaft mit Trainer Dieter Märkle, NLZ-Leiter Ernst Tanner, Ex-Präsident Albrecht von Linde, Stefan Schneider sowie die *Vorstadtkönige.*

Auch in den darauffolgenden Jahren wurde das letzte Heimspiel der Saison immer besonders beworben und zelebriert, aber XX-Tausend 2008 blieb einfach unerreicht.

Diese Aktionen schweißten nicht nur die Fanszene zusammen, auch die Zuschauerzahlen stiegen deutlich an: In der Saison 2009/10 kamen durchschnittlich 1.500 Zuschauer*innen ins Sechzger-Stadion, die Dauerkarten gingen weg wie warme Semmeln. Auch ich konnte mir meinen Jugendtraum erfüllen und erwarb eine Dauerkarte für die Stehhalle. Als Jugendliche hatte ich immer von meinem Stehplatz in Block J zu den „Oiden" in der Gegengerade geschaut und gesagt, dass ich dort auch einmal sitzen möchte, wenn ich alt bin. Während die Heimspiele der Profis immer mehr zu Pflichtterminen für mich wurden, freute ich mich stets auf die Spiele im Sechzger-Stadion, zu denen ich gemütlich den Berg hinaufspazieren konnte. Neben den X-Tausend-Aktionen und den Dauerkarten, die jedes Jahr neu gestaltet wurden, sind die Sammelalben hervorzuheben, die zu den Spielzeiten 2009/10 und 2010/11 von Ama-Lion und den Freunden des Sechz'ger-Stadions herausgebracht wurden: Bei jedem Heimspiel konnten ca. vier Klebebildchen erworben werden, so dass das Album zum Saisonende voll war.

Nach den geplatzten Träumen vom zweitligatauglichen Ausbau des Sechzger-Stadions (2009) und dem Einstieg von Hasan Ismaik bei 1860 (2011) war ein deutlicher Stimmungseinbruch bemerkbar; zahlreiche Fans waren desillusioniert bezüglich einer Rückkehr der Profis an die Grünwalder Straße und wollten nun auch nicht mehr zu den Amateuren gehen, die wie die Profis der KGaA angehörten. Die Zuschauerzahlen gingen zurück. Aufgrund des Umbaus des Sechzger-Stadions musste die U21 für die Heimspiele der Saison 2012/13 auch noch nach Ismaning ausweichen, was einen weiteren Zuschauerschwund nach sich zog.

Und dabei hätten die kleinen Löwen gerade in dieser Saison viele Besucher*innen verdient gehabt, denn die Mannschaft von Trainer Markus von Ahlen spielte einen tollen Fußball und konnte schon am drittletzten Spieltag in Ingolstadt die Meisterschaft in der Regionalliga Bayern feiern. Damit hatte sie sich auch für die Aufstiegsrunde zur 3. Liga qualifiziert. Gegner war der SV Elversberg. Zunächst musste 1860 im Saarland antreten, wo die Löwen trotz zweimaliger Führung (durch Sebastian Maier und Necat Aygün) 2:3 verloren. Unter den 3.800 Zuschauer*innen im Waldstadion waren zahlreiche Löwenfans, die trotz der Spielansetzung am Mittwochabend den weiten Weg auf sich genommen hatten. Noch einige mehr wollten das Heimspiel sehen, das in der Allianz Arena ausgetragen werden sollte. Doch wir hatten zunächst Pech, denn das Spiel fiel sprichwörtlich ins Wasser. Aufgrund langanhaltender, starker Regenfälle war der Rasen im „modernsten Stadion der Welt" unbespielbar, so dass das Spiel abgesagt wurde und 11.000 Fans unverrichteter Dinge, dafür platschnass, nach Hause fuhren. Zwei Tage später klappte es dann, und 14.500 (!) Zuschauer*innen sahen, wie Necat Aygün die Löwen in der 40. Minute in Führung schoss. Doch in der 84. Minute gelang den Saarländern der Ausgleich, und die Amas mussten ihre Aufstiegsträume damit begraben.

Die folgenden Spielzeiten schlossen die kleinen Löwen auf den Plätzen 3, 3 und 10 ab. 2017 mussten sie – als Folge des Abstiegs der ersten Mannschaft in die Regionalliga – in die Bayernliga runter, obwohl sie eine hervorragende Saison gespielt hatten und Zweiter geworden waren. Aufgrund der schlechten finanziellen Lage des Vereins steht kaum mehr Geld für die U21 zur Verfügung, sogar eine Abmeldung vom Spielbetrieb stand im Raum. 2017/18 konnte sich die Mannschaft, die seit dem Abstieg ihre Spiele am Trainingsgelände austrägt, noch am letzten Spieltag den Klassenerhalt sichern. Nach kleinen Anfangsschwierigkeiten beendete das Team unter Trainer Lubojanski die Saison 2018/19 auf einem sehr guten 8. Tabellenplatz.

Meine wahrscheinlich schönste, in jedem Fall aber skurrilste Auswärtsfahrt war auch zu einem Spiel der Amas: Zum letzten Saisonspiel 2007/08 starteten zwei Reisebusse voll mit Löwenfans nach Pfullendorf (20 Kilometer nördlich des Bodensees). Irgendjemand hatte vor der Fahrt entdeckt, dass das Stadion dort direkt neben einem Schwimmbad liegt, womit das Motto feststand: „Aqua Ultras". Als wir zwei Stunden vor Spielbeginn am Schwimmbad ankamen, staunten die örtlichen Polizeibeamten nicht schlecht: Es stiegen nicht etwa 60 grölende, besoffene Fußballwilde aus, sondern gut gelaunte Beachboys und -girls, bekleidet mit Hawaii-Hemden, Strohhüten, Flip-Flops, Blumenketten, Bikinis und Badehosen. Im Gepäck befanden sich nicht nur Bier, Trommeln und Fahnen, sondern auch aufblasbare Wasserschildkröten, Gummiboote, Delfine, Schwimmflügel und Badematten. Die Polizisten schüttelten nur den Kopf, als die Meute das Schwimmbad stürmte und auf dem Sprungturm eine Löwen-Fahne hisste. In Badehosen und mitsamt den Schwimmutensilien ging es pünktlich zum Spielbeginn ins Stadion, wo die Zaunfahnen („Sonnenschutzfaktor 60", „Aqua Ultras") präsentiert wurden. Den Tag perfekt machten die Amas mit einem 1:0-Sieg, den wir gemeinsam in der Kurve feierten. Nichtschwimmer sind keine Verbrecher!

Am Freitag, dem 2. Juni 2017, um 15.30 Uhr endete die vom DFB gesetzte Frist für die Einreichung der für die Lizenz zum Spielbetrieb in der 3. Liga erforderlichen Unterlagen. Den ganzen Vormittag saß ich nervös in der Arbeit und schaute ständig auf mein Smartphone und ins Internet, ob schon Neuigkeiten von der Geschäftsstelle da wären. In der Grünwalder Straße 114 saßen Mitglieder des Verwaltungsrats und des Präsidiums mit dem Rechtsanwalt des Vereins zusammen, über Telefon waren sie in ständigem Kontakt mit Hasan Ismaiks Anwälten. Nach Dienstschluss radelte ich sofort und im Eiltempo – ich könnte ja während der Fahrt etwas verpassen – zum Trainingsgelände. Dort waren schon dutzende Fans versammelt, zahlreiche Journalisten warteten am Eingang zur Geschäftsstelle darauf, dass etwas bekannt gegeben würde.

Die Stimmung war angespannt. Alles war möglich: 3. Liga, Amateurfußball, Insolvenz. Es war kaum auszuhalten. Gegen 15.00 Uhr ging ich kurz zum Hallo-Sagen in den 3. Stock, wo man im Präsidiumszimmer schon sehr lange auf eine Antwort aus Dubai wartete. Gerade war die Nachricht von der SMS Ismaiks an die Süddeutsche Zeitung eingetroffen: Während die 1860-Vertreter mit Ismaiks Anwälten telefonierten, die immer wieder um Geduld baten, teilte Ismaik der SZ mit, dass er nicht beabsichtigte, dem Verein die für den Betrieb in der 3. Liga erforderlichen ca. 11 Millionen Euro zur Verfügung zu stellen.

History's repeating: Fast auf den Tag genau 25 Jahre zuvor, am 4. Juni 1982 (übrigens auch ein Freitag), hatte der DFB dem TSV München von 1860 die Lizenz für die 2. Liga entzogen. Daraufhin versammelten sich tags darauf Fans zu einer „Scheiß DFB"-Demo in Schwabing, bei der ein Eiscafé zerlegt wurde, aus dem ein Bayernfan „Scheiß TSV" geschrien hatte.

Um 15.41 Uhr verschickte Ismaiks Firma HAM International folgende Pressemitteilung: „Leider ist es Herrn Ismaik derzeit nicht möglich, den erheblichen Betrag, der für die 3. Liga benötigt wird, bereitzustellen, da der e.V. sich weigert, notwendige Änderungen vorzunehmen, um die vielen Themen, mit denen der Verein konfrontiert ist, zu lösen."

Eine Stunde später gaben die Vize-Präsidenten Heinz Schmidt und Hans Sitzberger ein offizielles Statement für den Verein ab, in dem sie bestätigten, dass es keine Lizenz für die 3. Liga geben würde. Um 18.45 Uhr nahmen Schmidt, Sitzberger sowie BFV-Boss und DFB-Vize Dr. Rainer Koch an einer Pressekonferenz zur Situation und Zukunft des TSV 1860 München teil. Heinz Schmidt erläuterte, dass Ismaik für die Zahlung des Geldes Forderungen aufgestellt hatte, die zum Teil aus zeitlichen, zum Teil aus rechtlichen Gründen nicht zu erfüllen waren. Rainer Koch erklärte, dass 1860 nach Möglichkeit in der Regionalliga Bayern spielen sollte. Dabei machte er deutlich: „Der Verein muss rechtlich unabhängig sein. In allen Ligen gilt die 50+1-Regel. Wir werden es nicht dulden, wenn 1860 unter Druck gesetzt wird oder die Träger des Vereins von außen rechtlich beherrscht werden." Eine klare Ansage Richtung Dubai.

Das alles musste ich erst einmal verdauen.

Nur drei Tage vorher hatte 1860 das Relegations-Rückspiel gegen Jahn Regensburg mit 0:2 verloren und war damit aus der 2. Liga abgestiegen. Fürchterlich aufgeregt hatte ich die zweite Halbzeit mit Kumpels im *Herzog's* angeschaut. Vorher musste ich – worüber ich ganz froh war – noch arbeiten, so dass ich abgelenkt war. Ein Besuch in der Allianz Arena war für mich nicht in Frage gekommen, denn anders als noch zwei Jahre zuvor wünschte ich mir diesmal eine Niederlage. Es mag absurd klingen, aber nach dreizehn Jahren Kampf um die Goldene Ananas, nach monatelanger Gängelung durch den Investor, nach Unruhen und Angriffen gegen Vereinsvertreter hoffte ich auf ein reinigendes Gewitter, auf einen Neuanfang in Liga 3 – möglichst ohne Hasan Ismaik. Meine Hoffnung war, dass dieser nach dem sportlichen Debakel einsehen würde, dass sein „Konzept" nicht aufgegangen war und sich zurückziehen würde. Daher freute ich mich nach dem Abpfiff des Spiels und genoss die nächsten zwei Tage – bis langsam die Furcht überhandnahm, dass Hasan Ismaik bleiben und das Tohuwabohu weitergehen könnte. Ich hatte mitbekommen, welche absurden Forderungen Ismaik an den e.V. stellte und mit welchen Mitteln er arbeitete. Ich hatte Angst, dass die vernünftigen Personen im Verein frustriert hinschmeißen und ein Chaos hinterlassen würden.

Aber glücklicherweise ging es dann noch ganz gut aus.

Am Tag nach dem „Schwarzen Freitag" gab der Verwaltungsrat des TSV München von 1860 e.V. bekannt, dass er seinen bisheri-

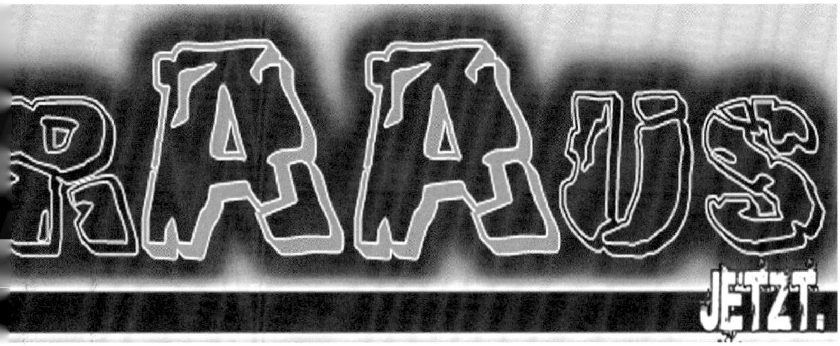

Protest-Aufkleber von ca. 2007.

gen stellvertretenden Vorsitzenden Robert Reisinger als Interims-Präsidenten für den gleich nach der Niederlage gegen Regensburg zurückgetretenen Peter Cassalette einsetzte. Zudem widersprach er deutlich den Vorwürfen Ismaiks, der Verein hätte sich nicht kooperativ gezeigt. Der e.V. berief sich fortan auf die 50+1-Regel und setzte gegen den Willen Ismaiks am 6. Juni Markus Fauser als Geschäftsführer ein. Nach schwierigen Verhandlungen wurde am 11. Juli eine Vereinbarung zwischen den beiden Gesellschaftern abgeschlossen, welche Stundungen von Forderungen beider Seiten, eine Lösung des Markenrechtsstreits, die Kostenverteilung, den professionellen Aufbau der Jugendmannschaften, die Sicherstellung der Gemeinnützigkeit und eine Überarbeitung des Servicevertrags beinhaltete. Zudem wurde der zukünftige Umgang miteinander geregelt. Am 11. Juli konnte Fauser die positive Fortführungsprognose abgeben. Eine Entwicklung „auf seriöser Grundlage“ sollte Schritt für Schritt angestrebt werden.

Mittlerweile stand auch fest, dass 1860 in der Saison 2017/18 in der Regionalliga Bayern starten würde. Mit der Bekanntgabe des Auszugs aus der Allianz Arena Anfang Juli ging für mich und viele andere Fans ein Traum in Erfüllung. Endlich wurden die über die Jahre immer lauter werdenden Rufe „Raus aus der Arena!“ erhört! Auf der Mitgliederversammlung am 23. Juli 2017 wurde Robert Reisinger mit einer Zweidrittel-Mehrheit zum Präsidenten gewählt. Zuvor hatte er erklärt, er stehe klar für die 50+1-Regel und für ein Ende der „Politik des Schuldenmachens“. Das Skurrilste allerdings war, dass direkt nach dem Abstieg in die Regionalliga ca. 2.000 Neumitglieder dem Verein beitraten. Und

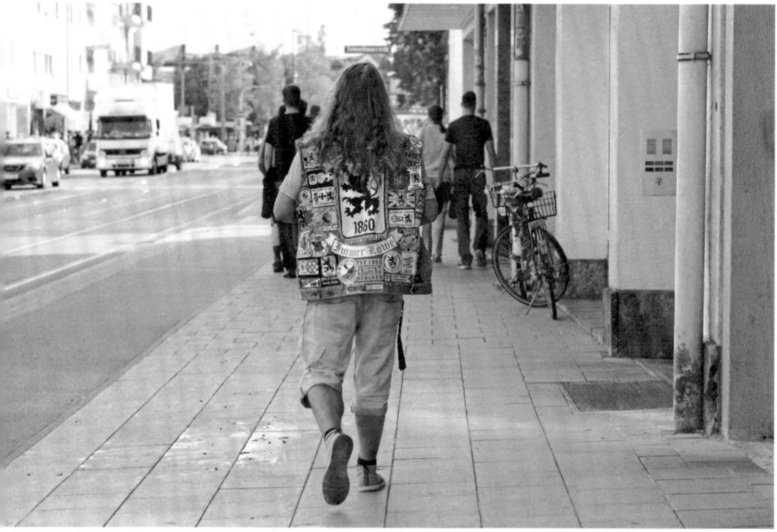

Heimkehr nach Giesing.

noch mehr kamen hinzu, so dass wir im Mai 2019 den Rekord-Mitgliederstand aus dem Jahr 2002 übertroffen haben. Verstehe eine/r die Löwen …

Am 21. Juli 2017, dem ersten Heimspieltag in der neuen Saison, strahlte die Sonne über Giesing. Nach 4.443 Tagen kehrte die erste Mannschaft des TSV 1860 München ins Grünwalder Stadion zurück.

X-Tausend-Initiator Jompi schrieb später über diesen Tag im Löwenforum: „Ich habe mich heute gefühlt wie König Théoden, als Grima Schlangenzunges Fluch von seinen Augen und von seinem Geist genommen wurde."

Freudig aufgeregt ging ich den Berg hinauf nach Obergiesing. Vor *Zum Tony's Stüberl* standen schon die ersten Fans und tranken zur Feier ein (oder wahrscheinlich eher mehr) Bier. Weiter zum *Riffraff* und zum *Schaumamoi:* Auch hier stießen glückliche Löwenfans auf die Heimkehr an. Die ganze Tegernseer Landstraße leuchtete in Weiß und Blau. Am *Grünspitz* traf ich Chris, einen konsequenten Arena-Verweigerer, der auf einer Bank saß und vor sich hin strahlte. Ich holte mir ein Bier, setzte mich neben ihn und genoss den Augenblick. Wohin das Auge reichte: gut gelaunte Löwenfans. Immer wieder kamen (alte) Bekannte vorbei, Gesichter, die ich zum Teil jahrelang nicht gesehen hatte. Immer wieder fielen Sätze wie: „Endlich dahoam!“ und: „Ist das nicht schön?!“ Ich hätte vor Freude weinen können.

Der *McDonald's* hatte den Eingang mit weißen und blauen Luftballons sowie dem Schriftzug „Endlich wieder dahoam!“ geschmückt, darüber tanzten die mit Gas gefüllte Zahlen 1 8 6 0. Die Bedienungen im *Wienerwald* trugen T-Shirts, auf denen sie die Löwen zurück in Giesing willkommen hießen. Es war unglaublich. Im Stadion boten die Münchner Löwen eine schöne Choreographie: Konfetti, Ballons und Stoffbahnen in Weiß und Blau, dazu der Spruch: „Willkommen am Ort der sportlichen Erfolge!!!“

Als vor Anpfiff der Song „Football's coming home“ über die Lautsprecher dröhnte, bekam ich Gänsehaut und feuchte Augen. Und dann zum Abpfiff: ein Feuerwerk hinter der Westkurve. Augenblick, du bist so schön, verweile! Unsere Fußballer machten den Tag mit einem 3:1-Sieg über Wacker Burghausen perfekt. Entlang der Tegernseer Landstraße ging die Party anschließend weiter… und weiter … und weiter …

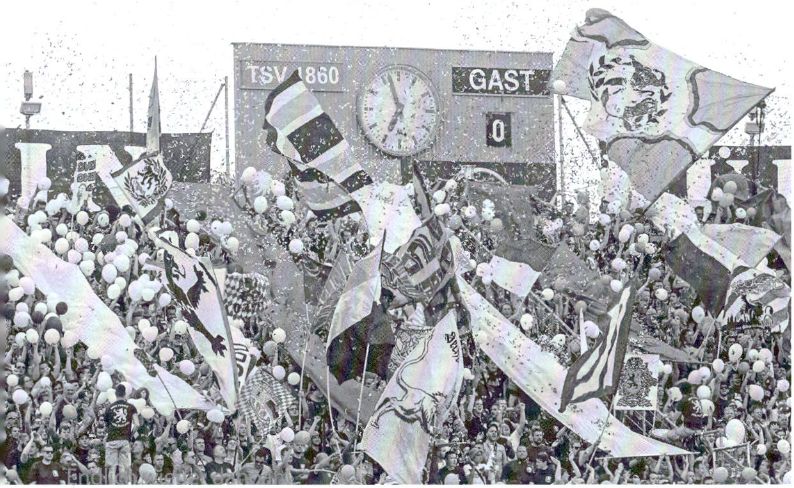

Der pure Wahnsinn

Bericht von Tommy

Nach dem Einsacken des Meistertitels der Regionalliga Bayern 2017/18 war's amtlich: Die Löwen durften in der Relegation um den Aufstieg in die 3. Liga spielen. Geile Nummer! Im Losverfahren wurde der Gegner ermittelt: der Traditionsverein 1. FC Saarbrücken. Donnerwetter, sicher einer der schwersten Gegner! Aber diese Herausforderung wurde sehr gerne angenommen.

Aufgrund von Um- bzw. Neubauarbeiten konnte der FC Saarbrücken nicht im heimischen Ludwigsparkstadion kicken und musste – wie bereits die ganze Saison über – ins Hermann-Neuberger-Stadion in Völklingen ausweichen. Direkt nach der Auslosung begann der Run auf die heißbegehrten Karten für dieses Spiel. Die Tickets waren rar, denn dieser Ground bot gerade mal Platz für 6.800 Zuschauer.

Donnerstag, 24. Mai 2018: Matchday! Der Gästeblock füllte sich nach und nach, bis endlich unsere Löwen zum „Warm up" aufs Feld kamen und frenetisch von den mitgereisten Fans begrüßt wurden. Geiler Vorgeschmack! Die Nervosität stieg minütlich.

Zum Intro gab's im Gästeblock ein weiß-blaues Fahnenmeer sowie ein „Kämpfen, Löwen"-Banner zu bestaunen, welches vor dem Block hing. Garniert wurde das Ganze noch mit reichlich blauem und weißem Rauch. Guter Auftritt! Der Block hatte Bock.

Anpfiff, Vorwärtsgang und … TOOOR!! Möööölders, dieses Tier! Nach Eckball von Philipp Steinhart, in der ersten Minute! Der Mob flippte aus, man lag sich in den Armen, Bierduschen gab's gratis. Unfassbar, was für ein Auftakt! Von wegen „Abtasten" …

Gleich im Gegenzug musste dann Hiller seinen Kasten nach einem Distanzschuss sauber halten. Gekonnt! Noch eine Ecke für Saarbrücken, die aber nichts einbrachte – der Ball ging zum Glück übers Gehäuse. Herzrasen. Nach fünf Minuten scheiterte Nono Koussou vor dem Saarbrücker Tor, die Gastgeber verpassten zwei gute Chancen. In der 16. Minute setzte Markus Ziereis einen Ball übers FC-Tor. Was für eine Anfangsphase! Ein brutal rasanter Kick. Dann der nächste Aufreger, als Saarbrückens Top-Torjäger Behrens mit gestrecktem Fuß Nono Koussou dermaßen von den Beinen holte, dass (fast) alles zu spät war. Behrens sah für dieses

Frustfoul völlig zurecht die rote Karte. Läuft also für München Blau: zehn SBler gegen elf Löwen. In der 31. Minute kam Marco Hiller aus dem Tor und klärte an der Strafraumgrenze. Zwischendurch wanderte immer wieder der Blick zur Uhr: Wie lang noch bis zur Halbzeit? Die Saarländer drückten immer mehr. In der 36. Minute dann nochmal eine Chance für Sascha Mölders, der jedoch am Keeper scheiterte.

Dann kam, was kommen musste: Saarbrückens Druck konnte nicht mehr Stand gehalten werden und kurz vor dem Pausenpfiff fiel der Gegentreffer durch Jänicke zum 1:1. Fuck! Aufgrund des Spielverlaufs nicht unverdient, trotzdem: FUCK!! Aber noch lief die Partie. Kurz drauf die Schwarz-Blauen nochmals mit einer guten Möglichkeit, welche Hiller-Killer gerade noch übers Tor lenken konnte.

Dann endlich Halbzeit! Luft und Bier holen. Wahrlich nichts für Herzkranke.

Gleich nach Wiederanstoß – wir schrieben die 47. Minute – folgte der nächste Hammer: TOOOR durch Nico Karger! Zum wiederholten Mal kollektives Hohldrehen des Gästeanhangs. Mehr Achterbahn ging kaum. Kurz darauf traf Mölders nur den Pfosten. Bangen, zittern, fiebern … Es kam die 60. Minute und wie immer hieß es: Schals in die Höhe und aus voller Kehle: „Mit Leib und Seele!“ An diesem Tag Gänsehaut pur. Dann gab's fett Pyro und eine Spielunterbrechung. Kurz darauf scheiterte Markus „Zier“ Ziereis nochmals am Saarbrücker Schlussmann. Mei o mei, da wirst verrückt!

Eine Viertelstunde vor Schluss mussten wir noch einmal den Ausgleich hinnehmen, 2:2. Mein Gott, Sechzge! Kurze Schockstarre, dann weiter Gas geben! Noch blieb uns ja etwas Zeit. Saarbrücken drückte. Auswärts zwei Tore, wer hätte das gedacht?

Aber noch war nicht Feierabend. Die Anzeigetafel im Regen von Völklingen zeigte die 84. Spielminute. Köppi mit Ball bis zur Grundlinie durch, Zuckerpass zurück auf Mölders – Sascha stoppt und zieht ab, trocken, hart – und DRIN! BÄÄÄÄÄMM!! 2:3!!! Der Block drohte jetzt auseinanderzufallen. Emotionen pur!

Nun hieß es kühlen Kopf bewahren, Daumen drücken, Schotten dicht machen und nichts mehr zulassen. Kaum zu fassen, wie lange sechs Minuten dauern können … Dann war er da: DER AUSWÄRTSSIEG!!

Unsere Spieler wurden gefeiert, als hätten sie gerade den Weltmeistertitel gewonnen. Im Block lagen sich die Fans in den Armen, ein Dauergrinsen stellte sich ein. Was für eine Dramatik, was für ein geiles Spiel! Die Stimmung im Block war an diesem Tag einfach unbeschreiblich. Kaum einer dürfte abends noch seine Stimme gehabt haben.

Sonntag, 27. Mai 2018. Rückspiel. Tag der Entscheidung auf Giesings Höhen. Heute hieß es: alles oder nichts. Und das mit einem 2:3-Auswärtssieg im Kreuz! Die Ausgangslage hätte nicht besser sein können.

10:00 MEZ: Auf nach Giesing! Unser Fanclub stellte einen Bus, alle waren in Feierlaune. Im schönsten Stadtteil Münchens angekommen, bekamen wir von unseren Freunden die weißen Mottoshirts. Wieder als Einheit, alle in WEISS! Die Spannung stieg. Könnten wir das Unmögliche heute schaffen? Nach ein paar guten Gesprächen mit alten Bekannten ging's beim Öffnen der Tore rein in Block F2. Die Anspannung war schon jetzt überall spürbar.

Zum Intro gab's in der West eine Choreo: „Öffnet das Tor zu Liga Drei", als Blockfahne ein Tor zur 3. Liga, anschließend quoll wieder weiß-blauer Rauch inkl. Bengalos und auf der Gegengerade wurde eine Zettel-Choreo – weiß-blau gestreift – ausgebreitet. Alles in allem eine sehr gelungene Aktion, die diesem Spiel den würdigen Rahmen verlieh. Danke an die Macher, saustark! Auch aus dem Saarland waren gute Supporters mitgekommen, die ein blauschwarzes Fahnenmeer und dazu etwas Rauch präsentierten.

Lasset das Spiel beginnen! Gleich zum Start tauchte Sascha Mölders vor dem Saarbrücker Tor auf – aber anders als im Hinspiel leider ohne Erfolg. Auf dem Grün entwickelte sich eine Hin-und-Her-Geschichte, welche nicht gerade dazu beitrug, den Puls herunterzufahren. Saarbrücken war optisch überlegen, hatte gute Möglichkeiten. Dann ein Konter des FCS, Mauersberger will klären und grätscht bei diesem Versuch den Ball ins eigene Tor. Rückstand. Scheiße! Diese bittere Pille musste erst mal mit Bier runtergespült werden.

Endlich Halbzeit und Gelegenheit, sich kurz zu setzen um den Rückstand zu verdauen. Aber noch war Sechzig nicht verloren – im

Gegenteil: Selbst bei 0:1 wäre man durch. Die Stimmung auf den Rängen war zu diesem Zeitpunkt noch einigermaßen euphorisch.

Startschuss zur zweiten Hälfte: Kämpfen und siegen, auf den Rängen und auf dem Rasen! In der 52. Minute wurde Nico Karger von einem Saarbrücker – dem letzten Mann – umgerissen. Der Saarbrücker sah dafür nur Gelb, ein Witz! Der daraus resultierende Freistoß von Wein ging knapp übers Gebälk. Zefix! Der eigentliche Schock folgte jedoch zur 57. Minute, direkt vor der Westkurve, als FCS-Akteur Jacob mit einem sehenswerten Treffer die 2:0-Führung für Saarbrücken markierte. Suboptimal. Jetzt machte sich dezent Fassungslosigkeit breit. War's das etwa? 0:2 bedeutete ein weiteres Jahr Regionalliga. In diesem Moment keimte kurz ein Gefühl zerbrochener Hoffnung auf.

Nix da! Es ging um alles, also: Arsch hoch und Support! Wir sind Löwen, wir kämpfen gemeinsam bis zum Ende! Dazu noch die 60. Minute, Schals raus: „Mit Leib und Seele!" Jetzt erst recht! Mund abputzen und weiter!

Zur 63. Minute kam Benjamin Kindsvater für Nono Koussou ins Spiel, der an diesem Tag leider nicht ganz so überzeugen konnte. Und eben dieser Kindsvater war es, der in Minute 66 im Strafraum gelegt wurde – Elfmeter, klarer Fall. Sascha Mölders schnappte sich den Ball und – VERWANDELTE!!! Eiskalt. Yes!!! Sechzig is back! 1:2! Die Löwenwelt drehte sich wieder. Der Puls beruhigte sich jedoch nur langsam.

Noch 25 Minuten, vielleicht 30. Die ersten Rechenspielchen … Kurz darauf ein starker Schuss der Saarländer an die Latte. Durchatmen. Jetzt wurde es reine Nervensache. Hin und her, kreuz und quer, die Gäste drückten. Und dann schlug die 82. Minute: Simon Seferings, ebenfalls eingewechselt, verwandelte den Querpass von Nico Karger trocken zum 2:2. Als hätte er nie etwas anderes gemacht. Der Hexenkessel Sechzger-Stadion rastete total

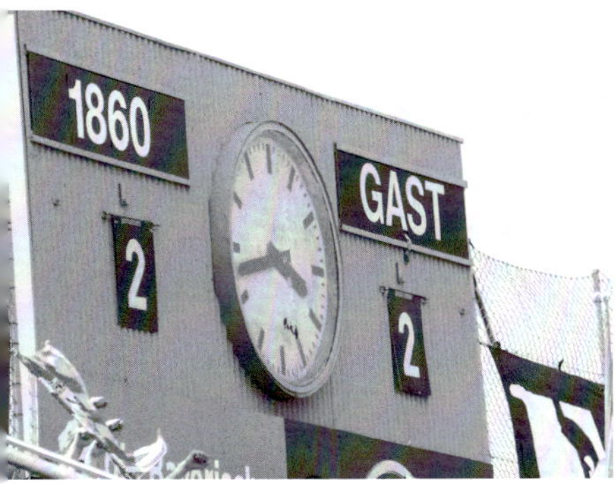

82. Minute: Nico Karger trifft zum Ausgleich.

aus. Ein Jubelsturm, den man bis weit über die Stadtgrenzen hinaus gehört haben muss. Unsere Joker-Trümpfe hatten gestochen. Biero, was für ein Händchen!

Jetzt blieb nur noch hoffen und bangen. Acht Minuten noch, eine Ewigkeit. Dann fünf Minuten Nachspielzeit. Der Zeiger der Uhr wollte einfach nicht vorwärtsrücken. Die Spieler waren stehend k. o., unsere Jungs nur noch am Verteidigen, während Saarbrücken lange Bälle nach vorne schlug und auf den lucky punch hoffte. Die Anspannung war kaum mehr auszuhalten. Und dann – endlich – schlug sie: unsere Stunde, die Stunde des Siegers! Der Abpfiff war eine Erlösung. Und was dann folgte war purer Wahnsinn …

Jubel weit und breit (außer im Gästeblock natürlich), gepaart mit der Gewissheit: Liga 3 – wir sind dabei!!! Aufgestiegen! Zurück im Profigeschäft! Dieser eine Moment ist nicht in Worte zu fassen. Jeder hat die ganze Welt umarmt, jeden Löwen um sich herum. Freudentränen flossen in Strömen. Die einen lachten, die anderen weinten vor Freude! WIR hatten es tatsächlich geschafft! Nie war man stolzer, ein Löwenfan zu sein. Diese Mannschaft, dieser Trainer, dieser Verein! Wir sind halt doch die Geilsten!

Die ersten Fans sprangen über die Zäune. Kurz darauf wurden die Tore zum Stadioninneren geöffnet. Jetzt stand das Tor offen: das Tor zum heiligen Rasen, das Tor zur 3. Liga und zu einem unvergesslichen Tag. Also nix wie runter auf den grünen Teppich!

Aufstiegszigarren wurden entflammt, Bierduschen verteilt, ein „JAAAAA" jagte das nächste! Und während sich die Fans in den Armen lagen, die Tore abbauten, Werbebanner mitnahmen, Rasen ausstachen und Tornetze zerlegten, stiegen unsere Aufstiegshelden aufs Dach der Ersatzbank, die nun als große Aufstiegsbühne herhalten durfte.

Nach Ewigkeiten auf dem Platz steuerten wir langsam Richtung Ausschank, um Freibier abzustauben und Aufstiegsshirts zu holen. Außerdem konnte noch das ein oder andere Souvenir ergattert werden – Erinnerungen für die Ewigkeit, denn ein Aufstieg als Löwe ist wahrlich alles andere als Alltag.

Weiter ging's vor dem Stadion im Rücken der Stehhalle, wo man am offenen Doppeldecker-Bus mit unseren Aufstiegshelden, Betreuern und tausenden Löwen abfeierte. Danach zogen wir weiter zum Trainingsgelände. Auch hier: lauter Verrückte! Irgendwann

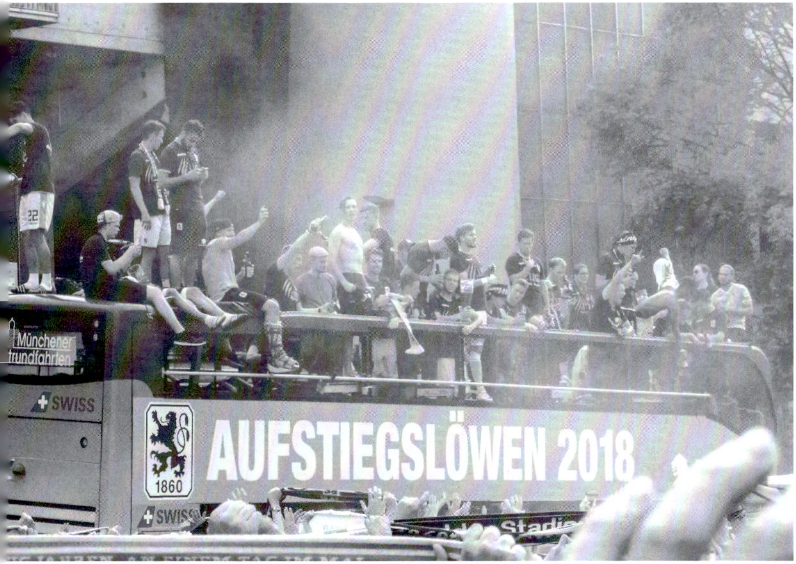

war es 20.00 Uhr und es gab weit und breit schon lange kein Bier mehr. Selbst die VIP-Alm war leergesoffen …

Back on the streets again, die Kneipen prallgefüllt, aber kein Bier mehr. Giesing war leergezapft. Eine Tanke wurde zu unserer Lebensretterin, dort konnte zumindest warmes Dosenbier sowie etwas Hochprozentiges organisiert werden, wenn auch etwas teurer. Who cares? Bis in die frühen Morgenstunden wurde schließlich mit allen möglichen Leuten, die die Straßen säumten, gefeiert, gesoffen und gesungen. Immer wieder ertönte in dieser Nacht der alte Gassenhauer: „Nieeee meeehr Bayernligaaaaa!"

Am nächsten Morgen gingen wir runter, um vor dem Hotel verkatert eine Morgenkippe zu qualmen. Dabei genossen wir den direkten Blick aufs Sechzger-Stadion, auf die Flutlichtmasten, auf die Stätte des Erfolgs. Das alles am Tag nach dem Aufstieg – Unbezahlbar! Für alles andere gibt's Aspirin.

Bis die Mitstreiter aus dem Bett kamen, organisierten wir erst einmal Kaffee und andere Erfrischungsgetränke an der nahegelegenen Tanke. Auf dem Weg dorthin: hupende Autos, winkende Beifahrer, Daumen nach oben, Schlachtrufe aus offenen Fenstern heraus. Was für ein Gefühl! Um auch wirklich jede Sekunde auszukosten, schlenderte man absichtlich langsam und gemütlich. Und da war es: das Aufstiegsgrinsen. Keine Negativ-Schlagzeilen, keine Tristesse, alles und jeder freute sich mit und für uns! Unsere Brust wurde breiter und breiter. Mit Stolz den Löwen tragen, immer im Herzen!

Mal ehrlich, wer hätte das geahnt? Noch vor einem Jahr standen wir nach dem Doppelabstieg, dem Lizenzentzug, vor einem Scherbenhaufen. Mit Blick in eine ungewisse Zukunft. Und heute? Ohne Worte. Mehr Stolz und Glückseligkeit gingen nicht.

(Wieder) nüchtern betrachtet und aus sportlicher Sicht war Saarbrücken zwar in beiden Spielen besser und überlegen gewesen, aber unsere Buam, als Mannschaft im Kollektiv, waren einfach nicht kaputtzukriegen! Eine moralische Meisterleistung. Wille, Kampfgeist und Leidenschaft waren die Schlüssel zum Erfolg! Chapeau, Jungs! Ihr habt es euch alle verdient!

Fettes „Merci“ an ALLE, die diesen Aufstieg und das Drumherum ermöglicht haben: Fans, Mannschaft, Trainer, Betreuer – einfach an jeden, der in irgendeiner Form daran beteiligt war!

Tja … und wir sind immer noch die Geilsten! Einmal Löwe – Immer Löwe!

Interview mit Markus Ziereis

Markus Ziereis (*1992) wechselte 2007 von Jahn Regensburg ins Nachwuchsleistungszentrum des TSV 1860 München. Zusammen mit Kevin Volland bildete er in der U17 und in der U19 ein gefürchtetes Sturmduo. 2009/10 wurde er Torschützenkönig der U19-Bundesliga Süd/Südwest, im Jahr darauf spielte er sowohl für die U23 als auch für die U19, mit der er es 2011 bis ins Halbfinale der Deutschen Meisterschaft schaffte. Mit der U23 konnte er zwei Jahre später den Gewinn der Bayerischen Meisterschaft feiern; der Aufstieg in die 3. Liga gelang leider nicht. Nachdem er bei 1860 keine Chance auf einen Stammplatz in der 2. Liga sah, wechselte Ziereis im Sommer 2013 zum FSV Frankfurt; für die Rückrunde wurde er nach Darmstadt ausgeliehen und konnte mit den Lilien den Aufstieg in die 2. Liga feiern. In der Saison 2015/16 spielte er für den FC Chemnitz in der 3. Liga, bevor er für ein Jahr zu Jahn Regensburg zurückkehrte. Dort saß er 2017 verletzungsbedingt auf der Bank, als Regensburg 1860 in der Relegation bezwang. 2017 holte ihn Daniel Bierofka, mit dem er 2011 – 2013 zusammen trainiert und auch vier Spiele bei den Profis gemeinsam absolviert hatte, wieder zu den Löwen.

Als Pädagogin im NLZ lernte ich Markus Ziereis, der damals mit Kevin Volland in einer WG wohnte, 2010 kennen und schätzen: offen, sympathisch, witzig, nie um einen lockeren Spruch verlegen – und ein absoluter Teamplayer.

Wie war es am Anfang der Saison: War der Aufstieg das Ziel? Nach außen hin wurde das ja immer verneint.

Es gab nie die Vorgabe oder die Erwartung von oben, dass wir unbedingt Meister werden müssten. Wir wollten oben mitspielen, und als wir Erster waren, wollten wir das auch bleiben. Und das ist uns ja auch gelungen. Als wir aber mal zwei Spiele verloren haben, gegen Augsburg und Bayern, ist es kurz auch ein bisschen schwieriger geworden. Doch wir sind ruhig geblieben und haben unsere Spiele super bestritten. Auch wenn wir nicht immer den besten Fußball geboten haben – das muss man ehrlich so sagen. Aber wir haben erfolgreich gespielt, wir haben teilweise auch einen richtig guten Fußball gespielt. Und man hat den Zuschauern immer ein richtiges Feuerwerk geboten.

Biero wurde dieses Jahr als Aufstiegsheld, als Über-Mensch, als Über-Trainer in den Medien dargestellt. Ist er wirklich so ein toller Trainer?

Ja, absolut. Dass der Biero zu Sechzig gehört, weiß jeder. Aber das muss man erst einmal schaffen: erst zwei Ligen absteigen und dann direkt wieder aufsteigen! Das ist schwer, gerade mit den Relegationsspielen. Und die Erwartungshaltung von außen ist hier extrem hoch: Wir mussten quasi jedes Spiel gewinnen. Der Biero hat uns darauf immer bestens eingestellt. Er hatte auch einen hervorragenden Kader zusammengestellt. Bei den Aufstiegsspielen gehört natürlich immer ein wenig Glück dazu, aber insgesamt haben wir uns den Aufstieg aufgrund der Leistung in der ganzen Saison absolut verdient. Umsonst gewinnt man ja auch nicht 3:2 in Saarbrücken …

Vom Kader her: Ihr wart ja ein ganz neues Team. Ein paar „Alte", die geblieben sind, wie der Mauersberger …

Und der Mölders …

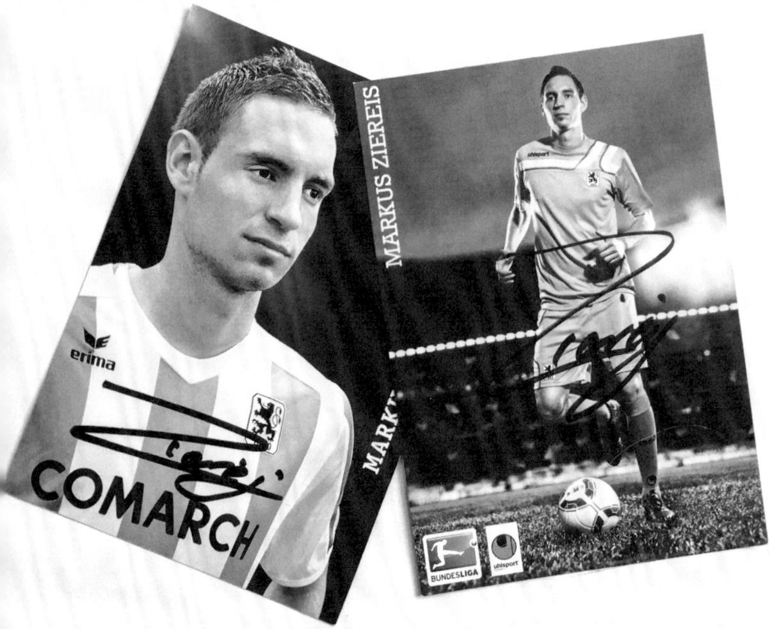

Autogrammkarten von Markus Ziereis 2010/11 und 2011/12.

... aber ansonsten war das Team ja komplett neu zusammengestellt.

Das war wie ein kleiner Neustart. Der Abstieg ist natürlich für jeden schwierig gewesen, auch für mich. Von der zweiten Mannschaft sind viele nachgerückt, dazu sind natürlich auch Verstärkungen gekommen. Der Mix aus Erfahrung und Jugend ist richtig gut gewesen. Und in der Mannschaft waren nur super Charaktere, die einfach zusammengepasst haben. Es wurde zu Saisonbeginn nicht nur das Sportliche betrachtet, sondern es ist auch sehr darauf geschaut worden, dass das von den Charakteren her passt. Es gab auch keinen, der aus der Masse herausgestochen ist. Und vor allem identifizieren sich die Spieler auch mit dem Verein, viele spielen schon längere Zeit hier oder haben früher schon einmal hier gespielt. Das tut auch jedem Fan richtig gut.

Als sich Timo Gebhart verletzte, hatten viele die Befürchtung, dass es nicht mehr so gut laufen würde. In den ersten Spielen nach seiner Verletzung hat man auch einen Unterschied bemerkt ...

Der Timo hat eine Wahnsinns-Qualität, das ist klar. Es war eine schwierige Situation für ihn, weil er am Anfang sehr gute Leistungen gebracht hat und sich dann sein Verletzungspech durch die ganze Saison gezogen hat. Er hat ja neun, zehn Monate gefehlt. Aber die ganze Mannschaft hat das aufgefangen. Alle haben das richtig gut gemacht, auch wenn es ein paar Spiele gedauert hat. Ich hab dann ja auch eine ganz andere Position eingenommen, bin auf 10 gegangen, wo der Timo eigentlich gespielt hatte. Das war für mich schon eine Umstellung, da brauchst du halt zwei, drei Spiele, bis du reinkommst. Insgesamt haben wir das aber super gemacht, und darum hat's intern auch nie etwas zum Meckern gegeben.

Für viele Fans war 2017/18 die schönste Saison seit Langem. Es war aber auch eine Erwartungshaltung da. Pusht das auch? Wie habt ihr das wahrgenommen?

Die Erwartungshaltung war wirklich da. Aber trotzdem haben wir gemerkt, dass uns die Euphorie getragen hat, dass das von den Rängen runtergekommen ist auf den Platz. Das war wirklich extrem. Ich hatte ja in Regensburg schon 4. Liga gespielt – aber das kann man mit Sechzig nicht vergleichen. Das beste Beispiel war Pipinsried: Da waren 7.000 Zuschauer, eine Tribüne, die es eigentlich gar nicht gibt, und es wurde ein Fußballfest gefeiert – nur wegen den Zuschauern! Und bei den Gegnern, bei den Verantwortlichen, waren auch viele Sechzig-Fans! Da habe ich mir gedacht: ‚Das ist ja eigentlich wirklich Wahnsinn!' Schön war auch, dass es familiär abgelaufen ist, familiärer als die letzten Jahre. Auch die Bindung von den Fans zu den Spielern war wieder da. Das ist richtig schön gewesen. Und wenn du auswärts irgendwo hinfährst, und es sind einfach nur Sechzig-Fans da, ist das schon sehr beeindruckend!

Wie habt ihr euch auf die Relegationsspiele gegen Saarbrücken eingestellt? Wie war eure Erwartung?

Wir haben uns auf eine richtig spielstarke Mannschaft eingestellt, und so ist es dann ja auch gekommen. Wir wussten, dass Saarbrücken richtig Qualität hat. Aber wir wussten auch genau, wo deren Schwächen lagen, wo sie anfällig waren – und das haben wir dann ausgenutzt. Natürlich hat uns im Hinspiel auch die rote Karte Aufschwung gegeben. Aber man hat schon gesehen, dass die

 Saarbrücker so stark sind, dass sie, obwohl in Unterzahl, spielerisch überzeugt haben.

Das dritte Tor war ganz, ganz wichtig. Das hat uns schon in die Karten gespielt. Gerade wenn du daheim spielst und mit einem 3:2-Auswärtssieg reingehst, ist das ein beruhigendes Gefühl.

Zum Rückspiel: Ich stelle es mir fürchterlich vor, wenn du auf einmal 2:0 hinten liegst. Da musst du dich zusammenreißen, musst das erst einmal ausblenden. Habt ihr euch da taktisch umgestellt?

Nein, gar nicht. Wir haben unseren Plan verfolgt, haben weitergemacht, haben nicht versucht, alles komplett über den Haufen zu werfen. Der Trainer hat uns von außen auch klar die Vorgabe gegeben, dass wir so weitermachen müssten und dass wir zum Erfolg kommen würden.

Klar, 2:0 ist schon extrem. Da musste jeder von uns erst einmal durchatmen. Auch im Stadion ist es total still geworden. Aber wir haben trotzdem alles dafür getan, den Hebel noch einmal umzulegen. Auch bei den Fans hat man gemerkt, dass die uns alle pushen wollten. Alle zusammen wollten das. Wir sind cool geblieben, haben auf unsere Chance gewartet und sind dann auch wieder ins Spiel gekommen. Dann kam der Elfmeter, gut. Den haben wir uns aber auch herausgearbeitet. Und dann haben wir noch das 2:2 nachgelegt. Das war schon ein wenig beruhigend: Selbst wenn die noch eins geschossen hätten, hätte es halt eine Verlängerung gegeben.

War dir sofort nach dem Schlusspfiff klar, dass ihr aufgestiegen seid? Was läuft da so in einem Spieler ab?

Ich durfte ja in den letzten fünf Jahren vier Mal aufsteigen. Das ist wirklich eine Quote, die irre ist. Dadurch, dass ich das schon erlebt habe, wusste ich, wie ich das einzuordnen hatte. Aber die Emotionen, wenn du dann auf dem Platz stehst, wenn du davor gespielt hast, wenn der Schlusspfiff kommt: Da kommt einfach nur pure Freude in dir auf, ein gewisser Stolz durchdringt dich. Du liegst dir mit allen in den Armen, du willst deine Freundin, deine Familie, deine Freunde, die Fans – du willst jeden umarmen und drücken. Freude pur ist das einfach nur! Selbst wenn ich das jetzt erzähl', krieg ich Gänsehaut. Da stellt's dir alles auf.

Wie habt ihr dann noch gefeiert?

Den ganzen Tag wurde kräftig gefeiert, klar! Was das für unglaubliche Momente waren! Ich möchte gar nicht wissen, wie viel Bier ich am Platz noch getrunken habe … Dann kommst du ans Trainingsgelände und es geht weiter: Alles ist voll, die Fangesänge – und du bist mittendrin! Das war schon der absolute Hammer! Am Abend sind wir dann noch mit der Mannschaft, den Familien und den Frauen in die Stadt, haben etwas gegessen und natürlich bis spät in die Nacht gefeiert.

Buch-Tipp: Anne Wild und Ralph Drechsel haben die Saison 2017/18 in dem Bildband „Mein Verein für alle Zeit. Die Wiedergeburt des TSV 1860 München" dokumentiert, der im November 2018 erschienen ist.

Und die nächsten Tage?

Am nächsten Tag sind viele von uns noch für zwei Tage nach Mallorca geflogen. Das muss man auch genießen. Einfach einmal abschalten und feiern. Und dann realisierst du auch: „Ok, jetzt hast du das wirklich geschafft, das große Ziel, auf das du die ganze Saison hingearbeitet hast."

Kopf, Seele und Herz des Vereins

Führung, Fans und Nachwuchsspieler

Papa Zisch, die Eiserne Lilo und der Patron aus Hinterbrühl

„Offensichtlich waren die Mitglieder des TSV ihren Präsidenten rundherum gewogen, denn unter Berücksichtigung des zweijährigen Wahlturnus ergibt sich doch eine rechnerische Amtszeit von durchschnittlich fünfeinhalb Jahren."
(Karl Heckl, 23. Präsident des TSV, im Vorwort zu *125 Jahre TSV*)

Seit dem Ausspruch Heckls im Jahr 1985 ist die durchschnittliche Amtszeit auf 4,5 Jahre gesunken. Der aktuelle Präsident Robert Reisinger ist die 35. Person an der Spitze des TSV seit dessen Wiedergründung im Jahr 1860 und könnte sich also noch auf drei Jahre im Präsidium freuen, wäre da nicht die Statistik der letzten 15 Jahre, in denen zehn verschiedene Personen an der Spitze des Vereins standen. Die kürzeste Amtszeit hatte dabei Hep Monatzeder (3,5 Monate), dicht gefolgt von Dr. Siegfried Schneider (4,5 Monate).

Zwischenzeitlich hatten wir sogar genauso viele lebende Ex-Präsidenten wie Italien Ministerpräsidenten. Und das will bekanntlich etwas heißen. Aber ebenso wie Italien hatte auch 1860 München einige langjährige Präsidenten, die den Verein jeweils in ihrer Zeit entscheidend geprägt haben: der „Vater des Sechzger-Stadions" Heinrich Zisch, der „Meisterpräsident" Adalbert Wetzel sowie der „Patron aus Hinterbrühl" Karl-Heinz Wildmoser.

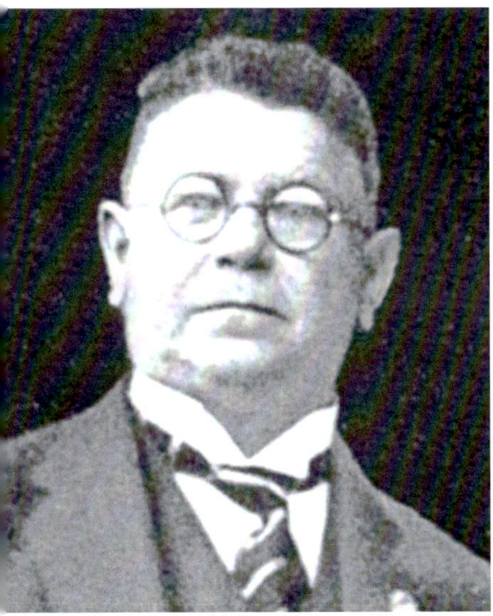

Heinrich Zisch (1869 – 1947).

Der Kaufmann Heinrich Zisch stand von 1914 bis 1918 dem TSV sowie von 1925 – 1933 dem SV und von 1929 – 1932 dem TV vor. Der gebürtige Landshuter wurde 1886 im Alter von siebzehn Jahren Mitglied im Verein und übte dort ab 1895 verschiedene Funktionen aus. Zunächst betätigte er sich als Turnwart und Vorturner, zählte 1899 zu den Begründern der Spielriege, übernahm ab 1910 den Vorsitz der neugegründeten Sportabteilung sowie ab 1910 die Leitung der Fußballabteilung. Für den (Aus-)Bau des Sechzger-Stadions war Zisch die treibende Kraft. Damit der Verein das Grundstück an der Grünwalder Straße erwerben konnte, gewährte er persönlich ein Darlehen. Seine guten Kontakte zu Behörden verhalfen dem Verein zu weiteren Vorteilen. Der Verein zollte seinem großen Engagement Respekt, indem er das Stadion 1929 in „Heinrich Zisch-Stadion v. 1860" umbenannte. 1932 bzw. 1933 trat er schließlich von seinen Vorstandsämtern zurück. Grund hierfür dürften in erster Linie Unstimmigkeiten aufgrund der finanziellen Schieflage gewesen sein, die nicht zuletzt der riskanten Finanzierung des Stadionausbaus geschuldet war. In der Vereinszeitung vom März 1933 verabschiedete er sich mit den Worten: „Bereits im Juni vorigen Jahres habe ich meinen Vorsitz im Turnverein 1860 niedergelegt; innere Kämpfe, mein Stolz und mein Ehrgefühl zwangen mich hierzu. (…) Nach 46jähriger treuer Arbeit, die ich den Vereinen, wie ich wohl sagen darf, selbstlos geleistet habe, kann ich nicht scheiden, ohne nocheinmal für die Mitarbeit der Ausschußmitglieder und Abteilungsleiter herzlichst zu danken. (…) Den beiden Vereinen rufe ich zu: ‚Haltet fest und treu zusammen. Dann wird auch diese schwere Zeit überstanden.'" Die Münchner Neuesten Nachrichten schrieben über die Hauptversammlung des Sportvereins am 15. März 1933, in der Heinrich Zisch unter „nicht endenwollendem Beifall" zum Ehrenvorsitzenden gewählt wurde: „Die Verdienste von Heinrich Zisch gehen weit über das Vereinsleben von 1860 hinaus. Seiner Zähigkeit ist vor allem die Erbauung des nach ihm genannten Stadions an der Grünwalder Straße zu verdanken. Diese Anlage trug zu dem heutigen Aufschwung des Münchner Fußballs viel mit bei." Nach dem Ende des Zweiten Weltkriegs half „Papa Zisch" bis zu seinem Tod am 23. Juli 1947 tatkräftig beim Wiederaufbau des Vereins mit. Seit 1956 ist der Weg hinter der Westkurve des Sechzger-Stadions nach ihm benannt.

Vollkommen anders verlief das Leben von Adalbert Wetzel. Im Alter von siebzehn Jahren verließ der Hotelfachlehrling 1921 seine Heimat im Westallgäu, reiste nach Hamburg und von dort weiter nach Kolumbien und Venezuela. Nachdem er durch Ölgeschäfte reich geworden und ihm der Bauch mit einer Machete aufgeschlitzt

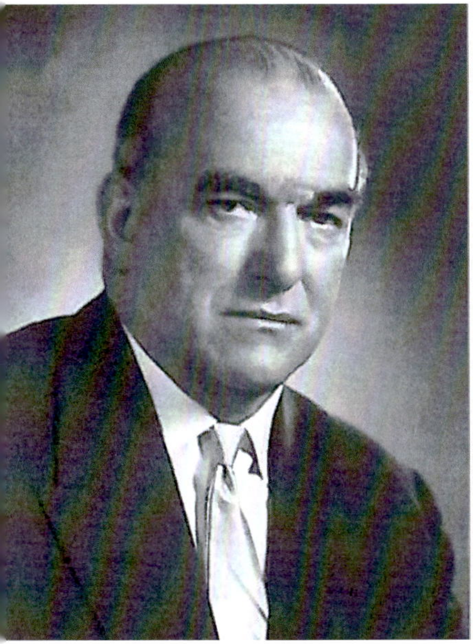

Adalbert Wetzel (1904–1990).

worden war, kehrte er kurz vor Ausbruch des Zweiten Weltkriegs nach Deutschland zurück. Nach Kriegsende musste er ganz neu beginnen, denn sein Landbesitz und sein in London angelegtes Geld wurden enteignet. Wetzel arbeitete zunächst als Manager im Bürgerbräukeller, bevor er von den amerikanischen Besatzern die Lizenz zur Produktion von *Coca-Cola* erhielt. Diese verkaufte er an eine Brauerei und wurde Direktor der Fabrik, in der später zahlreiche Spieler (pro forma) angestellt waren. In dieser Zeit startete er auch das zweite Abenteuer seines Lebens: Mehr oder weniger zufällig landete er bei 1860 München, trat im Juni 1946 dem Verein bei und wurde bereits 1947 Leiter der Fußballabteilung – womöglich „weil er Kaffee, Benzin und was zum Futtern organisieren konnte." (Claudius Mayer in: *Fußballgeschichte eines Traditionsvereins*). 1950 wurde Wetzel zum Vize-, 1952 zum Präsidenten gewählt. In den ersten Jahren seiner Präsidentschaft feierten zunächst nur die Leichtathleten und die Turner große Erfolge; erst mit der Verpflichtung von Trainer Max Merkel im Sommer 1961 ging es auch bei den Fußballern bergauf. Als Adalbert Wetzel nach einem Spieleraufstand Max Merkel im Dezember 1966 schweren Herzens entlassen musste, sei er in der Nacht nach der Entlassung stundenlang durch München gefahren und habe auch an Selbstmord gedacht. Nicht nur sportlich, sondern auch finanziell befanden sich die Löwen auf einer Talfahrt. Und Wetzel hatte schließlich nicht nur einen beträchtlichen Teil seines Privatvermögens in die Fußballer investiert, sondern den Verein auch selbst in die roten Zahlen geführt. Dazu kam, dass die Vereinsstrukturen dem Profi-Fußball hinterherhinkten. Konsequenterweise legte Adalbert Wetzel 1969 sein Präsidentenamt nieder. Dennoch blieb der im selben Jahr zum Ehrenpräsidenten ernannte Wetzel seinem Verein treu: Seine Fruchtsaftfirma *Frucade* wurde 1973 erster Trikotsponsor der Löwen und bis zu seinem Tod 1990 versäumte er kaum ein Spiel oder eine Versammlung.

Der dritte „Große" unter den Präsident*innen war Karl-Heinz Wildmoser. Ebenso wie Zisch und Wetzel verhalf er den Fußballern zu großen Erfolgen, hinterließ seinen Nachfolger*innen aber auch ein schweres Erbe. Ich muss zugeben, dass es mir schwerfällt, über ihn zu schreiben, denn Wildmoser und das, was er aus dem TSV 1860 München gemacht hat, waren der Grund, weshalb ich mich Ende der 1990er Jahre zunehmend vom Verein abwandte und nach zehn Jahren auch meine Mitgliedschaft kündigte. Anfangs stand ich der Person Wildmoser und dem Wechsel im Verein noch neutral gegenüber, denn obwohl mir der „Patron aus Hinterbrühl" (Süddeutsche Zeitung) aufgrund seines Auftretens und seiner Ausstrahlung von Anfang an unsympathisch war, sorgte er für Aufschwung und sportliche Erfolge.

Wildmoser wurde 1939 in München geboren und wuchs nach dem frühen Tod seines Vaters mit seiner Mutter und vier Geschwistern unter prekären Verhältnissen in Pasing auf. Als Jugendlicher

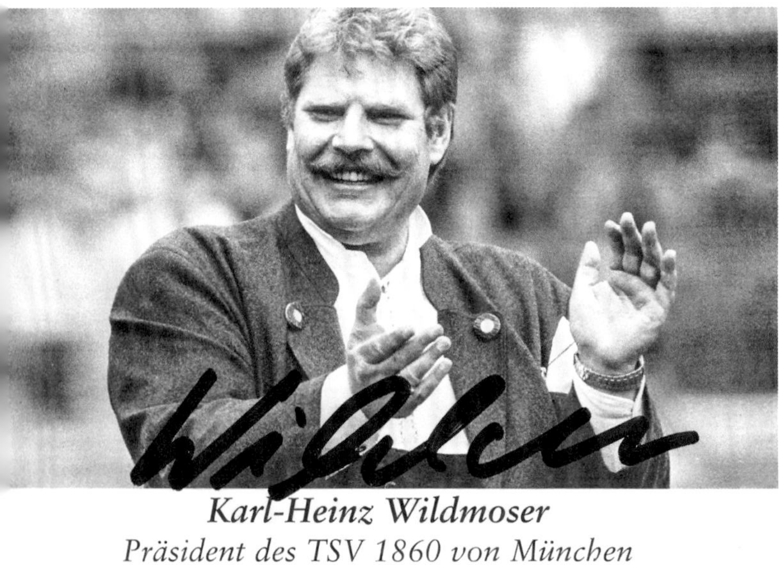

Karl-Heinz Wildmoser (1939–2010).

ging er nach Rottach-Egern, wo er eine Lehre zum Metzger machte und später auch die Meisterprüfung ablegte. Er begann mit dem Boxsport und schaffte es sogar zum Süddeutschen Meister im Schwergewicht. 1961 kam er zurück nach München und startete im Ledigenheim seine Karriere als Gastronom. Als er 1992 Präsident bei 1860 wurde, betrieb er nicht nur den *Donisl* am Marienplatz und die Gaststätte *Hinterbrühl* in Harlaching, sondern war mit der *Hühner- und Entenbraterei* auch schon seit zehn Jahren Wiesnwirt. Daneben gehörten ihm drei Immobilienfirmen in Dresden. Zu einer Kandidatur für das Präsidentenamt musste er nach eigenen Aussagen überredet werden. Ich habe daran so meine Zweifel und folge den Autoren Hardy Grüne und Claus Melchior in ihrer Einschätzung, dass Wildmoser in dem Amt „sicher eine aus beruflicher bzw. geschäftlicher Sicht willkommene Profilierungsmöglichkeit" sah. Ob der TSV für ihn nur die zweite Wahl war, weil es beim FCB nicht geklappt hatte, ist Spekulation; sicher ist, dass Wildmoser Logenkarten beim Lokalrivalen hatte und auch Mitglied dieses Vereins war.

Sofort nach seinem Amtsantritt im Sommer 1992 begann Wildmoser, die Geschicke der Fußballabteilung in die Hand zu nehmen: Er verpflichtete Werner Lorant als Trainer und gemeinsam bastelten sie die Mannschaft zusammen, die im kommenden Jahr aufsteigen sollte. Zur Zahlung der Gehälter aus der vorangegangenen Zweitliga-Saison übernahm Wildmoser eine Bürgschaft von 250.000 Mark. Zweifelsohne investierte er auch einiges an privatem Geld in den Verein. Innerhalb weniger Jahre erklommen nicht nur die Profis unter seiner Regie neue Höhen, es gesellten sich Erfolge der zweiten Mannschaft und im Jugendbereich dazu. Die Trainingsplätze wurden saniert, ein neuer Kunstrasen verlegt, das Gebäude an der Grünwalder Straße 114 aufgestockt. Die Mitgliederzahl stieg von 5.382 auf 23.602 (2002/03), in der Saison 1996/97 wurde der beste Zuschauerschnitt der Vereinsgeschichte erreicht (36.000 im Olympiastadion). Entsprechend rosig sah es zur Jahrtausendwende auch auf dem Konto des TSV aus.

Das sind die positiven Aspekte, die Karl-Heinz Wildmoser nach seinem Rücktritt gerne unterstrich. Dabei vergaß er nie, seinen eigenen Anteil am Erfolg hervorzuheben und sich als selbstlosen, aufopfernden Wohltäter für die Löwengemeinde darzustellen, der für den Verein seine Gesundheit und seine Freizeit geopfert habe

(„nullkommanull Lebensqualität"). In den Publikationen des Vereins während seiner Präsidentschaft ist sein Drang zur Selbstdarstellung deutlich zu erkennen. Mir dreht's da fast den Magen um. Die Autogrammkarten, die er sich 1993 mit dem Text drucken ließ: „Diese Karte garantiert, daß sie mir persönlich begegnet sind, mich warmherzig, höflich, intelligent und witzig fanden", gehen da sogar noch als lustig durch.

Kommen wir also zu den negativen Aspekten. Bereits ein Jahr nach Amtsantritt wird in den Medien von Querelen im Vorstand berichtet. Der Löwenzahn sowie der Löwenbomber schrieben 1994 über Kreditgeschäfte, die zwischen Wildmoser sen. und einem „Freundeskreis unter der Regie von Wildmoser jun." gelaufen sein sollen. Zudem merkten beide Magazine an, dass die Präsidiumssitzungen nicht protokolliert würden, so dass im Nachhinein nicht festgestellt werden könne, ob für alle Maßnahmen des Präsidenten auch gültige Beschlüsse vorlägen. Der Löwenbomber fügte noch hinzu: „Herr Wildmoser vermietet die Geschäftsräume der Fan-Boutique an der Orlando-Straße für DM 10.000,– monatlich an den TSV 1860, obwohl der Vormieter nur DM 4.500,– monatlich zahlen mußte." Mittlerweile war auch schon die Diskussion um die Spielstätte der Zukunft in vollem Gange. Während Wildmoser 1993 noch mehrfach öffentlich kundgetan hatte, er wolle um jeden Preis im Grünwalder Stadion bleiben und dieses für 25 Millionen Mark in ein erstligataugliches Fußballstadion für 35.000 Zuschauer umbauen, brach er bereits im Februar 1994 die Verhandlun-

Die *Arbeitsgemeinschaft aller Fan-Clubs des TSV München von 1860 e.V. (ARGE)* wurde 1977 ins Leben gerufen. In ihr sind – nach den Angaben der eigenen Website – über 450 Fanclubs organisiert, aufgeteilt in 21 Regionen. Laut Satzung ist das Ziel der ARGE, „die sportlichen und Freizeit bezogenen Interessen der angeschlossenen Mitglieder durch entsprechende Angebote zu fördern und zu lenken."
Aufgaben sind:
„1. Betreuung und Beratung der ihm angeschlossenen Fanclubs.
2. Unterstützt Aktionen gegen Rowdytum, Diskriminierung, Rassismus, Faschismus, Fremdenfeindlichkeit und Sexismus.
3. Zur Verwirklichung der Aufgaben ist der Verein bestrebt, qualifizierte Personen als ehrenamtliche Mitarbeiter zu gewinnen.
4. Die ARGE unterstützt den TSV München von 1860 e.V. zu jeder Zeit und in jeglicher der Sache dienlichen Form."

gen mit der Stadt dazu ab und propagierte ab 1995 das Olympiastadion als einzige Alternative. Schließlich veranlasste er – gegen den Willen zahlreicher Löwenfans – den Umzug dorthin für die Saison 1995/96. Damit legte er den Grundstein für die Spaltung der Fanszene, die bis heute spürbar ist. Die linientreuen Fans der ARGE wurden von Wildmoser mit Besuchen, Geschenken und Vorteilen bedacht, während seine Widersacher u.a. mit Stadionverboten und Vereinsausschlüssen rechnen mussten.

Sehr ähnlich lief es Jahre später ab, als sich Wildmoser mit seinen Plänen für den Bau der Allianz Arena in Gemeinschaft mit dem FC Bayern durchsetzte. Kritische Stimmen wurden unter anderem durch die Verhängung von Stadionverboten oder durch Vereinsausschlüsse mundtot gemacht. Zwischenzeitlich (1997) hatte noch die sogenannte „Feten-Affäre" für Wirbel gesorgt: Nachdem die Mannschaft sich weigerte, die von Wildmoser kurzfristig anberaumte Saisonabschlussfeier zu besuchen, da für denselben Abend bereits eine interne Mannschaftsfeier organisiert worden war, musste Manni Schwabl, der als Drahtzieher galt, den Verein verlassen. Vize-Präsident Meidert trat nach einem erfolglosen Vermittlungsversuch zurück und auch Geschäftsführer Jäger verließ den Verein.

Mit zunehmendem sportlichem Erfolg und steigendem öffentlichen Interesse boten sich neue Vermarktungsmöglichkeiten, die erfolgreich ausgeschöpft wurden. Sponsoren liefen 1860 die Bude ein, fast wöchentlich kamen neue Fanartikel auf den Markt. Der „Giesinger Arbeiterverein" war auf dem besten Weg ein Abbild des FC Bayern zu werden. Dies war dann auch der Zeitpunkt, als ich schweren Herzens meine Mitgliedschaft kündigte und meine Löwen-Sammlung an meinen Bruder abtrat.

Am 9. März 2004 kam dann der große Knall: Präsident Wildmoser und sein Sohn, der nicht nur Geschäftsführer der 2002 ausgegliederten KGaA, sondern auch Geschäftsführer der Allianz Arena München Stadion GmbH war, wurden wegen des Verdachts der Untreue, Bestechlichkeit und Steuerhinterziehung festgenommen. Die Kriminalpolizei durchsuchte die Geschäftsräume von 1860. 2,8 Millionen Euro Schmiergeld waren im Rahmen der Ausschreibung für die Arena von der Baufirma Alpine geflossen. Wildmoser jun. übernahm dafür die volle Verantwortung, sein Vater kam mit drei Tagen Untersuchungshaft davon. Am 15. März 2004 erklärte Wildmoser sen. seinen Rücktritt – ebenso wie seine beiden Vize Sieber und Wonhas. „Heinzi“ (Wildmoser jun.) wurde 2005 zu viereinhalb Jahren Haft verurteilt.

Wildmoser brach von da an nicht nur den Kontakt zu seinem Sohn ab, von dem er sich schwer enttäuscht zeigte, sondern distanzierte sich auch von 1860. Er setzte nie einen Fuß in die Allianz Arena und vermied es nach eigener Aussage sogar, an der Grünwalder Straße 114 vorbeizufahren. Bereitwillig gab er aber noch bis zu seinem Tod 2010 Interviews, in denen er immer wieder seine Unschuld beteuerte und sich verbittert zeigte ob der mangelnden Ehrerweisung seitens des Vereins.

Seinen Nachfolgern hinterließ Wildmoser einen Scherbenhaufen, denn der Verein war auf ihn ausgerichtet gewesen. Als die Profis nur Monate später auch noch in die 2. Bundesliga abstiegen, war der finanzielle Ruin kaum mehr aufzuhalten. Insofern ist es auch wenig verwunderlich, dass es seitdem kein Präsident geschafft hat, länger als drei Jahre im Amt zu bleiben.

Neben diesen drei Personen, die den TSV 1860 München entscheidend geprägt haben, gab es aber durchaus noch andere bemerkenswerte Persönlichkeiten an der Vereinsspitze.

Da war zum Beispiel Dr. Erich Riedl, der „CSU-Finanzexperte aus dem Deutschen Bundestag“. Im November 1974 übernahm er – nach eigener Aussage auf Bitte von Adalbert Wetzel hin – das Präsidentenamt von seinem Parteikollegen Franz Sackmann mit über 3 Millionen Mark Schulden und dem Versprechen, diese abzubauen. Prompt entließ er Max Merkel und Fußball-Abteilungsleiter Walter Kraus, dessen Amt er selbst übernahm. Für Merkel kam Heinz Lucas, der mit Riedls Sparkurs einverstanden war. Nachdem 1977 endlich der Aufstieg in die Bundesliga geglückt war, zeigte dieser auch Wirkung: Auf dem Konto befand sich eine Million Mark (plus). Nach dem sofortigen Wiederabstieg hatte sich das Guthaben aber schon wieder aufgelöst. Riedl änderte nun seine Strategie, holte für Heinz Lucas Eckhard Krautzun und lockte mit Traumgehältern Spieler zu 1860. Es folgten 1979 der erneute Aufstieg und 1981 wieder ein Abstieg. Mittlerweile war der Verein wieder tief in die roten Zahlen gerutscht, hatte die Lizenz für die Zweitliga-Saison 1981/82 nur unter Auflagen erhalten.

Im Frühjahr 1982 war der Verein mit 8 Millionen DM verschuldet, der DFB verweigerte die Lizenz. Riedl legte Beschwerde

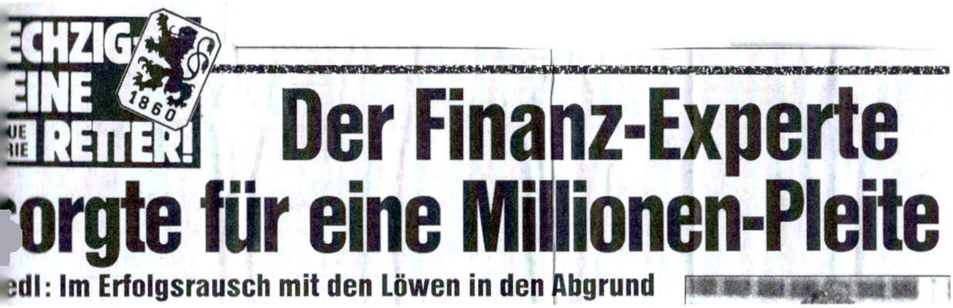
ECHZIG EINE RETTER! 1860

Der Finanz-Experte sorgte für eine Millionen-Pleite

edl: Im Erfolgsrausch mit den Löwen in den Abgrund

Abendzeitung vom 16. November 1989.

dagegen ein, woraufhin der DFB eine Frist setzte. 1860 verkaufte 59 Prozent des Vereinsgebäudes an der Auenstraße für 4,1 Millionen DM und das 18-jährige Talent Herbert Waas für 1,2 Millionen DM an Bayer Leverkusen. Doch Riedl reichte die Nachweise zu spät beim DFB ein. Dieser zeigte keine Gnade und schickte 1860 in die Bayernliga. Am 17. Juli 1982 trat Riedl von seinem Präsidentenamt zurück. Seiner politischen Karriere hat „das Kapitel 1860" nicht geschadet: Riedl war von 1969 bis 1998 Mitglied des Deutschen Bundestags, wurde 1982 stellvertretender Vorsitzender des Haushaltsausschusses und 1987 Parlamentarischer Staatssekretär beim Bundesministerium für Wirtschaft. Er verstarb im September 2018 im Alter von 85 Jahren in München.

Zwei Jahre später wurde Karl Heckl von den Delegierten zum Präsidenten gewählt. Seine Nachfolgerin Lilo Knecht sollte später über den Unterschied zwischen ihm und Riedl sagen: „Herr Riedl hat fremdes Geld verschwendet – Heckl wenigstens sein eigenes." (Abendzeitung vom 21.06.1991) Heckl hatte es als Bauunternehmer zu einem Vermögen von angeblich einer Viertelmillion Mark gebracht, was für den damaligen Schatzmeister wohl ausschlaggebend war, Heckl zu einer Kandidatur zu überreden. In den vier Jahren seiner Amtszeit investierte der schillernde Präsident mehrere Millionen Mark in den Verein, verpflichtete unzählige Spieler und verschliss sechs Trainer. Legendär war die Entlassung von Trainer Bernd Patzke 1984 auf der Wiesn, als er dem Meisterlöwen mit den Worten: „Prost, Trainer, du bist entlassen!" zuprostete. Als Heckl einmal mit 1,41 Promille am Steuer von einer Polizeistreife angehalten wurde, soll er den Beamten „Rotzlöffel, Arschgesichter, Affenköpfe!" entgegengerufen haben, wofür er eine Bußgeldstrafe von

210.000 Mark zahlen musste (und damit immerhin den deutschen Rekord aufstellte). Nachdem sein Engagement – phasenweise war er gleichzeitig Präsident, Schatzmeister, FA-Leiter und Kassier der FA – keinerlei sportlichen Erfolge zeitigte, trat er im April 1988 zurück. Nur fünf Monate später starb Heckl an einem Herzinfarkt. Die Hoffnungen vieler Löwen auf ein Millionen-Erbe, welches ursprünglich in seinem Testament festgelegt war, wurden leider enttäuscht; Heckl hatte sein Testament aufgrund von abfälligen Bemerkungen seiner Nachfolgerin ändern lassen. Aber immerhin hinterließ er den Verein schuldenfrei.

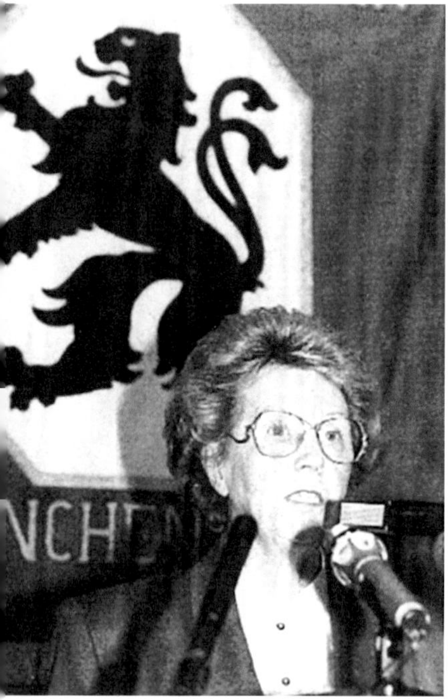

Liselotte Knecht (1926 – 2002).

Mit Liselotte Knecht trat 1988 erstmals eine Frau an die Spitze des TSV 1860 München. Nicht nur aufgrund ihres Geschlechts, sondern auch, weil sie aus der Turnabteilung stammte, musste sie während ihrer gesamten Präsidentschaft gegen Vorbehalte und Widerstände kämpfen. Aufgrund ihres resoluten Auftretens, des von ihr verfolgten Sparkurses und einer gewissen Ähnlichkeit zur damaligen englischen Premierministerin wurde ihr der Spitzname „Eiserne Lilo" verpasst. Im Gegensatz zu ihrem Vorgänger und ihrem Nachfolger agierte sie hauptsächlich im Hintergrund. Es gelang ihr, nach turbulenten Jahren Ruhe in den Verein zu bringen und diesen wirtschaftlich zu konsolidieren. Aber auf Dauer war Lilo Knecht für die Löwengemeinde einfach zu wenig fußballbesessen, zu vernünftig, zu wenig emotional. Nach dem Abstieg aus der 2. Liga trat sie im Sommer 1992 zurück.

„1860 hatte schon immer unter dem Neid der anderen zu leiden, denn Erfolge werden immer Neid erwecken. 1860 wird aber vor allem beneidet um die Eintracht, die trotz der Trennung von Turnen und Sport in seinen Reihen herrscht. Bisher ist es allen Anstrengungen der Gegner nicht gelungen, die Zwietracht, die ein Unglück für die deutsche Jugend und das ganze deutsche Volk ist, auch in unsere Reihen zu säen. Diese Einigkeit, die nie verloren gehen darf, war und bildet auch in Zukunft die Grundlage unserer Größe."
(Ernst Müller-Meiningen, 1. Vorsitzender des Turnvereins 1860 München, im April 1927)

Kommen wir nun zu meinem Lieblingsthema: der Vereinspolitik bei 1860. Um den Rahmen nicht zu sprengen, beschränke ich mich hier auf die Zeit ab 2004, die ich auch live miterleben durfte. Gerhard Fischer, der den TSV 1860 München jahrelang als Sport-Redakteur der Süddeutschen Zeitung begleitet hat, bezeichnete den Verein in 11FREUNDE einmal als „letzte Skandalnudel des deutschen Fußballs". Auch wenn mir das ganz und gar nicht gefällt: Da ist viel Wahres dran. Ich weiß nicht, wie oft ich mir allein in den letzten zehn Jahren an den Kopf gelangt habe, weil ich immer wieder von Neuem überrascht war, was für abenteuerliche Geschichten ab- und was für skurrile Gestalten bei uns im Verein rumlaufen. Für die Münchner Zeitungen ist 1860 daher ein Glücksfall, denn zu berichten gibt es ständig etwas. Notfalls über Fußball.

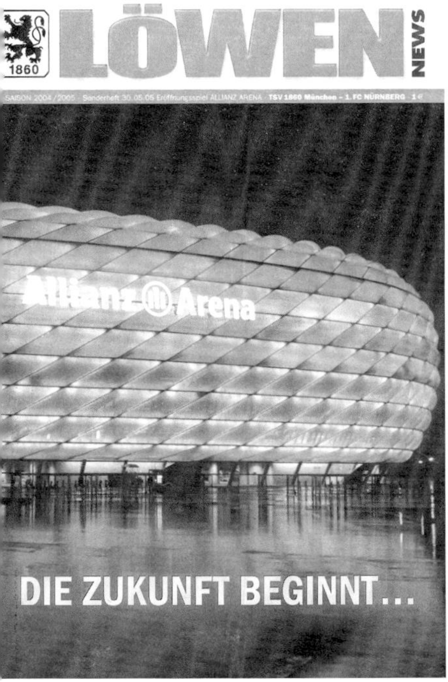

„Die Zukunft beginnt ..." – LöwenNews vom 30. Mai 2004.

2004 begann eine neue Zeitrechnung beim TSV 1860 München: Im März war der Patriarch (manche sagen auch: Diktator) Wildmoser zurückgetreten. Kurz darauf stiegen die Löwen in die 2. Liga ab, 2005 folgte der Umzug in die Allianz Arena. Der Rausch der Wildmoser-Ära verflog fast so schnell, wie er gekommen war. Schnell wurde den meisten Verantwortlichen, etwas später auch vielen Fans und Mitgliedern, klar, dass der Verein bald ein großes Problem haben würde. Ein sehr großes. Die Allianz Arena, deren Bau 2005 abgeschlossen, die aber bei Weitem noch nicht finanziert war, konnte mit einer Mannschaft in der 2. Liga nicht bezahlt werden. Zur finanziellen Schieflage und zur sportlichen Misere gesellte sich noch die Zerrissenheit der Fans und Mitglieder, die sich unter der Ägide Wildmosers zugespitzt hatte: auf der einen Seite „die treuen KHW-Jünger der ARGE“, auf der anderen Seite „die ewiggestrigen Sechzger-Stadion-Fanatiker“.

Über all diese Missstände diskutierten kritische Fans im Löwenforum und gründeten im Februar 2006 den Verein PRO1860 – Einmal Löwe – Immer Löwe. Die Ziele dieser Fanorganisation, die ein Pendant zur ARGE werden wollte, waren u.a. die Wiedervereinigung der Kurve, der Erhalt des Sechzger-Stadions und die Organisation von Auswärtsfahrten. Auch gegen den Verkauf der Anteile an der Allianz Arena an den Stadionpartner protestierte PRO1860. Erfolglos: Im April 2006 gingen diese für den Schnäppchenpreis von 11,6 Millionen Euro an die Säbener Straße. Der Kuckuck bzw. die DFL hatte schon angeklopft. Von da an waren wir Mieter in der AA.

Auch in der Vereinspolitik wollten die „PROler“ aktiv werden. An dieser Stelle muss ich kurz erklären, dass beim TSV München von 1860 e.V. bis 2013 alle Abteilungsversammlungen Delegierte wählten. Der Profifußball war zwar seit 2002 in eine KGaA (Kommanditgesellschaft auf Aktien) ausgegliedert, allerdings war diese damals noch zu 100 Prozent im Besitz des Vereins. Da die Fußballabteilung die mit Abstand größte Abteilung war, stellte sie auch die Mehrheit der rund 200 Delegierten. Eine Aufgabe der Delegiertenversammlung war die Wahl des Aufsichtsrats, welcher von einem weiteren Gremium – dem Wahlausschuss – vorher vorgeschlagen und im Block gewählt wurde. Der Aufsichtsrat wiederum konnte alleinig das Präsidium wählen. Zwar wurde der Wahlausschuss vom Vereinsrat (bestehend v.a. aus den Abteilungsleitern) bestimmt und hatte das alleinige Vorschlagsrecht für den Aufsichtsrat; bei der Wahl zum Verwaltungsrat und der Bestätigung des Präsidiums waren aber die Stimmen aus der Fußballabteilung entscheidend, so dass hier – wenn auch indirekt – Einfluss genommen werden konnte. Außerdem konnte durch ein Dreiviertelvotum der Delegierten die Satzung geändert werden.

Ziel von PRO1860 war also, genügend Delegierte zu haben, um eine erneute Änderung der Satzung nach Gutdünken und ein eigenmächtiges Ausgliedern von Vereinsvermögen durch einen künftigen Präsidenten zu verhindern. So begann man, eine Kandidatenliste für die bevorstehende Delegiertenwahl der Fußballabteilung zusammenzustellen.

Bis 2004 lag die Stimmenmehrheit in Abteilungs- und Delegiertenversammlungen bei der ARGE, die von Wildmoser hofiert wurde und ihm dafür treu ergeben war. Der damalige Vorsitzende des Wahlausschusses Rainer Volkmann ließ einmal verlauten, dass die von Wildmoser (!) vorgegebene Liste der Kandidaten für den Aufsichtsrat in 20 Minuten vom Wahlausschuss genehmigt würde. Beste Voraussetzungen also für eine gründliche Prüfung, für unabhängige Aufsichtsräte und für demokratische Verhältnisse …

Überraschend wurden in der Versammlung der Fußballabteilung am 21. Mai 2006 alle 124 von PRO1860 vorgeschlagenen Personen gewählt. Nachdem die Delegiertenwahl lange Jahre ein Selbstläufer war, war die ARGE darauf nicht vorbereitet. Die Wahlen zum Aufsichtsrat standen kurz bevor, so dass bald nach der Delegiertenwahl Gespräche über dessen künftige Zusammensetzung geführt wurden. PRO1860 ging dazu auf die ARGE-Führung zu – schließlich war eines der Ziele der Initiative, die Kluft zwischen den Fans zu überbrücken. Gemeinsam wurde beschlossen, dass PRO1860 vier und die ARGE drei Personen in den Aufsichtsrat entsenden sollte. Zusätzlich gab es zwei „neutrale“ Posten. PRO1860 setzte auf Karsten Wettberg, den „König von Giesing“, als Kandidaten für das Präsidentenamt, die ARGE auf Otto Steiner, Geschäftsführer der Constantin Entertainment GmbH und glühender Löwenfan. Die nun anstehende Aufsichtsratswahl entwickelte sich leider schnell zu einer medialen Schlammschlacht, da die etablierten Parteien ihre Sitze nicht räumen wollten. PRO1860 wurde dabei gerne als Haufen von Chaoten und Putschisten dargestellt.

Es kam aber alles ganz anders. Ein Delegierter nannte den 23. Oktober 2006, an dem die Delegiertenversammlung in der Allianz Arena (!) stattfinden sollte, in einem Bericht im Löwenmut später den „Abend der Peinlichkeiten". Mit dem bei Löwenfans inzwischen berühmten Satz: „Liebe Delegierte, wir haben ein Problem!", erläuterte der damalige (Übergangs-)Präsident Albert Lehner, dass man die Einladungen zu spät versandt habe und dass deshalb die Versammlung nicht beschlussfähig sei. Anstelle einer Wahl folgten daher heftige Wortwechsel. Mit großer Mehrheit sprachen die Delegierten dem Wahlausschuss ihr Misstrauen aus.

Die Versammlung und die Wahlen wurden sechs Wochen später nachgeholt, der Aufsichtsrat wurde mit großer Mehrheit gewählt.

Im März 2007 bestätigte die Delegiertenversammlung den Unternehmer Albrecht von Linde im Amt des Präsidenten. Der Sohn Werner von Lindes, eines erfolgreichen Leichtathleten und Förderers der Leichtathletikabteilung des TSV 1860 München sowie des Baus des Olympiastadions, wurde vom Leichtathletik-Abteilungsleiter ins Spiel gebracht und galt als Kandidat von PRO1860. Otto Steiner und Karsten Wettberg wurden zunächst seine Vize-Präsidenten. Geplant war allerdings eine Rotation auf dem Präsidentenposten: Steiner sollte nach 18 Monaten von Linde ablösen und die zweite Hälfte der dreijährigen Amtsperiode übernehmen. Aber daraus wurde nichts: Im Juli 2007 trat Otto Steiner wegen „erheblichen Differenzen innerhalb des Präsidiums" zurück. Den Präsidenten von Linde bezeichnete Steiner als „autistischen Alleingänger". Dieser wiederum unterstellte Steiner indirekt, Interna nach außen getragen zu haben. Für Otto Steiner kam der Landtagsabgeordnete Franz Maget ins Präsidium.

Ende 2007 gab der TSV 1860 bekannt, auf die bis zum 30. 06. 2010 laufende Rückkaufoption für die im Jahr zuvor abgetretenen Anteile an der Allianz Arena zu verzichten, und erhielt dafür zusätzliche 1,2 Millionen Euro vom FC Bayern. Das „Projekt Allianz Arena" konnte nun endgültig als gescheitert betrachtet werden. Wir mussten allerdings weiterhin dort spielen (im Stadionüberlassungsvertrag von 2008 wurde vereinbart, dass 1860 bis zum 30. 06. 2025 Mieter bleiben würde) und fortan also Miete zahlen, und zwar nicht wenig: 2009 sprach der damalige Geschäftsführer Stoffers von 5,3 Millionen Euro pro Saison (inkl. Catering), 2015 bezifferte Karl-Heinz Rummenigge die Gesamtkosten auf ca. 3,5 Millionen Euro.

Im Mai 2008 folgte dann der große Auftritt von Geschäftsführer Stefan Ziffzer: Nachdem 1860 erst im letzten Heimspiel der Saison den Klassenerhalt gesichert hatte, sprach er – kein Scherz! – auf der Pressekonferenz nach dem Spiel folgende Worte: „Der Fisch stinkt vom Kopf her, und bei uns ist der Kopf der Präsident. [...] Dieser Präsident ist eine Schande." Von Linde kündigte Ziffzer daraufhin fristlos. Das Verhältnis zwischen von Linde und Ziffzer war von Beginn an kein gutes gewesen. Unstimmigkeiten in Bezug auf den wirtschaftlichen Kurs der Profi-Fußballabteilung und den Einstieg von Investoren waren nach außen gedrungen. Eskaliert war die Situation, nachdem das Präsidium eine Meldung des kicker nicht dementiert hatte, wonach der sportliche Geschäftsführer Stefan Reuter entlassen werden sollte.

Nach dem „Amoklauf" (Maget) von Ziffzer drohten zahlreiche Sponsoren unter Verweis auf die schlechte Außendarstellung des Vereins mit der Kündigung ihres Engagements. ARGE und Vereinsrat forderten den Rücktritt des Präsidenten. Zwei Wochen nach Ziffzers Entlassung verließen von Linde und Wettberg das Präsidium. Der allein im Präsidium zurückgebliebene Franz Maget sagte später: „Wir standen am Abgrund – wirtschaftlich und imagemäßig." Und auch finanziell kam der Abgrund immer näher.

Stefan Reuter blieb noch bis Februar 2009 bei den Löwen. Stefan Ziffzer klagte auf Wiedereinstellung und Fortzahlung seines Gehalts, im September 2009 wurde dazu ein Vergleich geschlossen.

Albrecht von Linde wurde 2018 von der Mitgliederversammlung mit überwältigender Mehrheit zum Ehrenmitglied ernannt.

Für von Linde kam Rainer Beeck, Prokurist des Sponsors Münchner Flughafen GmbH, und es wurde etwas ruhiger im Verein. Zumindest für ein paar Monate.

Anfang Februar 2009 ging es dann wieder rund an der Grünwalder Straße 114. Die Boulevardblätter berichteten über „Heuschrecken", die 1860 übernehmen wollten. Konkret waren Gespräche mit Nicolai Schwarzer über ein Investment aufgenommen und ein Vertragsentwurf zwischen Präsidium und dem Berliner Immobilienmakler erstellt worden. Doch weder die DFL noch der Aufsichtsrat waren darüber informiert. Das Investment – geplant war der Verkauf von 25 Prozent der Anteile für 7 Millionen Euro – platzte. Als Folge davon gingen alle aufeinander los, gaben sich gegenseitig die

Schuld und warfen sich Unfähigkeit, Lügen und Dilettantismus vor. Und die Medien waren natürlich stets im Bilde. Kurz darauf wurden Stefan Reuter und Trainer Marco Kurz beurlaubt. Die Geschäftsführung übernahmen Manfred Stoffers (kam von Ex-Sponsor Festina) und Ex-Löwe Miky Stevic, neuer Trainer wurde Uwe Wolf. Obwohl Präsidiums-Köpfe gefordert wurden, setzten sich Aufsichtsrat und Fanorganisationen für einen Verbleib von Beeck & Co ein.

Bei PRO1860 liefen derweil die Vorbereitungen für die Mitgliederversammlung der Fußballabteilung am 29. März 2009, bei der die erneute Wahl der Delegierten sowie der Abteilungsleitung anstand. Wie 2006 erstellten wir (mittlerweile war ich Mitglied im Vorstand von PRO1860) eine Liste mit 174 Kandidat*innen, die folgende gemeinsame Ziele vertraten: Mitbestimmung der Mitglieder in der Vereinspolitik, Änderung der Satzung mit Abschaffung des Delegiertensystems, Stärkung der Identität des TSV 1860 als Münchner Traditionsverein, Umzug in ein umgebautes Grünwalder Stadion. Auf der Liste standen die Namen von Mitgliedern der Löwenfans gegen Rechts, der Freunde des Sechz'ger-Stadions, der Cosa Nostra sowie der übrigen aktiven Fanszene von PRO1860, aber auch viele unorganisierte Fans sowie einige ARGE-Mitglieder. Mit großer Mehrheit setzte sich in der Wahl des Abteilungsleiters der von uns favorisierte Robert Reisinger gegen den ARGE-Kandidaten Thomas Hirschberger durch. Bei der Wahl der Delegierten hatten wir allerdings Pech: Die ARGE konnte ein paar mehr Leute mobilisieren, so dass sie für die nächsten drei Jahre 144 der 174 Delegierten stellen würde (aufgrund der zwei konkurrierenden Listen hieß es: alles oder nichts). Dennoch schrieb die Süddeutsche Zeitung tags darauf von einem „Sieg im Kulturkampf", und dass PRO1860 seine Machtposition ausbauen würde. Für uns bedeutete es in erster Linie, dass eine Satzungsänderung und die damit verbundene Abschaffung des Delegiertensystems noch warten mussten.

Im Februar 2010 gelangte der TSV mal wieder in die Schlagzeilen, denn trotz des Verkaufs der Bender-Zwillinge (für insgesamt 4 Millionen Euro) und der Herausgabe von „Löwen-Anleihen" waren die Kassen leer. Deshalb hatte Geschäftsführer Stoffers beschlossen, gegen die Allianz Arena München Stadion GmbH zu klagen, die bei Abschluss des Stadionüberlassungsvertrags ihre marktbeherrschende Stellung ausgenutzt hätte, so dass die Vereinbarung

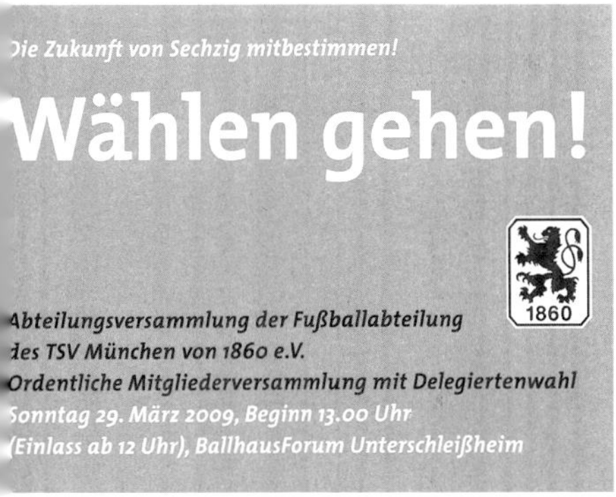

Flyer von PRO1860 zur Mitgliederversammlung der Fußballabteilung 2009.

über die hohen Catering-Kosten sitten- und kartellrechtswidrig sei. Das Landgericht sah es aber anders. Der Verein habe den Vertrag als Vollkaufmann abgeschlossen und sich freiwillig in die Abhängigkeit begeben. Er sei damit selbst schuld. Leider wahr.

Stoffers musste gehen. Für ihn kam „90-Tage-Niemann", der wiederum im November von Robert Schäfer beerbt wurde. Die finanzielle Lage spitzte sich immer weiter zu, sogar die Mietpflanzen in der Geschäftsstelle wurden gekündigt (wichtiges Thema in der Boulevardpresse!). Im Oktober 2010 zog die DFL dem TSV zwei Punkte ab, weil im Lizenzierungsverfahren falsche Angaben gemacht worden waren. Kann ja mal passieren.

Ich arbeitete damals im Nachwuchsleistungszentrum von 1860, war bei der KGaA angestellt und habe dadurch die Situation hautnah miterlebt. Die Mitarbeiter*innen bangten um ihre Arbeitsplätze und fast alle (auch die Profi-Spieler) stimmten einem vorübergehenden Verzicht auf 10 Prozent ihres Gehalts zu. Für mich, die ich erst im August 2010 meinen Vertrag unterschrieben hatte, kam das nicht in Frage: Zum einen war mein Gehalt ohnehin nicht allzu üppig, zum anderen war die finanzielle Situation im August nicht besser als im November. Dazu kam, dass ich auch nicht einsah, warum die Mitarbeiter*innen für die Fehler der Vereinsführung aufkommen sollten – und dass Anfang Juli 2009 noch dreißig Spieler im Kader der Profis gewesen waren, von denen wohl jeder einzelne mehr verdiente als die 10 Prozent Gehaltseinsparung der Angestellten insgesamt ausmachten … Auf die 1860-internen Weihnachtsfeiern 2010 hatte ich unter diesen Voraussetzungen keine Lust und verzichtete. Dadurch konnten immerhin auch ein paar Euro eingespart werden …

Als Comarch im Februar 2011 das Ende seines Sponsorings ankündigte, der neue Präsident Schneider – auch Rainer Beeck hatte mittlerweile das Weite gesucht – eine akute Geldnot entdeckte und partout kein Jugendspieler mehr da war, mit dem man noch ein paar Euro hätte machen können, kam der unvermeidliche Schritt: 1860 verkaufte 60 Prozent (49 Prozent stimmberechtigt) seiner Anteile an der KGaA für 13 Millionen Euro an die HAM Ltd des Jordaniers Hasan Ismaik; dazu kam ein Darlehen in Höhe von 5,4 Millionen Euro.

Das war ein herber Schlag. Wir waren nicht nur sportlich bedeutungslos, mussten für Spiele im Stadion am Müllberg eine horrende Miete an den verhassten Lokalrivalen zahlen, sondern gehörten uns jetzt nicht einmal mehr selbst.

Trotz des Investments wurden in der Geschäftsstelle Stellen abgebaut, bei der U23 kam es zu massiven Einsparungen. Dass auf dem Trikot der Löwen für die kommenden zwei Jahre „Aston Martin" prangte, erschien da wie ein schlechter Witz.

Als Hasan Ismaik, der „größte Löwenfan aller Zeiten", 2011 Anteile an der KGaA erwarb, war ihm wohl die 50+1-Regel der DFL nicht bekannt. In jedem Fall wirkte er wie vor den Kopf gestoßen, als Präsident Dieter Schneider ihn in seine Schranken wies. Somit war das Verhältnis der beiden Gesellschafter ziemlich schnell abgekühlt und verschlechterte sich zunehmend. Highlight war der Streit um die Verpflichtung von Sven-Göran Eriksson im Winter 2012. Nach langen Verhandlungen gab 1860 die Verpflichtung des „gei-

In einer Nacht- und Nebelaktion wurde zum 1. Januar 2011 der damals 17-jährige Moritz Leitner für ca. 600.000 Euro nach Dortmund verkauft. 1860 hätte den U19-Nationalspieler, der in der Hinrunde 2010/11 in fast allen Spielen der Profis zum Einsatz gekommen war, gerne gehalten, aber der Verein war auf den vorzeitigen Verkauf des Spielers finanziell angewiesen – und im Juli 2011 hätte Leitner ablösefrei wechseln können. Kurz nach dem Weggang von „Mo" Leitner, den der BVB sogleich zum Ligakonkurrenten und späteren Aufsteiger FC Augsburg auslieh, unterschrieb Kevin Volland einen Vertrag bei Hoffenheim. 1860 erhielt ca. 700.000 Euro, der damals 18-jährige Stürmer wurde verkauft, aber bis Ende der Saison 2011/12 an 1860 ausgeliehen. 2016 wechselte Kevin Volland für 20 Millionen Euro zu Bayer Leverkusen. Beide Transfers haben mir in der Seele weh getan: Moritz Leitner war mit sechs, Kevin Volland mit fünfzehn Jahren zu 1860 gekommen. Wie schon zuvor Lars und Sven Bender mussten große Talente aus einer finanziellen Notlage heraus viel zu früh und daher zu einem günstigen Preis verkauft werden.

len Sven“ öffentlich bekannt – aber ohne, dass dieser zugestimmt hatte. Eriksson sagte seinem „Freund Hasan“ schließlich ab und ging lieber nach Dubai zum al-Nasr Sports Club. Auch wenn ich es ganz witzig fand, einen ehemaligen englischen Nationaltrainer auf der Tribüne bei Union Berlin gegen 1860 zu sehen, finde ich, dass Alexander Schmidt bei weitem besser zu uns passte. Ganz abgesehen davon, dass Ismaik bei Vertragsabschluss noch bekräftigt hatte, sich aus sportlichen Entscheidungen heraushalten zu wollen. Ja, wirklich, das hat er! Im Endeffekt warf Dieter Schneider im März 2013 das Handtuch, nachdem der Aufsichtsrat ohne ihn zu Hasan nach Abu Dhabi geflogen war, um die Wogen zu glätten.

Zwischenzeitlich hatten die Mitglieder der Fußball-Abteilung im März 2012 neue Delegierte gewählt. Dieses Mal war die Wahl aus unserer Sicht positiv ausgegangen: Alle von uns vorgeschlagenen 172 Delegierte waren gewählt worden! Endlich war der Weg frei für eine Satzungsreform zur Stärkung der Mitgliederrechte und zur Demokratisierung der Vereinsstrukturen – wenn auch leider zu spät, denn in der Zwischenzeit hatten wir tatenlos zusehen müssen, wie ohne Gegenwehr unser Herzstück – die Profiabteilung – verkauft wurde; bei einer früheren Satzungsreform hätte dies verhindert werden können. Auch ein Ende der Mitglieder- und Fanspaltung hatten wir uns durch die Abschaffung der faktischen Listenwahlen erhofft. Bislang hat sich diese Hoffnung allerdings nicht erfüllt …

Auf dieser Abteilungsversammlung gab Geschäftsführer Robert Schäfer den Mitgliedern einen Einblick in die roten Zahlen der KgaA. Die Saison 2010/11 war mit einem Defizit von 8,5 Millionen Euro abgeschlossen worden. Für die kommenden Jahre war ein kontinuierlicher Rückgang dieses Fehlbetrags geplant. Das klappte allerdings nur bedingt: 2011/12 betrug der Minusbetrag 6,3 Millionen Euro, 2012/13 noch 5,6 Millionen Euro. Die Lizenz für die Saison 2013/14 konnte nur gesichert werden, indem 1860 einen Vertrag mit Infront abschloss und dafür eine Signing Fee in Höhe von 2 Millionen Euro kassierte. (Im Februar 2015 wurde der Vertrag fixiert, der eine Laufzeit von 13 Jahren vorsieht, wofür 1860 insgesamt rund 60 Millionen Euro erhielt.) Einmal mehr gab man hier bereits die Einnahmen späterer Jahre aus.

Im April 2013 schafften sich die Delegierten mit der Annahme des Satzungsentwurfs selbst ab. Als Gast durfte ich dabei sein, wie zunächst die Presse nach einem Beschluss der Versammlung den Saal verlassen musste, wie dann (unter Gelächter und Buh-Rufen) ein Brief von Hasan Ismaik verlesen wurde, in dem er sich als Opfer einer Verschwörung darstellte, und wie das erste Mal in der Geschichte des Vereins mit Hep Monatzeder (damals dritter Bürgermeister von München) ein Präsident nicht bestätigt wurde (als Nachfolger von Dieter Schneider). Er bekam damit zum einen die Quittung für seine früheren Entscheidungen als Mitglied des Aufsichtsrats (Arena-Bau, Anteile-Verkauf), zum anderen musste er wohl, wie er auch selbst sagte, als „Watschnbaum" herhalten für alle negativen Entwicklungen der vorangegangenen Jahre. Leider sollte diese Nicht-Bestätigung fatale Folgen haben.

Drei Monate später fand schließlich – nach mehreren Jahrzehnten – die erste Mitgliederversammlung des Gesamt-Vereins statt. Dabei wurde Gerhard Mayerhofer zum Präsidenten gewählt, Erik Altmann und Peter Helfer zu Vizepräsidenten (neben Heinz Schmidt, der bereits seit April 2013 im Amt war). Und ich war plötzlich Mitglied im Wahlausschuss. Noch bevor wir uns im Wahlausschuss einen Überblick über unsere neuen Aufgaben verschaffen konnten, bekamen wir einen Einspruch zur Mitgliederversammlung auf den Tisch: Ein Vereinsmitglied beklagte, dass die Wahlen ungültig seien, da die Mitgliederversammlung nicht ordnungsgemäß einberufen worden sei. Monatzeder, da er von der Delegiertenversammlung nicht bestätigt worden war, sei nicht berechtigt gewesen, die Einladung zu versenden. Auf Grundlage eines eingeholten Gutachtens eines Vereinsrechts-Experten lehnten wir den Einspruch ab, der Ehrenrat folgte unserer Entscheidung. Eine außergerichtliche Einigung scheiterte, woraufhin das Mitglied vor Gericht zog. Es folgten Gerichtsverfahren, die sich über Jahre hinzogen, die Handlungsmöglichkeit des Präsidiums monatelang einschränkten und für extrem negative Berichterstattung in der Presse sorgten. Schließlich erklärte das Oberlandesgericht 2016 die Beschlüsse der Mitgliederversammlung 2013 für ungültig. Zwischenzeitlich (im Dezember 2014) war aber von einem gerichtlich bestätigten Notvorstand eine neue Delegiertenversammlung nach alter Satzung einberufen worden, die Satzungsänderung wurde von dieser noch einmal verabschiedet, das Präsidium (Mayerhofer, Schmidt, Altmann) noch einmal gewählt. Obwohl sich durch die Klage de facto gar nichts an der Situation geändert hatte, waren der finanzielle Schaden und der Imageschaden für 1860 enorm. Für mich stellt sich immer noch die Frage, wie sich der Kläger dennoch als moralischer Sieger hinstellen kann.

Im Oktober 2013 hatten sich die Schulden an die HAM Ltd auf 27 Millionen Euro angehäuft. Im Februar 2014 trat Markus Rejek die Nachfolge von Robert Schäfer als Geschäftsführer an, kurz darauf übernahm Gerhard Poschner den Posten des Sportchefs von Florian Hinterberger. Zu Beginn der Saison 2014/15 stülpte der neue Trainer Ricardo Moniz den Kader um. Aber anstelle des zu Saisonbeginn zum Ziel erklärten ersten Tabellenplatzes musste 1860 am Ende der Saison in der Relegation um den Klassenerhalt spielen. Dank eines Last-Minute-Treffers von Kai Bülow gegen Holstein Kiel kamen die Löwen mit einem blauen Auge davon – diesmal noch. Kurz danach traten Mayerhofer und Altmann zurück. Sie waren mit ihrem Latein am Ende, was die Bemühungen um eine vernünftige Zusammenarbeit mit Hasan Ismaik betraf. Poschner ging auch, Moniz war schon lange vorher abgelöst worden. Auf der Mitgliederversammlung im Juli 2015 wurde ein neuer Verwaltungsrat gewählt, dessen erste Aufgabe es war, ein neues Präsidium zur Wahl vorzuschlagen. Im November wurden Peter Cassalette, Heinz Schmidt, Peter Helfer und Hans Sitzberger gewählt.

Auf einer außerordentlichen Mitgliederversammlung im Januar 2016, die wahrscheinlich vor allem deshalb in Erinnerung blieb, weil zahlreiche Mitglieder im viel zu kleinen Saal stehen mussten, sprachen sich fast alle Anwesenden dafür aus, dass der TSV 1860 München e.V. sich aktiv für den Erhalt der 50+1-Regelung einsetzen und sich nicht in seiner Machtposition innerhalb der KGaA beschneiden lassen sollte. Dies war eine deutliche Ansage in Richtung Investor, leider hatte sie nicht viel Wirkung – im Gegenteil.

Nach einer erneut unbefriedigenden Saison, in der nur mit Ach und Krach die Relegation verhindert werden konnte, drehte sich das Personenkarussell munter weiter. Auf Wunsch von Ismaik mussten die Geschäftsführer Noor Basha (Cousin von Hasan Ismaik) und Markus Rejek sowie Oliver Kreuzer (seit November 2015 Sportdirektor) gehen, dafür kamen Thomas Eichin und Raed Gerges. In die Saison 2016/17 startete 1860 mit Trainer Kosta Runjaic und neuen Spielern im Wert von 6,6 Millionen Euro. Mia hams ja! Doch Ismaiks anfängliche Euphorie verschwand schnell. Er entließ Runjaic, schimpfte über eine „Lügenkampagne“ der

Presse und verwehrte Medienvertretern den Zugang zum Trainingsgelände. Nachdem das nichts half, wurden kurz darauf der Sportchef und der Geschäftsführer entlassen. Und da sie ja nicht mehr arbeiteten, wurden auch die Gehaltszahlungen eingestellt. Klingt logisch, ist aber bekanntermaßen in Deutschland rechtlich nicht in Ordnung. Weshalb Eichin auch vollkommen zu Recht vor Gericht ging, um die ausstehenden Zahlungen zu erhalten. Bei dieser Gelegenheit berichtete er, dass die Zeit bei 1860 die schlimmste in seinem Leben gewesen sei – dabei waren es nur vier Monate! Die Geschäfte in der Grünwalder Straße 114 übernahm Anthony Power, Ismaiks neue Vertrauensperson. In der Winterpause verkündete der neue Trainer Vitor Pereira: „We go to the top!" und verpflichtete – anscheinend wahllos – nochmal fünf neue Spieler für ca. 4 Millionen Euro.

Nachdem Ismaik im Herbst 2016 alles umgeworfen und ausgetauscht hatte, kam es im Verwaltungsrat zu kontroversen Diskussionen, welche den Rücktritt von Karl-Christian Bay und Christian Waggershauser (Vorsitzender und stellvertretender Vorsitzender des Verwaltungsrats) zur Folge hatten.

Da die sportlichen Leistungen trotz teurer Spieler und neuem Trainer zu wünschen übrigließen, war die Anspannung auf Investorenseite immer deutlicher zu spüren. Im März wurden die Mitglieder des Aufsichtsrats vom FC St. Pauli, die zu ihrem Auswärtsspiel als Gäste in der Loge saßen, auf Anweisung von Hasan Ismaik von ihren Plätzen vertrieben, weil sie beim 2:1-Treffer ihrer Mannschaft zu laut jubelten. Was denen auch einfällt! Im April 2017 trat der neue Geschäftsführer Ian Ayre (ehemals FC Liverpool) seine Stelle an. Aber er merkte sehr schnell, dass unter den gegebenen Bedingungen eine vernünftige Arbeit nicht möglich war und verließ München nach acht Wochen wieder. Als fairer Sportsmann blieb er aber so lange, wie seine Unterschrift gebraucht wurde, und bis eine Nachfolge für ihn gefunden war.

Nach der verlorenen Relegation musste 1860 die 2. Liga nach dreizehn langen Jahren verlassen. Da Hasan Ismaik die für die Lizenz in der 3. Liga erforderlichen Millionen nicht zahlen wollte oder konnte, rutschten wir in die Regionalliga ab. Präsident Cassalette übernahm, wie er später formulierte, „Verantwortung" und trat von seinem Amt zurück. Für ihn setzte der Verwaltungsrat Robert Reisinger als Präsidenten ein. Als Geschäftsführer kam Markus Fauser – gegen den erklärten Willen von Ismaik. Doch von nun an berief sich die Vereinsführung auf 50+1.

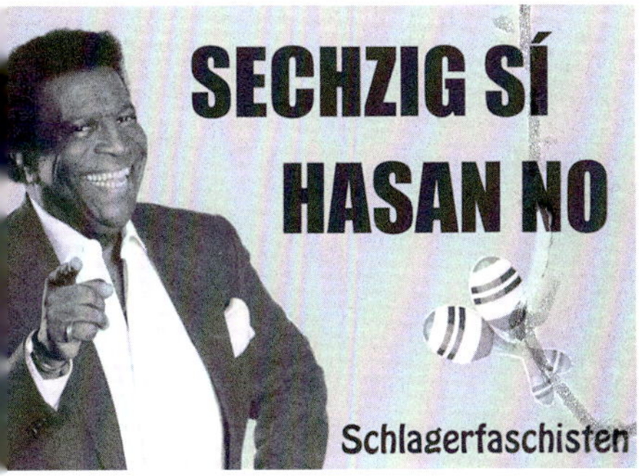

Aufkleber der Schlagerfaschisten 1860.

Hasan Ismaik wollte (mit-)bestimmen, während man bei 1860 am liebsten so weitermachen wollte wie zuvor ohne ihn. Da sich Ismaik aufgrund von „50+1" nicht durchsetzen konnte, wählte er eine andere Methode, um zu zeigen, dass er die Hosen anhatte. Neue Darlehen oder die Umwandlung von Darlehen in Genussscheine verknüpfte er fortan mit Forderungen. Da 1860 zwei Mal im Jahr an den Punkt kam, der DFL die Bilanzen vorlegen zu müssen, und jedes Mal auf Hilfe angewiesen war, konnte sich Ismaik auf diese Weise Macht erkaufen. Unter dem Präsidium Cassalette gab der e.V. schließlich ganz auf und ließ Ismaik schalten und walten, wie er wollte. Das Ergebnis waren ein Fehlbetrag von 22 Millionen Euro allein in der Saison 2016/17 (2015/16 waren es immerhin „nur" 1,7 Millionen Euro gewesen), neue Schulden der KGaA bei Hasans HAM Ltd und der Abstieg in die Regionalliga. Danach ist es deutlich ruhiger geworden um unseren „Hauptgesellschafter". Dies hing zusammen mit dem sportlichen Erfolg der Löwen, der großen Begeisterung in der Anhängerschaft und der Tatsache, dass 1860 zum ersten Mal seit Jahren auch ohne neue Darlehen von Ismaik in eine Saison starten konnte.

„Die Anhänger sind das Grundkapital eines Vereins. Und anhänglichere Fans, wie sie 1860 hat, gibt es in Deutschland kein zweites Mal. Wo außer in München kamen 80.000 zu einem Zweitliga-Spiel (gegen Augsburg im Olympiastadion) oder 34.000 zu einer Begegnung der 3. Liga (gegen Fürth im Grünwalder Stadion)? Aber selbst die Treuesten der Treuen verzeihen nicht, wenn ihr Verein durch Fehler in der Vorstandsetage über Jahre hinweg im kleinen Fußball rumkrebst. Sie wechseln nicht – wie in anderen Städten – die Farben. Sie ziehen sich lediglich zurück, bauen auf neue, große Taten. Der Lohn für diese Treue wäre der Weg zurück ins Profigeschäft."
(Herbert Jung in: *Ein Verein lebt! 125 Jahre TSV 1860 München*)

Lothar Langer, Jahrgang 1966, arbeitet seit 24 Jahren im Fanprojekt München. Der fast gebürtige Untergiesinger war als etwa Zwölfähriger zum ersten Mal bei einem Spiel von 1860 und erlebte seine ersten intensiven Jahre als Fan in der Nordkurve des Olympiastadions. Mit zwanzig gehörte er zu den ersten Mitgliedern einer Hooligan-Gruppe, der sowohl Sechzger- als auch Bayern-Fans angehörten. Dennoch verlor er nie die Bindung zu 1860 und die Aufmerksamkeit für das Gesamtgeschehen beim Verein. Anfang der 1990er Jahre schrieb er mit anderen Fanaktivisten beim Löwenzahn mit. Dieses kritische Fanzine veröffentlichte nicht nur Spielberichte und Spielerinterviews, sondern griff auch vereinspolitische Themen auf, gab Buch- und Musik-Tipps und positionierte sich gegen Rassismus und Rechtsextremismus. 1995 wurde Lothar für das neugegründete sozialpädagogische Fanprojekt München angeworben, in dem neben Sozialpädagogen bewusst auch aktive Fans arbeiten sollten. Seitdem hat er mehrere Generationen von Fans heranwachsen sehen und kann ohne Zweifel als Kenner der Löwenfanszene bezeichnet werden.

Wie würdest du die Fans beschreiben, die Anfang der 1980er Jahre ins Olympia- und dann auch ins Sechzger-Stadion gegangen sind?

So um 1979/80 rum, das war noch die Zeit der Fußballrocker, der Fußballrowdys, der „Wuidn vom Fuaßboi". Unter der Anzeigetafel in der Nordkurve im Olympiastadion haben sich alle gesammelt,

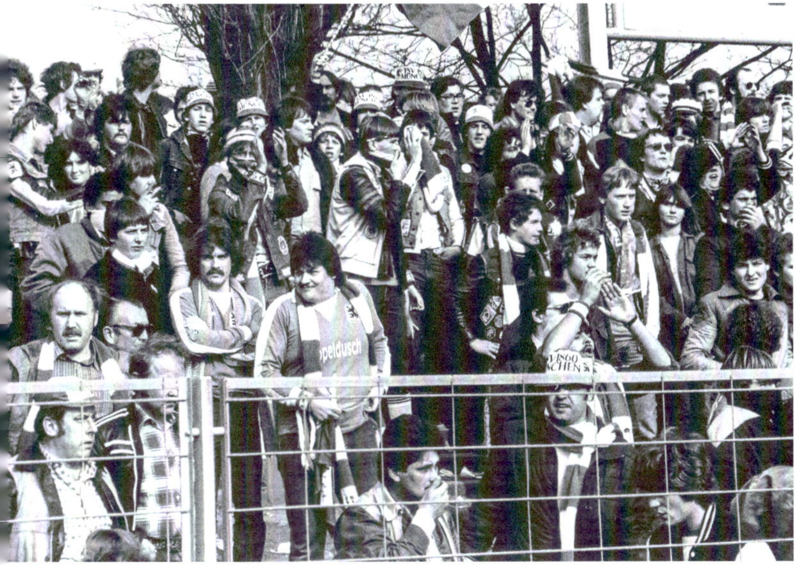

Löwenblock beim Spiel in Fürth 1982.

die irgendwie zum harten Kern gehörten oder gehören wollten. Es war damals noch wesentlich münchnerischer als heutzutage – zumindest habe ich das so in Erinnerung. Irgendwie haben sich dann die ersten Fanclubs der „Wuidn" gegründet. Da gab es die Löwen, die Löwen 78, die Blue Army, Mighty Blues, Danger Freaks, Blue Death, die Wildschweine und einige mehr. Die waren alle hundertprozentige Sechzger, hatten aber auch besonderen Spaß am Sich-Aufführen, am Anderssein, und hatten Bock auf etwas Krawall. Viele hatten über der legendären Erdmann-Lederjacke Jeans- oder Lederwesten mit einem besonders gruseligen oder einschüchternden Abzeichen auf dem Rücken oder sie trugen eigene Trikot-Kreationen mit besonderen Gruppenaufnähern. Rockergruppen waren zu der Zeit ohnehin noch ziemlich verbreitet in München. Da konnte man immer wieder mal einen von den ABS, den Valley, den Destroyers oder den Pharaos in der Kurve erblicken. Aber leider auch mal extreme Nazis wie die Werwölfe.

Rund um diesen harten Kern unter der Anzeigetafel in der Nordkurve hat sich alles andere angesiedelt: die Jungen, die Subkulturellen, die Fahnenschwenker und die „Bauern". Sechzig hatte echt viele krasse „Bauern", also Fans aus dem Umland, die wir „Städterer“ verächtlich „Bauern“ nannten. Das waren überwiegend sehr treue, gut organisierte, sportbegeisterte Fans aus ganz Bayern und Deutschland: Löwenclub Dachau, Aitrang, Ratisbona, Scheyern, Alfred Kohlhäufel, Steinachtal, Ulm – um nur einige zu nennen.

Wie war das damals mit Gewalt und Schlägereien? Hast du da etwas mitbekommen?

Sicher! Die „Wuidn“, die Rocker, die Fußballrowdys haben sich irgendwo in der Stadt getroffen und sind zusammen ins Stadion gefahren. Am Olympiaberg, an den sogenannten Todeshügeln, am U-Bahnhof Scheidplatz oder am Petuelring hat man auf die gegnerischen Fans gewartet, entweder vor oder nach dem Spiel. Im Umlauf des Olympiastadions gab es auch immer wieder Zwischenfälle, auch Richtung Gästekurve im Süden. Es sind auch mal gegnerische Rowdys in die Nordkurve gekommen und haben wahllos Sechzger-Fans geschlagen. Gezeter hat’s sehr oft gegeben, als Ritual zur Halbzeit oft mit der Polizei. Ich weiß nicht, wie viele Leute von den Polizeihunden gebissen oder von deren Pferden getreten wurden. Beliebt war auch, die Mützen der Bullen wegzuhauen. Da gab’s Schlägereien und Festnahmen. Das war mal mehr, mal weniger. Aber ich wüsste fast kein Spiel im Olympiastadion, wo nicht irgendwas war.

Erwähnenswert ist auch das häufige Erstürmen des Anstoßkreises durch einige Fans, die dort dann eine ausgebreitete 1860-Fahne anbeteten. Oder das Ritual mancher Fans, Schals und Fahnen der eigenen Mannschaft nach unerträglichen Niederlagen oder anhaltend schlechter Leistungen nach Spielende in der Nordkurve zu verbrennen. Dann gab’s noch das akribische Zerreißen der kompletten Inhalte sämtlicher Münchner Zeitungskästen, damit beim Einlaufen die Nordkurve in ein Konfettimeer gehüllt werden konnte.

Wie hat sich das Publikum nach dem Abstieg in die Bayernliga verändert?

Erst einmal hat sich nichts geändert. Die ersten ein, zwei Jahre in der Bayernliga waren eigentlich Euphorie pur. Die große Löwenfamilie ist zusammengerückt. Das Motto war: „Jetzt erst recht!“ oder „Wir kommen wieder!“ Viele namhafte Fanclubs wie die Giesinger Löwen, Blue Lions Forstenried oder die Göppinger Löwen gründeten sich in dieser Zeit. Ich bin damals – zumindest formell – auch endlich erwachsen geworden. Und ab da ging’s für mich richtig rund! Speziell aus meiner Sicht und in meinem Fanumfeld hat man bald gemerkt, dass die Zeit der Fußballrocker, der „Wuidn", der alten Rowdys vorbei war und dass eine junge Generation kam, die sich ein bisschen anders orientierte: noch mehr Gewalt, noch exzessiver, elitär, aber auch irgendwie viel cooler. Und da war dann auch schon der Begriff „Hooligan" sehr aktuell.

Wann war das?

Ich meine, man hat so 1981/82 angefangen, dem Begriff Hooligan eigene Akzente zu geben. Das Geschehen in England – die dortige Fankultur, die Musik und die Jugendsubkulturen – war großes Vorbild und Orientierungspunkt. Die „Oidn", die „Wuidn" und die ganz Krassen, die haben sich noch regelmäßig zwei, drei Jahre lang Bayernliga angetan. Danach hast du gemerkt, dass die weggebrochen sind. Diese Lücke im Bereich „Faszination Gewalt" haben dann wir Jungen aufgefüllt – mit eigener Denke, anderem Kleidungsstil. Wir waren die Hools, die Casuals. Auch die Skinhead-Kultur erlebte in den ersten Jahren Bayernliga einen Höhepunkt im Stadion. Die Bayernligazeit war aus meiner damaligen Sicht auch sehr unterhaltsam: Man konnte ohne großen Aufwand Vollgas geben bei Sechzig! Auch wenn es natürlich nicht so „eventgeprägt" war, weil es nicht so viele Highlight-Spiele gab. Man ist auf die Dörfer gefahren, hat sich um 'nen billigen Rausch gekümmert und ansonsten unmöglichst aufgeführt. Rebellisch sein, provozieren, Suff, viele Gleichgesinnte um dich herum. In der Masse fühlt man sich stark, und da geht immer was. Manchmal hat man sich hinterher insgeheim für das Getane geschämt.

Als ich 1989/90 angefangen habe, zu 1860 zu gehen, hatte meine Mutter immer Angst. Ich habe mich gewundert, weil ich nie irgendetwas mitbekommen habe. Aber wahrscheinlich hatte sie die Zeitungsberichte aus dieser Zeit im Kopf …

Ich erzähle das natürlich sehr fokussiert. Der überwiegende Teil der Löwenfans war ein sehr sportbegeistertes, faires Publikum. Aber wenn wir zu der Zeit unterwegs waren, war meistens Alarm. Ein Höhepunkt in der Bayernliga war Schweinfurt daheim: Platz stürmen, Zaun einreißen. Oder Fürth auswärts. Wenn es mal zu etwas kam, wie in den Aufstiegsrunden zur 2. Liga, war da eine unglaubliche Masse an Leuten, auf die selbst die Roten neidisch rübergeschaut haben. Aber meistens war es einfach nur: sich aufführen, klauen, zechprellen, randalieren.

Bei 1860 haben die Zuschauerzahlen Ende der 1980er Jahre abgenommen, es sind weniger Leute gekommen. Ist dann auch gewalttechnisch Ruhe eingekehrt?

Die Highlight-Spiele kennen wir ja alle: Schweinfurt, Unterhaching und Fürth – da war das Stadion voll. Aber für mich persönlich waren viele Heimspiele in der Bayernliga zunehmend triste, manchmal sogar quälende Pflichtveranstaltungen. Da waren teilweise erbärmlich wenige Leute im Giesinger Rund. Es ist auch auswärts wesentlich entspannter geworden. Für die Unverbesserlichen gab es ja noch andere Spielwiesen …

Wie hat es denn Ende der 1970er, Anfang der 1980er Jahre mit weiblichen Fußballfans ausgesehen?

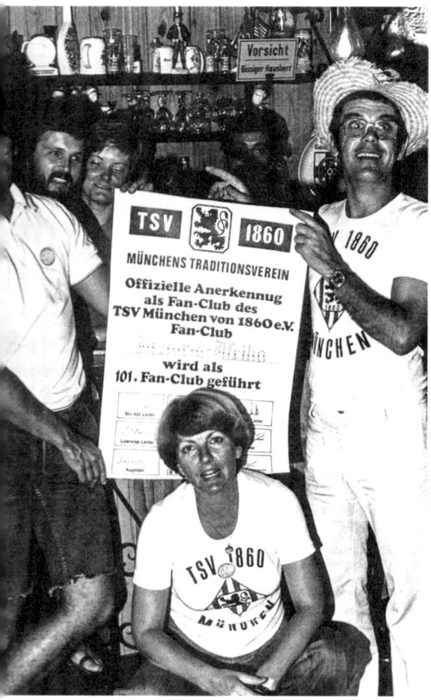

Löwen-Fanclubs gibt es auf der ganzen Welt.

Damals gab's auch in diesem bisher angesprochenen speziellen, ziemlich gewalttätigen und männlich dominierten Macker- und Machokreis einige Frauen: Mädchen und Frauen, die sich durchaus auch entsprechend aufführen konnten. Die waren Sechzger-Fans, die waren tätowiert, die hatten Schals um, die hatten teilweise auch so eine Rockerkutte an. Die waren nicht nur ein Anhängsel zum Herzeigen und Bierholen, die waren voll dabei und mittendrin. Das waren bestimmt nicht mal 15–20 Prozent. Aber rückblickend auf meine Fan-Anfangsjahre könnte ich da locker zehn bis fünfzehn Faninnen aufzählen, die mir über die Jahre bekannt waren. Wenn man bedenkt, dass ich ja hauptsächlich nur den hier speziell geschilderten Teil der Fanszene unter der Anzeigetafel in Erinnerung habe, ist das schon eine gute Quote. Aber auch in vielen „organisierten Fanclubs" gab es etliche Frauen, die was zu sagen hatten. Auch wurde der große Fanclub-Dachverband, die ARGE, zu der Zeit von einer Frau geführt.

Gab es auch Freundschaften oder Kontakte von Sechzgerfans zu anderen Vereinen?

1979/80 hat die Blue Army Munich bzw. Löwen 78 eine Fan-Freundschaft mit Köln angefangen. Irgendwelche Sechzger-Fans wurden irgendwo angegangen, und die Kölner Fans haben denen geholfen. Oder umgekehrt. Diese Fan-Freundschaft „Sechzig und der FC Köln" war zu meinen ersten Olympiastadion-Zeiten ziemlich präsent. Man hat viele Aufnäher und sogar Schals und Fahnen gesehen. Das ist dann aber über die Jahre eingeschlafen und später von Münchner Seite final beendet worden, weil wir Jungen keinen Bock auf die Kölner hatten – das waren erst einmal Feinde.

Auch die Verbundenheit zu Chelsea oder West Ham wurde gezeigt. Das war aber – bis auf wenige private Ausnahmen – eine eher einseitige, aus der Bewunderung oder unserer Historie heraus entstandene Sympathiebekundung.

Die Freundschaft „Sechzig und der FCK" kam ursprünglich auch aus einem sehr kleinen Kreis der gewaltbereiten Szene von Sechzig zu entsprechenden Leuten von Kaiserslautern. Sechzig war da noch in der 2. Liga im Olympiastadion, 1980/81. Irgendwie hat sich dieses „Sechzig-Lautern" später weiterverbreitet. Richtig Fahrt aufgenommen hat das dann, nachdem wir aufgestiegen waren, 1993–1995. Da haben andere Leute diese Freundschaft in die Hand genommen, eher so die organisierten ARGE-Fanclubs. Das hat gut harmoniert, denn Pfälzer sind ja auch so „gmiatliche", lebensfrohe Menschen und können den FCB nicht leiden.

Nicht vergessen sollten wir die freundschaftlichen Beziehungen zu vielen St. Pauli-Fans. Diese Sympathie entwickelte sich kontinuierlich seit unserem ersten Aufstieg aus der Bayernliga 1991. Es gab sogar zwei große Fanpartys in der Muffathalle. Die Freundschaft war geprägt vom Underdog-Status und dem Publikum beider Vereine. Das ebbte aber bis zum Ende der 1990er ziemlich ab. Die verstärkte politische Grundhaltung und das beispielhafte fanpolitische Engagement der St. Pauli-Fanszene stieß bei genügend Löwenfans auf immer weniger Resonanz. Dazu trugen auch schon damals kleine rechtsoffene und rechtsradikale Strömungen innerhalb der Löwenfanszene bei. Leider bestehen heute nur noch wenige intensive persönliche Beziehungen zwischen beiden Fanlagern.

Schauen wir mal auf die Situation nach dem Aufstieg in die 1. Liga 1994, nach dem erneuten Umzug ins Olympiastadion. In meiner Erinnerung sind damals auch ganz andere Leute gekommen. Wie würdest du die Fans so um 1995 beschreiben?

Ich empfand die Fanszene von 1860 schon immer als unglaublich facettenreich. Diese Vielfalt war trotz des Umzugs ins Olympiastadion weiterhin sichtbar. Außerdem war die Kurven- und Tribünensituation eine andere: Es war weitläufiger und die Stammplätze wurden neu verteilt. Es kamen natürlich verstärkt die Leute zurück, die sich von den Löwen in den Jahren der Bayernliga etwas abgewandt hatten. Auch erste Anzeichen für ein sogenanntes „Eventpublikum" konnte man erkennen.

Es waren aber auch neue Entwicklungen in der Fanlandschaft zu beobachten, es gab gewisse alternative Strömungen. Fanaktivisten wie die Freunde des Sechz'ger-Stadions bzw. die Faninitiative Sechzger-Stadion hatten sich gerade erst gegründet und in der Fanlandschaft etabliert, ebenfalls eine neue Generation der Löwenfans gegen Rechts. Auch wenn von diesen Bayernliga-Giesing-Sechzger-Stadion-Fanaktivisten viele dem Geschehen im Oly am Anfang erst einmal ferngeblieben sind, so haben sie durch ihr unermüdliches Handeln bei einem großen Teil der Löwenfanszene einen prägenden Eindruck im fanpolitischen Bewusstsein hinterlassen. Und da war dann ja auch der unübersehbare Riss, der in den nachfolgenden Jahren durch immer größere Teile der Löwenfanfamilie gehen sollte, für alle zu spüren – pro/contra Wildmoser, pro/contra Oly.

Aufgrund des Bundesliga-Aufstiegs war die Fanszene allerdings auch sehr euphorisiert. Schön zu sehen war die Welle an jungen Leuten, die da kamen: junge Leute, die Bock hatten auf den TSV 1860, die auf Augenhöhe mit dem übermächtigen FCB durch die Stadt gingen und die anfingen, ihr noch junges Fanleben zu gestalten. Es war auch genau in der Zeit, 1994/95, als der Begriff „Ultras" aufkam. Das Thema Ultras war auch für mich sehr spannend und interessant. Ich hatte da gerade meine Arbeit beim neugegründeten Fanprojekt München begonnen. Ich sah somit in der Fanprojektarbeit auch die Möglichkeit, jugendliche Fans in ihren speziellen, neuen Interessens- und Fanlebenswelten kennenzulernen, zu unterstützen und zu fördern. Und natürlich auch für Verständnis zu werben.

Wer war damals dein Klientel? Gab's da schon Gruppen?

Es waren vor allem junge Leute, die schon irgendwie aktiv und locker organisiert in der Fanlandschaft unterwegs waren. Die kamen nicht nur aus München, viele waren auch aus dem S-Bahn-Bereich. Junge Fans, die verstärkt auch die zweite Mannschaft unterstützten, die erst mal ihren Platz in der Kurve finden mussten. Als ich als Fanprojektler angefangen habe, gab's zum Beispiel schon Liontology Gernlinden und Olching. Ziemlich bald darauf haben sich dann die Chaoten 1860 gebildet. Das war somit die erste Ultragruppe bei den Löwen.

Wann war das?

Die haben sich 1996 gegründet. Die Chaoten waren dreißig bis vierzig Leute, dazu kam noch ein Umfeld. Dazu gab es noch so Kleingrüppchen, die wollten zwar auch irgendwie Ultras sein, aber als eigene Gruppe ihren Weg gehen: Blue Vikings, Amper-Löwen, Blue Boys, Reihe 36 etc. Da kam eine kritische, aktive, kreative und stets über den Tellerrand hinausschauende, neue, junge Fangeneration zusammen.

Das Thema Sechzger-Stadion war dann auch irgendwann nicht mehr ganz so präsent. Da ging's dann aber auch los mit Wildmosers Präsidenten-Machenschaften. Und es gab viele andere Themen: bundesweite Fanproteste, pro 15.30 Uhr-Anstoßzeiten und die ersten Arena-Kuscheleien. Man hat sich zu Spielertransfers geäußert, man hat kritische Inhalte nicht nur auf Transparenten, sondern in ganzen Choreographien rübergebracht.

Man kann sagen, dass die Chaoten 1860 in dieser Zeit die größten Blockfahnen in Deutschland gemacht haben. Selber genäht und bemalt, wohlgemerkt. Ob's jetzt schön ausgeschaut hat, ist wieder eine andere Sache.

Wir Blauen waren auch die Ersten mit den richtigen Groß-Schwenkfahnen in München. Man hatte die in Italien gesehen sowie bei Kaiserslautern und Frankfurt. Und das mussten wir bei

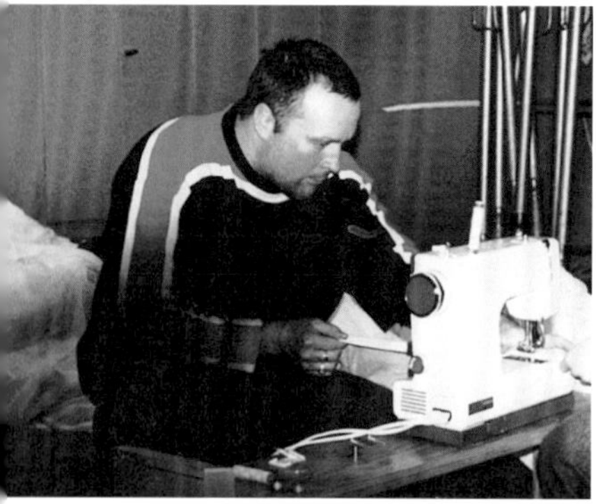

Lothar beim Fahnennähen.

uns auch haben! Nicht mehr nur normalen weiß-blauen Leinenstoff, sondern coole Motive, andere Muster. Da waren wir in München vor den Roten dran. Die haben sich geärgert, als wir beim Derby mit sechs selbstgenähten Riesenschwenkern von sechs/sieben Metern Höhe auf fünf/sechs Meter Länge aufgetreten sind! Das war natürlich schon ein Erlebnis!

Welche anderen Fans gab es noch zu der Zeit?

Man könnte da Parallelen ziehen zu früher: Die Wuidn und die Fußballrowdys – und die Bauern und die Normalos. Ansonsten gab es die Allesfahrer und viele Länderspielfahrer. Dazu noch die nostalgischen Alten und die euphorischen Jungen. Viele „Westkurvensteher" aus der Bayernligazeit sind auf die etwas komfortableren Sitzplätze neben der Nordkurve gewechselt. Es haben sich auch viele neue Bekanntschaften innerhalb der Löwenfanfamilie entwickelt.

Ultrà war zu Olympiastadion-Zeiten nie so dominant, wie es sich in den vergangenen zehn bis fünfzehn Jahren entwickelt hat. Die Ultras waren da, haben das Olympiastadion in Rauch und in Fahnen gehüllt, es gab den ersten Vorsänger – aber die Kurve von Sechzig wurde davon noch nicht so intensiv geprägt. Die Gesamtgemengelage sah eher so aus: Kutte, Schal und Trikot, verschiedene Kleingruppen und die vielen großen und kleinen organisierten Fanclubs.

Wie ging es nach den Chaoten weiter?

Letztendlich völlig normal. Wenn bei den Älteren andere Interessen in den Vordergrund rücken oder sie glauben, genug für den Verein gemacht zu haben, und sich deshalb zurückziehen, treten die Jüngeren auf die Bühne. Auch bei Sechzig fanden sich neue, junge Leute zusammen. Die wollten noch mal was anderes, die wollten noch mehr Dampf geben in Sachen Ultrà. Und die haben dann die Cosa Nostra gegründet.

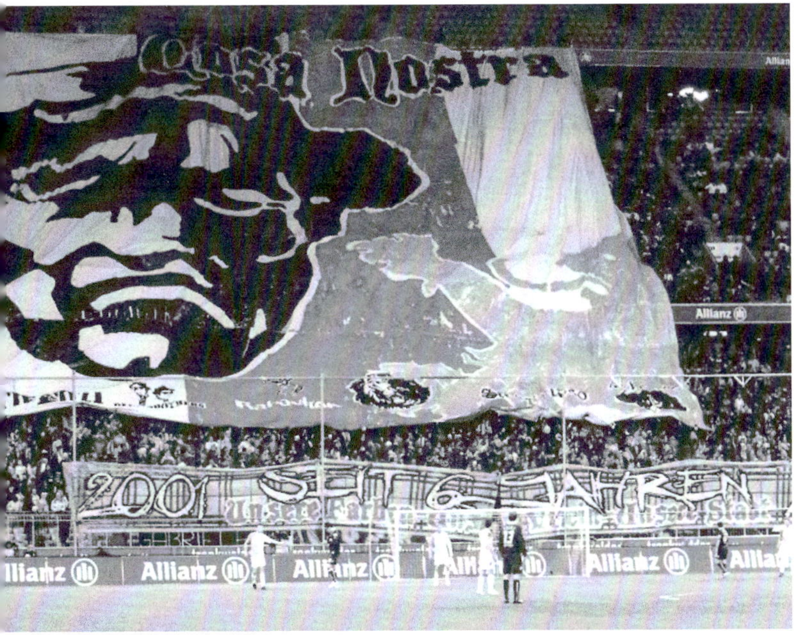

Choreo der Cosa Nostra zu deren sechsjährigem Bestehen 2007.

Wann war das?

So um 2001. In Sachen Zusammenarbeit mit dem Verein hat die Cosa Nostra einen ganz neuen Weg beschritten: Die haben versucht, ihre Kritik auch anders loszuwerden, bestimmte Dinge direkter, persönlicher und intensiver zu thematisieren. Und interessanterweise haben sie es geschafft, die Mehrheit der Kurve anzusprechen. Die Cosa Nostra ist auf die ganze Kurve zugegangen; mit den Chaoten kam man nie wirklich ins Gespräch.

Die CN hat es geschafft, dass im Olympiastadion wirklich 8.000 Leute gleichzeitig auf Kommando gesungen oder geklatscht haben, obwohl von den 8.000 viele auf die Ultras geschimpft haben, weil die ja gegen den Wildmoser waren.

Bei der CN ging's auch los mit diesem Ultrà-Vorsänger mit dem Megaphon. Vorsänger hat man vorher auch schon gehabt, aber nicht auf so eine personenbezogene, dominierende Art.

Die Cosa Nostra war auch mittendrin in der Diskussion Olympiastadion/Allianz Arena. Der Umzug in die Allianz Arena und die WM 2006 – das waren wirkliche Hürden für die Ultras. Und diese

Debatte rund um die Arena war größer und umfassender als seinerzeit der Umzug vom Sechzgerstadion ins Olympiastadion, denn das wurde damals als ein eher reines Sechzger-Thema angesehen. Jetzt war's ein politisch geprägtes Prestigethema, bei dem die ganze Stadt München, der FC Bayern, 1860, die Industrie, der DFB und die FIFA involviert waren.

Was hat sich für die Fans ab 2005 – das heißt nach dem Umzug in die Allianz Arena und dem verpassten Wiederaufstieg in die Bundesliga – geändert? Wie haben sich die Fans geändert?

Für die aktive Szene und vor allem für die, die sich schon lange und intensiv gegen eine gemeinsame Arena engagiert und vielleicht auch schon den Umzug ins Oly äußerst kritisch begleitet hatten, war das erstmal sehr schwer zu verdauen. Es gab genügend Fans, die gar nicht in die Allianz Arena gegangen sind. Man hat gemerkt, dass da Leute aus allen Bereichen weggebrochen sind.

Bei den vielen Befürwortern war die Euphorie zunächst groß. Weil es ja so toll ist, in so einem modernen und besonderen Tempel zu spielen! Nur: Dass wir bald zur Miete beim Erzrivalen und hundertprozentigen Eigentümer, dem FCB, spielen mussten, das wurde von gewissen Fankreisen zunächst ausgeblendet. Aber auch hier stellte sich die Realität der 2. Liga ein.

Dennoch glaube ich, dass vor allem die sportliche Situation in Verbindung mit der Vereinspolitik, die dann nach außen gedrungen ist, die Stimmung geprägt hat. Dazu kam die Erwartungshaltung und vor allem auch, dass unerträglich viele Leute von außen mitredeten. Ich bin der Meinung, dass noch nie so viele besserwissende Leute öffentlich von außen mitgeschwätzt haben wie zu Allianz Arena-Zeiten.

Das ganze Tohuwabohu – ständig wechselnde Präsidenten und Geschäftsführer, Medien, die sich's Maul zerreißen etc. – hat auch die Fans genervt, die „nur Fußball schauen" wollten. Da hat sich die Unzufriedenheit auf allen Seiten gezeigt.

In der Ultraszene hat sich das – oberflächlich gesehen – zunächst nicht so breit gemacht. Ultrà war angesagt, hatte unglaubliche Dimensionen angenommen in Deutschland, in Europa, sowohl in der Wahrnehmung der Jugend als auch der Vereine, der Sicherheitsorgane und der Medien. Sich in dieser Phase von der Arena runterziehen zu lassen, war nicht möglich. Darum ist da auch sehr viel entstanden bei den ganz Jungen. Man darf nicht vergessen, dass sich in dieser ungeliebten Versicherungs-Schüssel immerhin eineinhalb junge Fangenerationen sozialisiert haben.

So um 2012 hat die Cosa Nostra dann gesagt: Aufgrund der Entwicklungen sehen wir uns nicht mehr in der Lage, als DIE führende Ultragruppe beim TSV 1860 in diesem Stadion oder dieser Allianz Arena aufzutreten. Das war die Konsequenz daraus, dass sich verschiedene Strömungen innerhalb der Gruppe gebildet hatten. Die einen wollten nicht mehr in die Allianz Arena gehen, andere waren mit dem Verein nicht im Reinen, wieder andere waren mit den eigenen Gruppenstrukturen unzufrieden. Die Cosa Nostra hat dann den Rückzug aus der zentralen Position angetreten und damit den Weg frei gemacht für die Giasinga Buam, die einen großen Teil des jungen Ultrà-Nachwuchses repräsentierten.

Die Giasinga Buam waren aufgrund ihrer jugendlichen Unbekümmertheit noch nicht so abgestumpft, waren viel euphorischer. Sie hatten für alles offene Ohren – und vor allem hatten sie neue Ideen. Und die haben das eigentlich relativ gut gemacht. Die hatten sogar ein politisches Statement. Als erste Fangruppe neben den Löwenfans gegen Rechts haben sie sich offen positioniert: „Rassismus aus den Köpfen – Nazis aus der Kurve!" Das war ein Novum bei Sechzig. Bei den Leuten, die sich gerade zurückgezogen hatten bzw. die noch gar nicht wussten, wo sie sich positionieren sollten, hat das für Verwirrung oder Unverständnis gesorgt, so dass die Giasinga Buam immer ein bisschen mit Argwohn, interner Kritik und Anfeindung zu kämpfen hatten.

Dann kam der Investor. Die Hardcore-Situation mit dem Investor mussten die Buam als Ultragruppe verarbeiten. Und man muss auch beachten, wie sich Ultra in den letzten fünf, zehn Jahren entwickelt hat: Als Ultrà stehst du unter Beobachtung, du stehst deutschland-, vielleicht sogar europaweit unter Druck. Da spielen die Medien, soziale Netzwerke, Handyfotos, Instagram, WhatsApp, Faszination Fankurve etc. eine wahnsinnige Rolle. Das hatten die Chaoten nicht, dass hatte die Cosa Nostra am Anfang auch nicht. Die Buam waren da voll mittendrin. Die mussten sich deutschlandweit positionieren, innerhalb der Kurve rechtfertigen und dann auch noch die Speerspitze des Protests gegen den Investor und für einen Auszug aus der Arena sein. Das war schwierig. So ist dann diese Gruppe vielleicht auch daran zerbrochen. Meiner Meinung nach war das bestimmt nicht nur der ominöse Fahnenklau.

Sondern?

Die Stimmung untereinander. Zwischenzeitlich sind andere Kleingruppen und Teile ehemaliger Gruppen aktiver geworden. Einige Kleingruppen waren vielleicht auch mit Führungsleuten nicht einverstanden. Interne Querelen, Kleinigkeiten oder der Charakter von einzelnen Personen gerieten in den Vordergrund der Kritik, so dass das ganze Fankurven-Gruppenleben darunter gelitten hat.

Als dann auch noch die Fahne geklaut wurde, hat das einen gewissen Teil der aktiven oder ehemals aktiven Fanszene außerhalb der Giasinga Buam wohl gar nicht mehr so arg berührt. Da wussten sie: Jetzt müssen sie sich auflösen.

Fahnenklau ist auf alle Fälle eine miese Sache, und es war auch wirklich eine ätzende Aktion. Da kann die rote Szene niemals stolz drauf sein. Leider ist damit dieses beschissene Niveau jetzt auch in München angekommen.

Dass die Existenz einer Ultragruppe, die so viel erreicht hat, durch so etwas beendet wird, ist schon hart. Persönlich meine ich, die hätten sich aufgrund des Fahnendiebstahls nicht aufzulösen brauchen. Aber unter dem nachfolgenden Druck wären sie zusammengebrochen. Der deutschlandweite Ultrà-Kodex kennt da klare Verhaltensvorschriften. Zusätzlich das Gemenge an Vorwürfen: „Ihr habt Schande über die Kurve gebracht!“, „Ihr macht zu viel Politik!“, „Ihr seid verweichlicht!“, „Bei euch sind zu viele Deppen!“, „Zu viele Weiber in der Kurve!“ – Man hätte wirklich immer alles auf die Giasinga Buam projiziert.

Danach war dann ein bisschen Leerlauf. Und in der Fanszene fand ein gewisser Neustrukturierungsprozess statt. Es hat sich dann der Ultra- und Aktive Szene-Dachverband Münchner Löwen gegründet.

Wer sind die Münchner Löwen? Wie wurden die ins Leben gerufen?

Die Münchner Löwen sind Alt-Aktivisten aus verschiedenen ehemals oder wieder existierenden bzw. neugegründeten und sehr aktiven kleineren Gruppen. Dazu stießen noch viele neue, junge Fans. Dass Vertreter aus allen Gruppen so eine Art Gremium bilden, in dem die aktuellen Themen und die Vorgehensweisen besprochen werden, ist vorbildlich. Dieser Ansatz ist vielleicht der einzig richtige: Münchner Löwen als Dach, und darunter sind viele kleine, gleichberechtigte Ultragruppen – jede hat so ihren Schwerpunkt, jede Gruppe hat eine gewisse Autonomie und die Möglichkeit, sich konstruktiv im Großen einzubringen. Und von Anfang an wird das gesamte Fanspektrum in der Kurve bzw. im Stadion angesprochen und miteingebunden.

Wenn man sich jetzt im Sechzger-Stadion umschaut: Das ist schon schön, das ist gut organisiert. Der optische Auftritt in der Westkurve ist gewaltig, das ist ein massiver Block. Die Fans singen mit, und wenn die Gegengerade und sogar die Haupttribüne einstimmen, ist das auch sehr brachial!

Bloß: Wie schnell lehnen sich manche zurück und sagen: So, das war's, ich hab jetzt schon genug investiert für Sechzig. Und wie wird man es schaffen, die jungen Fanaktivisten nicht gleich zu verheizen? Denn in einer Kurvenstruktur brauchst du auch die aktiven 25- bis 35-Jährigen, weil sie die Jungen motivieren können, den Jungen Sicherheit geben und auch die Stimmung und bewährte Strukturen bewahren bzw. positiv beeinflussen und weiterentwickeln können.

Ich habe den Eindruck, dass da sehr viele junge Leute nachgekommen sind.

Absolut, da gebe ich dir Recht. Ich bin wirklich sehr überrascht, wie viele junge Leute seit dem Abstieg in die Regionalliga dazugekommen sind. So viele Kinder mit ihren Eltern überall, besonders unten in der Gegengerade. Es ist auch enorm, wie viele der organisierten Fanclubs sich um ihren Fannachwuchs kümmern. Es gibt auch drei, vier Kleingruppen mit einem Durchschnittsalter von 14/15, die sich Ultra-mäßig orientieren, die interessanterweise zum Teil ihr ganz eigenes Ding machen.

Absolut erwähnenswert ist noch die neu entstandene Fanzeitung Da Brunnemiller. Ein professionelles Fanheft, das es zu jedem Heimspiel in einer neuen Ausgabe gibt. Die Macher legen Wert auf breite Information, Kreativität, Engagement und Stadtviertel-spezifische Berichterstattung, haben eine kritische Haltung und einen szeneübergreifenden Anspruch.

Zum Abschluss noch ein paar kurze Fragen: Das beste Buch über oder um 1860?

Die Festschrift *Hundert Jahre Turn- und Sportverein München von 1860*. Da stehen am meisten kompakte Infos über unseren Gesamtverein drin. Das sollte sich jeder einmal durchlesen.

Hast du einen Lieblings-Fangesang?

Früher habe ich gerne angestimmt: „Heya, heya, TSV!" Also das langsame: „Heeeyyya, heeeeeyya, TSV!" Letztendlich brachial.

Welche guten Fanzines fallen dir ein?

Löwenzahn, TorRaub, Sinn des Lebens, Löwenmut, Angriff, Zugabe, Brunnenmiller

Was wünschst du dir für die Sechzig-Fans oder für 1860?

Für Sechzig wünsche ich mir ein echtes Vereinsheim und eine riesige Turnhalle nebst vielen Funktionsräumen und einem Gesamtvereinsmuseum. Und für die Fans wünsche ich mir, dass wir uns wieder schwerpunktmäßig zum TSV 1860 MÜNCHEN bekennen und nicht nur in dieser verklärenden TSV 1860 Giesing-Reduzierung hängenbleiben.

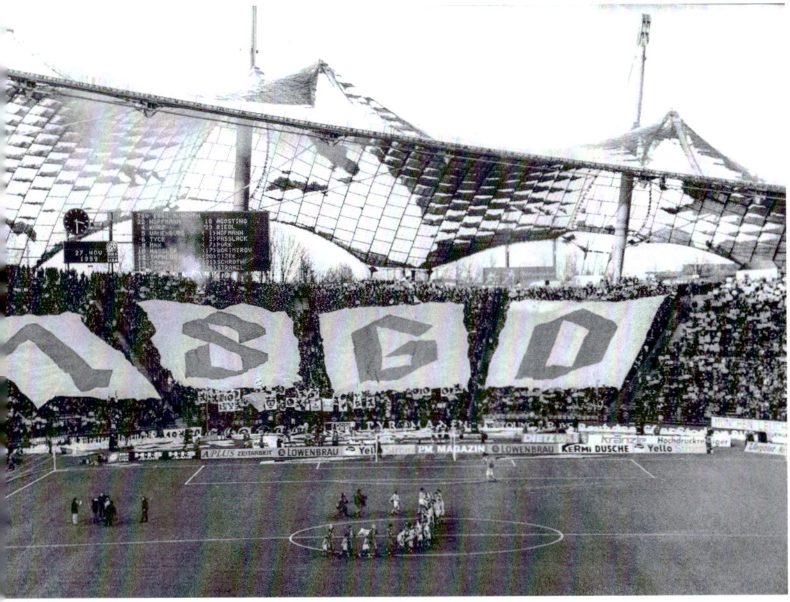

Choreo vor dem Derby am 27. November 1999 im Olympiastadion.

„Ole, Ole Super Löwen
Wir kommen wieder
Aber ohne Nazis
Faschisten raus aus der Kurve"
(Antifaschistisches Transparent aus dem Jahr 1988)

Am 12. September 1990, einem Mittwochabend, spielte der TSV 1860 München im Sechzger-Stadion gegen den SV Türk Gücü. Dass keine besonders große Freundschaft zwischen den Anhängern der beiden Vereine bestand, hatte ich schon vorher mitbekommen. Ich kannte auch Gesänge wie: „Türk Gücü, Rasnici, Cevapcici – huha!" Aber von dem Verhalten, den ausländerfeindlichen Kommentaren und Gesängen der Löwenfans in der Westkurve war ich so angewidert, dass ich in der Halbzeitpause in die Ostkurve wechselte, um dort das Spiel zu Ende zu sehen. Für Türk Gücü habe ich zwar nicht geschrien, aber mir war es ein Anliegen, meine Solidarität mit den Beschimpften dadurch zum Ausdruck zu bringen, dass ich mich in deren Nähe stellte und zeigte, dass nicht alle Löwenfans rassistische Deppen sind.

Damit habe ich sicherlich kein großes Zeichen gesetzt, aber für mich war die – räumliche – Distanzierung von den dämlichen, diskriminierenden Rufen in der Westkurve wichtig. Nach dem Spiel war meine Freude über den 2:0-Sieg deutlich getrübt. Ich habe mich geschämt, war wütend, traurig und verwirrt, denn es waren ja „meine" Löwenfans, und ich gehörte zu ihnen.

Es ist schwer zu beurteilen, ob die Fans damals fremdenfeindlicher waren als heute oder ob das zu dieser Zeit einfach „normal" war und zum Beschimpfen des Gegners gehörte. Fakt ist, dass der TSV 1860 München seine Wurzeln im konservativ-bürgerlichen Milieu des ausgehenden 20. Jahrhundert hat, in den 1920er Jahren national-völkisch ausgerichtet war und dass die Vereinsführung die Machtübernahme der Nationalsozialisten

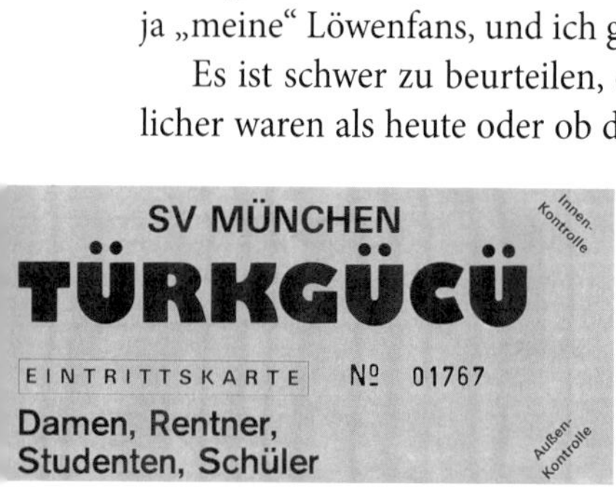

Eintrittskarte zum Spiel Türk Gücü München-1860 München am 12. September 1990 (0:2).

mit Begeisterung aufgenommen und fortan sehr eng und bereitwillig mit den neuen Machthabern zusammengearbeitet hat. Die Vereinszeitungen aus den Jahren 1933 bis 1938 zeigen deutlich, wie sehr sich die Vereinsführung mit den Gedanken des Nationalsozialismus identifiziert hat.

Nach dem Zweiten Weltkrieg war es schwer, „unbelastete" Personen zur Mithilfe am Wiederaufbau des Vereins zu finden. Wie in vielen anderen Vereinen und auch beim DFB wurde dieser Teil der Geschichte jahrzehntelang unter den Teppich gekehrt und erst nach der Ära Wildmoser aufgearbeitet. Aber wirklich gerne spricht darüber im Verein auch heute niemand. Dabei wäre eine konstruktive Auseinandersetzung mit der Geschichte nicht nur bedeutsam für das (Selbst-)Verständnis des Vereins, sondern auch eine hervorragende Möglichkeit, sich zu positionieren – gegen Rechtsextremismus, gegen Ausländerfeindlichkeit und gegen jegliche Form der Diskriminierung.

Dafür treten die Löwenfans gegen Rechts seit vielen Jahren ein. Bereits Anfang der 1990er Jahre haben sich Fans des TSV in der Faninitiative 1860 München zusammengefunden, um „gegen Ausländerfeindlichkeit bzw. rassistische und faschistische Tendenzen unter einigen Fans im Stadion anzugehen". In einem Leserbrief an die Stadionzeitung Löwenexpress, der dort am 21. Mai 1993 veröffentlicht wurde, stellt sich die Faninitiative 1860 München vor und fordert den Verein auf, den Verkauf von Aufnähern mit der Reichsflagge, der Reichskriegsflagge sowie dem Eisernen Kreuz zu unterbinden und mit Durchsagen und Stellungnahmen gegen „Affenlaute" vorzugehen. In der Saison 1992/93 war ein Transparent in der Westkurve mit dem Spruch „Löwen gegen Nazis – 1860 für alle" zu sehen. Von einem Verteilerkasten habe ich damals ein Plakat mitgenommen: „Wir kommen wieder … aber ohne Rassisten!" Und auch homophobe Fangesänge wurden damals schon angeprangert: „Wie kommt ihr eigentlich dazu, das Wort schwul als Schimpfwort zu verstehen […] Habt ihr tatsächlich solche sexuellen Komplexe, daß ihr dieses sogenannte Anderssein nicht tolerieren könnt? Wenn ja, dann verpißt euch!" (LöwenZahn vom 5.11.1994) Zwei Jahre zuvor hatte der Löwenexpress bereits einen Artikel mit der Überschrift „Ausländer rein!" veröffentlicht, in dem Stellung bezogen wird gegen Affenkonzerte und Beleidigungen ausländischer Spieler. Als ich das neulich wieder gelesen habe,

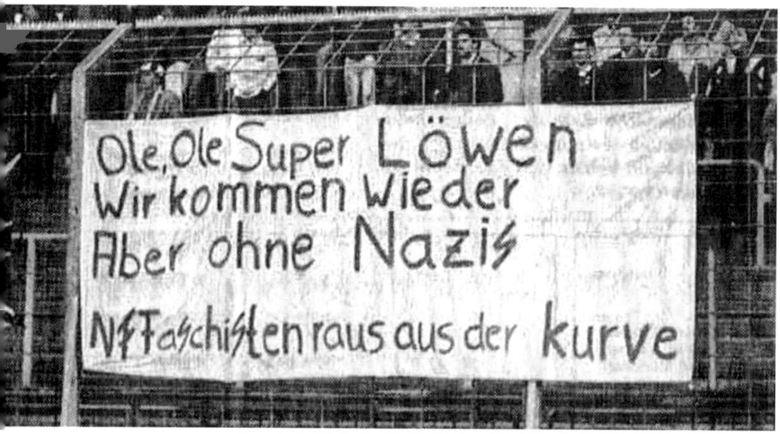

Transparent von 1988.

habe ich mich gefragt, wieso das 27 Jahre später immer noch ein Thema sein muss.

In den LöwenNews Nr. 6, 2001/02 stellten sich die Löwenfans gegen Rechts erstmals vor: „Die Löwen-Fans gegen Rechts gibt es wieder seit Anfang diesen Jahres. Zu Bayernliga- bzw. Zweitligazeiten gab es diese Initiative bereits, sie löste sich allerdings mit dem Umzug ins Olympiastadion auf. Wieder angefangen hat es mit einer Gruppe von 8 Leuten, die mit einem Transparent ein Zeichen gegen die leider wieder im Stadion auftretenden Rechten setzen wollten. Die Resonanz darauf war so groß und positiv, dass beschlossen wurde, die Faninitiative wieder aufleben zu lassen.

Wir wollen uns den Spaß am Fußball nicht durch hirnloses Uh-Uh-Geschrei, wie z. B. im Spiel gegen Dortmund, verderben lassen. Wir wollen uns die Peinlichkeit ersparen, wenn aus der Kurve ‚Zick-Zack-Zigeunerpack' erschallt, wie in Augsburg beim Spiel gegen Smederevo. Dieses Gebrüll kommt noch von einer Minderheit. Zeigen wir diesen Leuten, dass wir uns nicht in die rechte Ecke drängen lassen. Machen wir den Glatzen klar, dass Nazi-Symbole nichts mit 60 zu tun haben, und damit nicht ins Stadion gehören.

Lasst uns mehr Zivilcourage zeigen und diese Leute den Gegenwind spüren: Dazu wollen wir euch ermuntern mit unseren Aktionen, Flugblättern und T-Shirts. Inzwischen ist unsere Initiative deutlich größer geworden und wir können erste Erfolge verbuchen. Der Verein hat sich mit uns an einen Tisch gesetzt und diese Thematik ausführlich und offen besprochen. Der Verein hat inzwischen ein Transparent zur Verfügung gestellt (Fußballspaß statt Rassenhass), das über dem großen Marathontor hängt und es wurden weitere Ergebnisse erzielt, auf die wir noch entsprechend hinweisen werden."

2002 zeigten die Löwenfans gegen Rechts die Ausstellung „Tatort Stadion: Rassismus und Diskriminierung im Fußball", im selben Jahr wurde die Initiative im Rahmen des Wettbewerbs „Aktiv für Demokratie und Toleranz" ausgezeichnet. In den Jahren 2008 und 2009 gab es für die Löwenfans gegen Rechts drei tolle Erfolge: Zunächst änderte der TSV 1860 München auf Initiative der Löwenfans gegen Rechts seine Hausordnung: Das Tragen von Kleidungsstücken von bei Neonazis beliebten Modelabels, das Zurschaustellen von Symbolen rechten Inhalts sowie diskriminierende Äußerungen sind seitdem verboten. Im Herbst 2009 wurden die Löwenfans gegen Rechts für ihr Engagement mit dem Julius-Hirsch-Preis des DFB ausgezeichnet. Kurz darauf stellte Anton Löffelmeier sein Buch *Die Löwen unter dem Hakenkreuz in* der Stadionwirtschaft vor.

Meinen ersten Löwenfans gegen Rechts-Schal habe ich im Januar 2008 im Rahmen einer Gedenkveranstaltung erhalten, die zum Erinnerungstag im Deutschen Fußball in der Versöhnungskir-

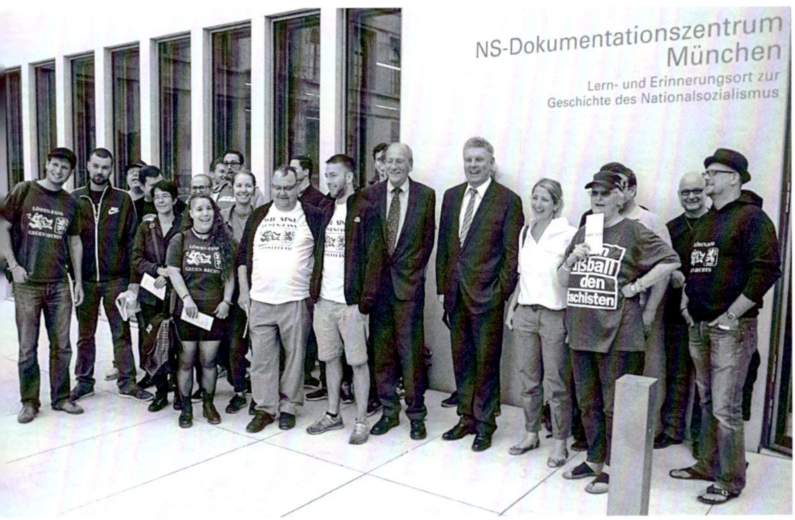

Löwenfans gegen Rechts bei der Verleihung des Münchner Bürgerpreises für Demokratie – gegen Vergessen, 2015.

che der Gedenkstätte Dachau stattfand. Drei Jahre zuvor hatten die Löwenfans gegen Rechts gemeinsam mit der Versöhnungskirche Dachau die Initiative *!Nie Wieder – Erinnerungstag im deutschen Fußball* ins Leben gerufen. Seitdem wird jährlich an den Spieltagen um den 27. Januar in den deutschen Stadien an die Opfer des Holocaust erinnert und zu Aktionen gegen Rassismus, Fremdenfeindlichkeit und Antisemitismus aufgerufen.

Seit 2012/13 bin ich selbst aktiv bei den Löwenfans gegen Rechts. Mich stören die immer noch und immer wieder auftretenden diskriminierenden Bemerkungen und Rufe im Stadion. Und ich habe keine Lust darauf, dass sich Neonazis in unserem Stadion vergnügen können, auch wenn es sich nur um einzelne Personen oder kleine Gruppen handelt. Leider gibt es immer noch viel zu viele Deppen, die mir die Laune durch ihre menschenverachtende und fremdenfeindliche Haltung verderben. Deshalb erachte ich es für notwendig, ein Zeichen dagegen zu setzen und mich für Vielfalt und Toleranz zu engagieren. Nach wie vor bieten die Löwenfans gegen Rechts gegen eine Spende T-Shirts, Schals und Mützen an, informieren durch Flyer, Diskussionsveranstaltungen, Buchlesungen und Filmvorführungen. 2013 haben wir mit der Präsentation der Ausstellung „Gegen die Regeln“ sowie verschiedenen Begleitveranstaltungen Homosexualität und Homophobie im Fußball thematisiert. Um auf weibliche Löwenfans und Sexismus im Stadion aufmerksam zu machen, haben wir 2016/17 das Fotoprojekt „Sechzge, Oide!“ auf die Beine gestellt. Wir feiern auch viel (z. B. bei den jährlichen Neujahrsempfängen mit Live-Bands und unseren „Souli-Partys“), nehmen an antifaschistischen Fußballturnieren teil und gehen selbstverständlich regelmäßig ins Stadion. 2015 wurden wir mit dem Münchner Bürgerpreis für Demokratie – gegen Vergessen ausgezeichnet.

Es gibt immer noch viel zu tun, sowohl im Stadion als auch außerhalb. 24 Jahre, nachdem der LöwenZahn homophobe Rufe kritisiert hat, sind diese wieder (vermehrt) im Stadion zu hören. Als die Giasinga Buam für die Stimmung im Stadion sorgten, hatten derlei Kommentare abgenommen, da sie sich nicht nur in ihrem Fanzine, sondern auch in der Kurve deutlich gegen jede Art von Diskriminierung eingesetzt haben. Mit der Euphorie über die Rückkehr ins Sechzger-Stadion sind diese Aspekte leider etwas aus dem Fokus geraten. Von Vereinsseite gibt es seit mehreren Jahren nur Plakataktionen oder Pressemeldungen, wenn in den Medien über rechtsextreme oder rassistische Vorfälle berichtet wird. Eine deutlichere Positionierung durch nachhaltige Kampagnen und/oder Aktionen findet – trotz mehrfacher Anregungen durch die Löwenfans gegen Rechts und das Fanprojekt – nicht statt. Daher ist es umso wichtiger, dass jeder einzelne Löwenfan auf dämliche Bemerkungen und Rufe reagiert, bei diskriminierenden Beschimpfungen einschreitet und deutlich macht, dass bei 1860 kein Platz ist für Rechtsextremismus, Fremdenfeindlichkeit und Diskriminierung.

„Dankbar sind wir heute noch für jede von ihm uns (nicht allzu kräftig) dedizierte Ohrfeige für unfaires oder ungezogenes Benehmen auf dem Spielfelde oder innerhalb des Kameradenkreises."
(Chronist Josef Braumüller 1929 über den 2. Spielwart Fritzsche in: *30 Jahre Fußballabteilung im Turn- und Sportverein München von 1860*)

Von September 2010 bis Dezember 2011 arbeitete ich als Pädagogin im Nachwuchsleistungszentrum des TSV 1860 München. Ich denke sehr gerne an diese Zeit und die Erlebnisse mit den Junglöwen zurück, auch wenn immer ein bisschen Schmerz mit dabei ist, weil der Abschied für mich am Ende sehr schwer war. Natürlich waren mir die Jungs alle ans Herz gewachsen. Aber ich freue mich immer besonders, wenn ich heute Marco Hiller, Nico Karger, Christian Köppel, Nono Koussou, Philipp Steinhart, Eric Weeger, Marius Willsch oder Markus Ziereis im Trikot der Löwen-Profis auf dem Platz sehe – tolle Jungs bzw. Männer, die ich damals kennen lernen durfte (und die auf einmal so groß und erwachsen sind).

Die Jugendarbeit des TSV 1860 München ist seit vielen Jahren ein Aushängeschild des Vereins. Mit dem Aufstieg der ersten Mannschaft in die 2. Bundesliga wurde der Nachwuchsbereich zu Beginn der Saison 1993/94 umstrukturiert und seitdem verfolgt 1860 München sehr erfolgreich ein eigenes Konzept zur langfristigen und kontinuierlichen Talentförderung. Ab Sommer 1997 haben Wolfgang Hauner und Ernst Tanner als Juniorenleiter-Duo die Jugendabteilung des TSV 1860 wieder als eines der führenden Nachwuchsleistungszentren im Profifußball etabliert. Heute wird es von Roy Matthes (seit 2007 bei den Löwen) und Manfred Paula geleitet.

Nach einer äußerst erfolgreichen Saison 2002/03 – erstmals qualifizierten sich A- und B-Junioren gemeinsam für eine Deutsche Meisterschaftsendrunde, die E-Junioren gewannen den Merkur-Cup und die C-Junioren errangen den Sieg beim bayernweiten Bau-Cup – wurde am 17. September 2003 die Löwen-Fußball-Akademie, das Junglöwen-Internat am Trainingsgelände, offiziell eingeweiht. Neben dem Umzug in die neuen Räumlichkeiten wurde mit der

Einstellung von zwei Sportkoordinatoren und einem Pädagogen auch der personelle Bereich den sportlichen und schulischen Erfordernissen angepasst. Zugleich wurde ein modernes Konzept teamorientierter und mannschaftsübergreifender Nachwuchsarbeit geschaffen. Damit erfüllte der Verein auch die Auflagen der DFL, welche seit der Saison 2002/03 von den Vereinen der Bundesliga sowie der 2. Bundesliga im Rahmen des Lizenzierungsverfahrens ein Leistungszentrum für Juniorenfußball fordert, um die Vereine des Profifußballs zu einer Intensivierung ihrer Nachwuchs- und Talentförderung anzuhalten.

Seit der Einführung der Zertifizierung aller bundesdeutschen Leistungszentren durch die DFL in der Saison 2007/08 wurde die hervorragende Jugendarbeit des TSV 1860 München stets mit drei von drei möglichen Sternen ausgezeichnet.

Aus den Reihen der Junglöwen sind u. a. hervorgegangen:
Daniel Bierofka (*1979): Deutscher Meister 2006/07 mit dem VfB Stuttgart, 3 A-Länderspiele, 146 Bundesliga-Spiele
Benjamin Lauth (*1981): 5 A-Länderspiele, Deutscher Meister mit dem VfB Stuttgart 2006/07, Ungarischer Pokalsieger mit Ferencvàros Budapest 2014/15, 140 Bundesligaspiele
Marcel Schäfer (*1984): Deutscher Meister 2008/09, Pokalsieger 2014/15 und Superpokalsieger 2015/16 mit dem VfL Wolfsburg, 9 A-Länderspiele, 257 Bundesligaspiele, seit Juli 2018 Sportdirektor beim VfL Wolfsburg
Fabian Johnson (*1987): U21-Europameister mit Deutschland 2009, 57 A-Länderspiele für die USA, 191 Bundesligaspiele, seit Juli 2014 bei Borussia Mönchengladbach
Christian Träsch (*1987): Pokalsieger 2014/15 und Superpokalsieger 2015/16 mit dem VfL Wolfsburg, 10 A-Länderspiele, 207 Bundesligaspiele, seit August 2017 beim FC Ingolstadt 04
Julian Baumgartlinger (*1988): 66 A-Länderspiele für Österreich, 169 Bundesligaspiele, seit Juli 2016 bei Bayer 04 Leverkusen
Lars Bender (*1989): U19-Europameister 2009, U17-Meister 2005/06, 19 A-Länderspiele, 213 Bundesligaspiele, seit August 2009 bei Bayer 04 Leverkusen
Sven Bender (*1989): Deutscher Meister 2010/11 und 2011/12, Pokalsieger 2011/12 und 2016/17 sowie Superpokalsieger 2013/14 und 2014/15 mit Borussia Dortmund, U19-Europameister 2008,

U17-Meister 2005/06, 7 A-Länderspiele, 196 Bundesliga-Spiele, seit Juli 2017 bei Bayer 04 Leverkusen
Timo Gebhart (*1989): U19-Europameister 2008, 100 Bundesligaspiele
Tobias Strobl (*1990): 121 Bundesligaspiele, seit Juli 2016 bei Borussia Mönchengladbach
Christopher Schindler (*1990): 4 U21-Länderspiele, 49 Premier-League-Spiele, seit Juli 2016 bei Huddersfield Town
Moritz Leitner (*1992): Deutscher Meister und Pokalsieger 2011/12 mit Borussia Dortmund, 35 Junioren-Länderspiele, 97 Bundesligaspiele, seit Juli 2018 bei Norwich City
Kevin Volland (*1992): 10 A-Länderspiele, 197 Bundesligaspiele, seit Juli 2016 bei Bayer 04 Leverkusen
Julian Weigl (*1995): Pokalsieger mit Borussia Dortmund 2016/17, 5 A-Länderspiele, 88 Bundesligaspiele
Felix Uduokhai (*1997): 7 Junioren-Länderspiele, 20 Bundesliga-Spiele, seit Juli 2017 beim VfL Wolfsburg
Florian Neuhaus (*1997): Zweitligameister 2017/18 mit Fortuna Düsseldorf, 14 Junioren-Länderspiele, 11 Bundesligaspiele, seit Juli 2017 bei Borussia Mönchengladbach
Daten von www. transfermarkt.de am 20. 11. 2018

Markus Ziereis über seine Zeit bei den Junglöwen

Du bist zu Sechzig gekommen, als du fünfzehn warst. Wie kam das?

Ich hatte damals wirklich sehr, sehr viele Angebote, weil ich in Regensburg war und bereits in der Jugend-Nationalmannschaft gespielt habe. Ich hatte Angebote von Bayern, Nürnberg, Stuttgart, Sechzig und Fürth. Aber ich habe gleich gesagt, dass ich ein Probetraining bei Sechzig machen will. Und das war das einzige Probetraining, das ich gemacht habe. Für mich war Sechzig ein Verein, in dem es familiär zugeht, der aber auch für die beste Jugendarbeit ausgezeichnet worden ist. Deshalb war für mich klar: Wenn ich da genommen werde, will ich da hin.

Ich habe dann das Probetraining gemacht und gleich danach hatten wir – meine Eltern waren natürlich mit dabei – ein Gespräch mit Ernst Tanner *(damaliger Leiter des NLZ)* und Klaus Weber *(damals Trainer der U17)*. Die haben sofort gesagt: „Wir wollen auf jeden Fall, dass du kommst“, und sie hatten auch gleich ein Vertragsangebot mit dabei. Und ich dachte eigentlich nach dem Training: Oh nein! Denn ich war an dem Tag eine absolute Katastrophe. Ich war so aufgeregt … Aber die hatten mich schon vorher gesichtet und wussten schon vor dem Training, dass sie mich haben wollten – auch wenn ich dann beim Training die Bälle über den Zaun geschossen habe.

Was haben deine Eltern gesagt?

Die haben immer gesagt, wenn ich das machen will, dann unterstützen sie mich, so gut es geht. Wir helfen da alle zusammen. In Regensburg war es vom Aufwand her noch extremer: Da mussten sie mich zum Training nach Regensburg reinfahren. Da haben auch meine Oma, mein Opa und mein Bruder mitgeholfen. Ohne die Hilfe meiner Familie wäre das für mich nie möglich gewesen. Meine Eltern haben aufgelistet, was alles auf mich zukommen würde, was ich durch den Internatsplatz aufgeben muss. Und dann haben sie mir die Entscheidung überlassen.

Und dann hast du dich für Sechzig entschieden?

Ich war voll überzeugt davon und habe gesagt, dass ich den Schritt machen will. Da ich von den Auswahlmannschaften schon vorher einige aus der Mannschaft kannte, habe ich mich auch wohler gefühlt. Und die Jugendarbeit ist immer ausgezeichnet worden. Das war für mich ausschlaggebend.

War das eine schöne Zeit hier?

Ja, überragend! Das war für mich wirklich eine geile Zeit, muss man echt sagen. Würde ich immer wieder machen, absolut.

Trotz der strengen Regeln?

An die Regeln hat sich jeder gehalten, klar. Aber wir haben immer unseren Spaß gehabt. Wir waren ja den ganzen Tag zusammen: bis 17.00 Uhr in der Ganztagsschule, dann waren wir in der gleichen Mannschaft, um 20.30 Uhr hat's Essen gegeben. Um 21.00 Uhr haben wir das erste Mal Freizeit gehabt, aber da ist nicht jeder gleich auf sein Zimmer gegangen. Wir haben immer noch irgendwas zusammen gemacht. Das war schon eine schöne Zeit.

Ich hab mir das schwer vorgestellt. Du musst immer sehr diszipliniert sein, während die Klassenkameraden weggehen, Party machen und so weiter. Das war ja für euch nicht drin.

Das schon. Wenn du zum Beispiel einen Verweis gekriegt hättest, dann hättest du abends nicht trainieren dürfen. Natürlich, da sind gewisse Regeln gewesen – aber wir haben die immer befolgt. Und dann bist du auch auf einer guten Schiene gefahren. Und die Noten haben auch immer gepasst.

Du hast ja auch nette Mannschaftskollegen gehabt. Habt ihr immer noch Kontakt?

Marius *(Willsch)* ist ja jetzt auch wieder da. Dann der Hofstetter Daniel, der Penzkofer Benny … Da sind viele Freundschaften entstanden, die bis jetzt halten. Das ist nicht üblich, gerade im Fußball ist es mit Freundschaften schwierig. Mit dem Kevin ist es extrem, weil wir beste Kumpel geworden sind, das ist natürlich schon eine Ausnahme.

War es schwierig für dich, als du gesehen hast, wie der auf einmal so durchstartet?

Da habe ich nie einen Neid gehabt. Das gönne ich jedem, das wünsche ich auch jedem Spieler. Auch wenn ich mit ihm zusammen gespielt habe, oder wenn du auf der gleichen Position bist. Da freust du dich für jeden. Klar, ich würde mir auch wünschen, in der Bundesliga zu spielen. Wer wünscht sich das nicht? Aber du musst dann schon sehen: Ok, für die Bundesliga reicht es halt nicht. Da ist auch jeder realistisch genug, das einschätzen zu können. Der Kevin hat immer die Voraussetzung dafür gehabt, natürlich auch mit seinem Körper. Die Qualität hat er schon gehabt, als er noch als ‚Talent' galt, und dann ist er noch viel stärker geworden! Darum hat er sich das auch verdient. Und da muss man erst einmal hinkommen.

Habt ihr auch Kontakt zu den Nachwuchsspielern hier?

Als ich hierhergekommen bin, bin ich gleich raufgegangen und habe mein altes Zimmer angeschaut. Wir gehen oft ins Internat zum Essen oder in den Kraftraum. Ich glaube, ich habe noch einen besseren Draht zu den Jungen als ein paar andere, weil ich eben auch hier war. Und mit dem Maurice *(Pädagogischer Leiter),* den ich noch von damals kenne, quatschst du auch mal darüber, wie es jetzt ausschaut, wie die Strukturen sind. Das interessiert mich, weil ich's ja selber durchgemacht hab.

Die Jungen interessiert es ja auch, wie es bei euch läuft …

Ja, das ist klar! Das ist mir früher auch so gegangen. Wenn mal ein Profi rübergekommen ist, mit dem man quatschen konnte, da habe ich hochgeschaut und gedacht: Wenn du da einmal bist, das ist Wahnsinn! Bei mir war's der Benny Lauth, Biero natürlich auch, klar. Da schaust du erst einmal hin: Der hat in der Nationalmannschaft, in der Bundesliga gespielt! Das ist für jeden etwas Besonderes. Und dadurch, dass ich in der ersten Mannschaft bin, ist das, glaube ich, für jeden Jugendspieler auch etwas Besonderes. Die wünschen sich, das auch einmal zu schaffen. Das muss auch das Ziel von jedem sein.

Münchens große Liebe – ein Nachwort

Ein Verein, der hat es gar nicht leicht,
wenn er will, dass er sein Ziel erreicht,
aber wir, wir sind da fein heraus:
Die Kameradschaft, ja die Kameradschaft,
die macht bei Sechzig alles aus.
(aus: Sechzger-Marsch)

Als ich im Herbst 2018 den Großteil dieses Buchs fertiggeschrieben hatte, war meine Löwenwelt gerade ziemlich in Ordnung. Nach dem grandiosen Aufstieg aus der Regionalliga zeigte die Mannschaft in den ersten Spielen, dass sie durchaus mit den anderen Drittliga-Teams mithalten konnte. Zwar wechselten sich gute und weniger gute Spiele ab, einige Spiele gingen gerade in den letzten Minuten noch unglücklich verloren, aber es machte Spaß, den Jungs zuzuschauen – sowohl zu Hause im immer vollen Sechzger-Stadion, als auch auf (für mich) ganz neuen Fußballplätzen in Deutschland. Seitens unseres Mehrheitsgesellschafters (ich finde das Wort immer noch sensationell) war es seit langer Zeit still und auch die Mitgliederversammlung 2018, in deren Vorfeld es zu einem größtenteils überflüssigen Wahlkampf um die Posten im Verwaltungsrat gekommen war (und der mich als Vorsitzende des Wahlausschusses viel Zeit und Energie gekostet hat), lag weit zurück.

Ende des Jahres kam sie dann wieder, die typische Löwen-Unruhe mit dem Geschreibe über den „Chaosverein". Zum Jahreswechsel musste der Verein dem DFB nachweisen, dass die in den Lizenzierungsunterlagen angegebene Zahlung in Höhe von 2 Millionen Euro sowie die Umwandlung von Darlehen in Genussscheine in Höhe von 4,3 Millionen Euro durch die HAM International Ltd erfolgt waren. Die Überweisung der zugesagten Gelder geschah noch in letzter Minute, während die Umwandlung der Genussscheine nicht fristgerecht stattfand und daher – laut Medienberichten – eine Vertragsstrafe im unteren sechsstelligen Bereich nach sich zog. Die Regenbogenpresse überschlug sich wieder mit Nachrichten vom „Chaosverein". Kurz darauf gab ein Mitglied des Aufsichtsrats der KGaA und Vertrauter Hasan Ismaiks über eine Pressemitteilung bekannt, dass er auf der Mitgliederversammlung 2019 als Präsident für den e.V. kandidieren wolle und seine Bewerbung beim Verwaltungsrat abgegeben habe. Es folgten Interviews in Zeitungen sowie im Fernsehen mit bemerkenswerten Äußerungen wie: „Wir sind alle Grünwalder!", „Das Stadion hat uns nie gehört" und „Ich kann es viel, viel besser!" Dabei muss ihm eigentlich klar gewesen sein, dass er keine Chance hatte, vom Verwaltungsrat nominiert zu werden. Denn aus eben diesem Gremium war er nach nur wenigen Monaten ohne Angabe von Gründen zurückgetreten und durch seine offene Art gegenüber manchen Medien und Personen hatte er sich während seiner kurzen Amtszeit nicht unbedingt als vertrauenswürdig erwiesen. Mit Bekanntgabe dieser Kandidatur gegen das aktuelle Präsidium kam eine Medienmaschinerie rund um den TSV in Gang, für die es eigentlich kaum Gründe gab. Schließlich benennt der Verwaltungsrat die zur Wahl stehenden Kandidaten, so dass es für die Mitglieder keine Auswahl gibt.

Da jede Unruhe bei 1860, jeder Konflikt (und sei er noch so marginal), jede Aussage eines prominenten Fans oder eines Möchtegern-Präsidenten Auflagen oder Klickzahlen erhöhen, ist der Verein ein gefundenes Fressen für die Medien. Die Fans und Mitglieder werden hierbei benutzt und instrumentalisiert, um die Stimmung weiter aufzuheizen, um in den sozialen Netzwerken sowie auf Internetseiten Kommentare abzugeben und im besten Fall weitere Schlagzeilen zu generieren. Denjenigen, die dem Sparkurs des aktuellen Präsidiums um Robert Reisinger kritisch gegenüberstehen und die lieber weitere Schulden bei HAM in Kauf nehmen wollen, spielt es natürlich in die Karten, wenn ein „Fankrieg" heraufbeschworen wird: Die Mitglieder seien so zerstritten wie nie zuvor.

In der Mitgliederzeitung vom Februar hat das Präsidium darauf reagiert: „Was wir uns für den Verein hingegen wünschen und woran wir alle gemeinsam arbeiten müssen, ist eine andere Kultur der Auseinandersetzung. Wir haben uns als Präsidium keinem Meinungsaustausch verschlossen, wenn er von Sachargumenten getragen war. Die Mehrheit unserer Mitglieder weiß mittlerweile, dass es in der schwierigen Situation der Profi-Fußballtochter keine einfachen Antworten gibt. Um die besten Lösungen darf gerungen, über offene Fragen sollen Debatten geführt werden. Man kann das auch Streiten nennen. Demagogische Parolen und Provokationen zum Eigennutz dürfen jedoch nicht Teil dieser Diskussion sein, denn sie wirken zerstörerisch."

Leider will dieser Appell nicht von allen gehört werden. Die medialen Anpeitschungen seitens investorenfreundlicher Medien haben bereits dazu geführt, dass einem Fan, der das aktuelle Präsidium mit sachlichen Argumenten verteidigen wollte, im Stadion ins Gesicht geschlagen wurde.

Im März wurden dann die Ultras Ziel der Angriffe, nachdem sie beim Spiel gegen Hansa Rostock Pyrotechnik gezündet hatten – das erste Mal in der Saison. In vorauseilendem Gehorsam verurteilte die KgaA-Geschäftsführung die Pyroshow vehement und bestrafte alle Fans – also auch die unbeteiligten Gäste – an den darauffolgenden Spieltagen mit einem Verbot von Schwenkfahnen, Trommeln und Megaphon. Es war schön zu sehen, dass sich die Stadionbesucher*innen solidarisch zeigten und keine einzige Zaunfahne in der Kurve zu sehen war. Ausnahme bildete ein Doppelhalter mit der Aufschrift „Verdammt ich lieb dich – ich lieb dich nicht", wobei neben dem ersten Teil das Löwenwappen, neben dem zweiten Teil ein durchgestrichenes Konterfei Hasan Ismaiks abgebildet war. Dieser Doppelhalter war erstmals zwei Wochen vorher beim Spiel gegen den VfR Aalen gezeigt worden – und auf dem Foto zum Spielbericht auf der KgaA-Website so retuschiert, dass nur noch der obere Teil zu lesen war. Hallo, Zensur!

Ende März 2019 habe ich dann selbst Post von den Anwälten der HAM Ltd bekommen. Ihnen haben meine Aussagen nicht gefallen, die ich in einem Interview für den Podcast „Hörfehler" getroffen habe. Pikant ist, dass die HAM wohl nie von dem Podcast erfahren hätte, wenn nicht ein investorenfreundlicher Blog empört über „schwere Vorwürfe" einer Ehrenrätin berichtet hätte. Womit wir wieder bei der „fragwürdigen Skandalisierung" durch die Medien wären, die Alfons Seeler im Wochenanzeiger vom 17. Januar treffend kritisiert hat.

Während ich diesen Artikel schreibe, erhalten die Löwenfans gegen Rechts von mehreren Seiten Anrufe und Emails wegen der geplanten Herausgabe eines T-Shirts mit dem Aufdruck „Verdammt ich lieb dich – ich lieb dich nicht". Während es in den letzten zwanzig Jahren niemanden gestört hat, dass wir das Löwenwappen auf Aufklebern, Shirts und Schals verwenden, droht uns jetzt eine Klage wegen Markenrechtsverletzung.

Ich bin mal gespannt, wie das alles noch weitergeht; manche Fans sind der Meinung, der „Final Countdown" habe begonnen und Ismaik stehe kurz vor dem Absprung. Ich hätte nichts dagegen.

In jedem Fall wünsche ich mir, dass demnächst wieder Ruhe einkehrt und Spieler, Angestellte und Ehrenamtliche sich wieder auf ihre Aufgaben konzentrieren können und sich nicht mit irgendwelchen Un- und Halbwahrheiten sowie reißerischen Nachrichten und Angriffen herumschlagen müssen. Denn wenn es so weitergeht, tritt vielleicht doch noch ein, was der von mir geschätzte Allesfahrer Franz Hell einmal gesagt hat: „Von außen kann uns niemand zerstören; das gelingt nur von innen."

Damit das nicht passiert, müssen wir meiner Meinung nach alle erst einmal auf den Boden der Tatsachen zurückkommen und die Situation so akzeptieren, wie sie ist. Von hier ausgehend können wir dann in die Zukunft schauen und realistisch planen, anstatt auf Luftschlösser zu setzen. Denn die Vereinsgeschichte zeigt, dass die Kluft zwischen der goldenen Vergangenheit und der aktuellen Situation sowie zwischen dem Wunschdenken und der Realität nicht nur immer wieder zu überzogenen Erwartungen und Enttäuschungen bei Fans und Mitgliedern geführt hat, sondern auch wiederholt in finanziell prekäre Situationen: In den 1920er Jahren war es der Bau des eigenen Stadions, durch den der Verein überschuldet wurde; in den 1960er- und 1970er Jahren wurde zu viel Geld in den Profifußball investiert – mit der Folge des Zwangsabstiegs in die Bayernliga und des Verkaufs des Vereinsheims; das Projekt Allianz Arena schließlich hätte fast einen Konkurs nach sich gezogen und hat uns in die Abhängigkeit eines Investors gebracht. Natürlich dürfen alle Fans auch weiterhin träumen von großen Titeln – das gehört ja auch dazu. Aber die Geschichte sollte uns lehren, vorsichtig zu sein. Auch, wenn das bedeutet, dass wir in absehbarer Zeit nicht um die Deutsche Meisterschaft oder die Teilnahme an der Champions League mitspielen. Der Verein hat so viel Schönes und Gutes zu bieten. Durch überzogene Erwartungen geht hierfür leider oft der Blick verloren.

Beer, Roman: Kultstätte an der Grünwalder Straße. Die Geschichte eines Stadions. Verlag Die Werkstatt, 2004.

Beer, Roman; Melchior, Claus; Lemke, Arnold: Der Triumph der Löwen. Die Meisterschaft 1966 des TSV München von 1860. Verlag Die Werkstatt, 2016.

Dubelowski, Axel; Endres Chris: Löwenbomber. (Ausgabe zum Spiel TSV 1860-Duisburg am 5.11.1994).

Fan-Initiative TSV 1860 München: LöwenZahn #0 (5.12.1993), #1 (19.3.1994), #4 (5.11.1994), und #5 (1.4.1995).

Görl, Wolfgang; Kleffmann, Gerald: Einmal Löwe, immer Löwe. TSV 1860 München. Der weiß-blaue Mythos. Süddeutsche Zeitung Edition, 2010.

Grüne, Hardy; Melchior, Claus: Die Löwen. Die Fußball-Geschichte des TSV München von 1860. Verlag Die Werkstatt, 2012.

Haggenmüller, H.; Kiessling, A.; Schauppmeyer, K.; Schneider, F. (Hrsg.): Geschichte des Turnvereins München von 1860 zusammengestellt und zu dessen 40. Stiftungsfest (15. bis 17. Juni 1900) herausgegeben. München, 1900. (Faksimile 2018).

Linden, Peter: 58, 59, 60! TSV München 1860: 333 trickreiche Fragen für echte Löwen-Fans. Eichborn, 1994.

Linden, Peter: Einmal Löwe, immer Löwe. Der TSV 1860: Die großen Erfolge. Der tiefe Fall. Die treuesten Fans. Verlag Georg Simader GmbH, 1991.

Löffelmeier, Anton: Die „Löwen“ unterm Hakenkreuz. Der TSV München von 1860 im Nationalsozialismus. Verlag Die Werkstatt, 2009.

Löwenfans gegen Rechts: Sechzge, Oide! Mit Leib und Seele Löwin. 60 Fotoportraits. München, 2016.

Melchior, Claus: 111 Gründe, den TSV 1860 München zu lieben. Eine Liebeserklärung an den großartigsten Fußballverein der Welt. Schwarzkopf & Schwarzkopf Media GmbH, 4. Auflage 2018.

Schöffel, Robert: Fußball in München. Eine Stadt zwischen Rot und Blau. Verlag Friedrich Pustet, 2014.

Schröger, Herbert (Hrsg.): Löwenmut #1 – 8

Schweer, Joachim: Das Münchner Derby. Bayern-1860. Agon Verlag, 1995.

Sportverein München von 1860 e.V.: Nachrichtenblätter 1927.

Stadtarchiv München (Hrsg.): Fußball in München. Von der Theresienwiese zur Allianz-Arena. MünchenVerlag, 2006.

TSV München von 1860: Ein Verein lebt! 125 Jahre TSV 1860 München. B + V Buch und Video, 1985.

TSV München von 1860: Stadionzeitungen „Löwenexpress“ bzw. „LöwenNews“ 1989 – 2018.

TSV München von 1860 (Hrsg.): Fußballgeschichte eines Traditionsvereins. TSV 1860 München. Gotteswinter Verlag, 2007 (3. Auflage).

TSV München von 1860 e.V.: Hundert Jahre Turn- und Sportverein München von 1860, München, 1960.

TSV München von 1860 e.V. (Hrsg.): Das Löwen Wunder. Die unglaubliche Erfolgsgeschichte des TSV 1860 München. Sportverlag Berlin, 2000.

TSV München von 1860 e.V.: Nachrichtenblätter/Vereinszeitungen 1929 – 1938, 1954 – 1956, 1963 – 1964, 1991 – 2018.

TSV München von 1860 e.V., Fußballabteilung (Hrsg.): 50 Jahre Fußball-Abteilung des Turn- und Sportvereins München von 1860. München, 2014 (Faksimile).

TSV München von 1860 e.V., Fußballabteilung (Hrsg.): Turnverein München v. 1860 e.V. 1860 – 1910. München, 2011 (Faksimile).

Turn-Verein München e.V.: Bericht des Turnrathes über das Vereinsjahr 1890 und Bericht über den Bau des neuen Vereins-Hauses an der Auen- und Wittelsbacherstraße. München, 1891.

Turnverein München von 1860 e.V.: Bericht des „Turnverein München von 1860“ (e.V.) für das Vereinsjahr 1. April 1903 – 31. März 1904.

Turnverein München von 1860 e.V.: Vereinszeitung zum 67. Stiftungsfest, November 1927.

Wittner, Andreas (Hrsg.): 30 Jahre Fußballabteilung im Turn- und Sportverein München von 1860 1899 – 1929. Würzburg, 2003.

In der Reihe Bibliothek des Deutschen Fußballs sind bereits erschienen:

Bd. 1 1. FC Union Berlin (Jörn Luther)
Bd. 2 SV Babelsberg 03 (Rico Noack)
Bd. 3 BFC Dynamo (Marco Bertram)
Bd. 4 FC Energie Cottbus (Jens Batzdorf)
Bd. 5 1. FC Lokomotive Leipzig (Freundeskreis Probstheida)
Bd. 6 BSG Chemie Leipzig (Alexander Mennicke)
Bd. 7 1. FC Magdeburg (Jente Knibbiche)
Bd. 8 F.C. Hansa Rostock (Marco Bertram)
Bd. 9 1. FC Nürnberg (Benjamin Wolf)
Bd. 10 FC Rot-Weiß Erfurt (Matthias Klaß)
Bd. 11 1. FC Köln (Andreas Merkel)
Bd. 12 SG Dynamo Dresden (Uwe Leuthold)
Bd. 13 FC Sankt Pauli (Fabian Fritz & Gregor Backes)
Bd. 14 SV Waldhof Mannheim (Andi Nowey)
Bd. 15 FC Carl Zeiss Jena (Jörg Dern & Toni Schley)
Bd. 16 FC Bayern München (Marcel Neudeck)
Bd. 17 Borussia Mönchengladbach (Steffen Andritzke)
Bd. 18 Eintracht Braunschweig (Uli Hannemann)
Bd. 19 S.C. Fortuna Köln (Heribert Rösgen & Matthias Langer)
Bd. 20 FSV Frankfurt (Franziska Blendin)
Bd. 21 BSG Wismut Gera (Mario Krüger)
Bd. 22 FSV Zwickau (Norbert Peschke & Dieter Völkel)
Bd. 23 Fußball in der DDR (Frank Willmann)
Bd. 24 TSV 1860 München (Stephanie Dilba)
Bd. 25 VfB Stuttgart (Andreas Zweigle & Sebastian Rose)
Bd. 26 Kickers Offenbach (Steffie Wetzel)
Bd. 27 VfL Bochum (Fabian Budde)
Bd. 28 FC Erzgebirge Aue (Burg)

In der Reihe Bibliothek des Österreichischen Fußballs sind bereits erschienen:

Bd. 1 First Vienna Football Club (Alexander Juraske)
Bd. 2 SK Rapid Wien (Thomas Lanz)
Bd. 3 Wiener Sport-Club (Christian Bunke)
Bd. 4 FK Austria Wien (Clemens Zavarsky)